DEHONG DAIZU HANHUA YANJIU

云南师范大学文学院一流学科建设经费资助

德宏傣族汉话研究

杨瑞鲲　著

民族出版社

序

这是一本专门描写某一特定少数民族汉话的著作。或许会有人认为，少数民族有少数民族语言，汉族有汉语，此书的研究对象怎么会是少数民族的汉话。其实，研究少数民族汉话正是本书的特色所在。

习近平总书记 2019 年 9 月 27 日在全国民族团结进步表彰大会上的讲话中指出："要加强民族领域基础理论问题和重大现实问题研究，创新中国特色社会主义民族理论政策的话语体系，提升在国际上的影响力和感召力。"①

语言问题是民族领域的基础理论问题和重大现实问题。云南少数民族汉话是客观存在于云南少数民族社会交际之中，并以有效交际为目的的汉话。德宏傣族汉话就是这种典型的有代表性的少数民族汉话。德宏傣族汉话，就是德宏傣族说的具有傣语腔调的汉话。

目前，我国无论是从理论上还是在实践中对各地少数民族汉话的认识和研究是不够的。采用第一语言教学的理论和方法或采用第二语言教学的理论和方法研究中国的少数民族的双语使用和双语教学，都有失之偏颇的地方。我国民族地区的双语使用和双语教学，实际上存在着广阔的中间地带，而不只是"少数民族语言与普通话"这样的两头。少数民族汉话就是这个广阔区域中的一个重要领域。这一调查领域的缺失，或成为中国语言资源调查中的一块短板。

云南少数民族汉话是云南各民族在语言接触过程中形成的以汉语为主、汉语与少数民族语言双语融合的产物，是云南各民族在交往交流交融的过程中大众性、基础性、自发性的智慧创新。某一少数民族与汉族的交往历史有多长，该民族的汉话历史就有多长。云南少数民族汉话是带有少数民族语言特点的汉语的民族变体，它既不同于少数民族语言，也不同于汉语方言。大杂居、小聚

① 习近平：《在全国民族团结进步表彰大会上的讲话》，载中国政府网，www.gov.cn，2019-09-27。

居的云南少数民族分布是少数民族汉话得以形成并能够有效习得的客观环境和根本原因，使用这种汉话的主要目的是各民族之间的交际沟通。由于具有简便易学、好说易懂、无师自通、使用方便的特点，当地的汉族或到这些地区工作学习的汉族，也乐于使用少数民族汉话与少数民族交际、沟通，进行思想情感交流，因而某一少数民族当地汉话大多会成为特定民族区域通用的交际语言。

21 世纪以来，杨瑞鲲同志在对云南少数民族实施普通话水平测试的同时，也对少数民族汉话进行调查。要求被试者分别用本民族语言、本民族汉话和本民族普通话三种形式进行自我介绍，要求被试者用本民族汉话和本民族普通话两种形式以说话方式述说测试试卷提出的数十个问题，并读出相应的单音节、多音节词语和朗读篇目，以期具体了解少数民族个体的本民族汉话、本民族普通话的语言特征、使用环境、习得环境、习得过程、习得模式等一系列有关的问题。十多年来，已对云南大部分少数民族汉话做了大量的调查录音，进行了语音分析比对等基础性的工作，获得了 200 余个少数民族个体的当地本民族汉话的第一手材料。其中，傣族汉话做得最为全面、充分，时间跨度大，分析描写细致，形成了本书的关键内容。

《德宏傣族汉话研究》采用语言学、实验语音学的理论和方法，从声母系统、韵母系统和声调系统的角度，对傣族汉话的各有关特征进行了客观的描写研究，展现了傣族汉话的语音特征，充分论证了傣族汉话不同于当地或附近的任何汉语方言，从而进一步证实了傣族汉话的客观存在。

《德宏傣族汉话研究》以交际中介语理论和韵略易通的思想为指导，从社会实地考察和文献资料整理入手，采用宏观研究与微观研究结合的方法，选取德宏有代表性的双语接触区域，对傣族汉话进行使用、习得方面的语言田野调查。在此基础上，筛选出傣族汉话的语言特征、交际使用特征和自然习得特征，展现了傣族汉话的客观面貌，联系当地的实际，考察了云南不同地区傣族汉话的习得、使用环境，考察了当地傣族中小学生的汉语习得和汉语教学的模式及教学效果。

在民族聚居区，何种语言能够成为人们相互间交际首选的语言，有两个最基本也是最简单的原则——易学、易用。

在云南民族聚居区的乡镇、村寨，甚至在多民族的家庭中，汉族与少数民族交际交往，使用少数民族语言，汉族有难度；使用当地汉语方言，少数民族有难度；使用普通话，难度更大。使用简单易说的少数民族汉话，无疑是交际双方都乐意的最佳选择。最简单的当地少数民族汉话，只要说出几个关键的词语就能达到有效交际的目的。

早在明代，云南的音韵学家兰茂、本悟根据云南语言使用的实际情况提出并实践了“韵略易通”的思想。本悟“重韵”的提出，极大地减少了汉语的声母、韵母，是“韵略”的具体表现。“易通”，既指因为“韵略”而易于学习，又指因为“韵略”而容易流通使用，“韵略”是“易通”的原因和条件。较为“韵略”的汉语形式，无论对少数民族还是对当地汉族来说都是易学易用的。“韵”的“略”，带来了“易通”的效果。“韵略”的少数民族汉话就成了汉族和少数民族双方交际的首选语言。“韵略”的少数民族汉话，在交际的过程中，有效地达到了“易通”的交际目的。“韵略”必然“易通”，这就是云南少数民族汉话中蕴含的智慧。在云南，少数民族汉话的易通性远强于普通话，少数民族汉话要求的期望值远远低于普通话要求的期望值，这就是当地少数民族个体首先掌握当地少数民族汉话，后来才掌握普通话的根本原因。采用易学易用的少数民族汉话是云南民族地区汉语使用和汉语初级阶段教学的有效方式，也是云南明代汉族移民后裔使用的汉语，没有向当时的通用官话靠拢，而是进一步本土化，向世居民族汉话靠拢，形成了独树一帜的云南汉语方言的根本原因。[①]这也是“韵略易通”思想的魅力所在。“韵略易通”的思想已为云南数百年来各民族交往交流交融的实践所证实是优秀的中华传统文化。

从中介语的理论来看，云南少数民族汉话是一种活生生的直接为社会交际服务的汉语，其源语言为少数民族语言，目的语为当地汉语方言或普通话。从语言接触理论上看，少数民族汉话是双语使用的一个重要环节。这个环节把“语言接触—双语使用—语言转用”连成一个完整的系统。从实践来看，少数民族汉话不同于学校语言教学的“教学中介语”，它是在社会中学、在社会中用的，是易学易用、直接为交际服务的“交际中介语”。

习近平总书记 2019 年 9 月 27 日在全国民族团结进步表彰大会上的讲话中指出：“文化是一个民族的魂魄，文化认同是民族团结的根脉。”[②]少数民族汉话是各民族交往交流交融的结果，是文化认同的标志性符号。从历史发展来看，少数民族汉话是对“韵略易通”这一中华优秀传统文化思想的践行和弘扬，是对“韵略易通”思想的创新性发展。少数民族汉话是正常合理的语言现

① 杨瑞鲲、王渝光：《论云南汉语方言源于明代土著民族汉语》，载《学术探索》，2015（3）。
② 习近平：《在全国民族团结进步表彰大会上的讲话》，载中国政府网，www.gov.cn，2019-09-27。

象，是语言使用和谐的产物，是语言交融的智慧结晶，所以少数民族汉话在当地理所当然地受到各族群众的欢迎。少数民族汉话是多年来甚至数百年来，云南汉族与少数民族交际产生的一笔巨大丰厚、不可多得的语言资源，是二者沟通的基础、桥梁和阶梯，我们要充分用好这笔语言财富。

习近平总书记 2019 年 9 月 27 日在全国民族团结进步表彰大会上的讲话中指出："要搞好民族地区各级各类教育，全面加强国家通用语言文字教育，不断提高各族群众科学文化素质。"[①] 少数民族汉话是连接国家通用语言——普通话的桥梁和最为便捷的工具。

由于客观的语言环境，云南绝大多数会说本民族语言的少数民族个体都是先会说当地本民族汉话，后会说普通话的。掌握当地本民族汉话，不仅不会对普通话教学产生负面影响，反而能使掌握普通话的时间和过程提前。这种做法对推动边疆民族地区国家通用语言文字教学发展，全面提高边疆民族地区的教育教学质量具有重要作用。

从实际习得情况来看，对绝大多数少数民族个体而言，他们的本民族汉话水平远远高于他们的普通话水平。少数民族汉话是普通话学习的基础，是少数民族语言与普通话对接的桥梁，是普通话教学不可绕过的一个关键环节。在对上过学的少数民族青年个体的调查中，我们发现，不管学校教师是否一开始就使用普通话教学，他们几乎是先学会当地本民族汉话，后学会普通话的。他们的当地本民族汉话已经说得很好，而普通话则说得一般。当地本民族汉话学生在小学三、四年级就能掌握，普通话却要到五、六年级甚至到初中才能掌握，有的可能就一直不会说。较强的易通性、较低的期望值，这是少数民族青少年个体最先掌握当地本民族汉话的根本原因。

当地少数民族个体汉语习得的实践证实：先会本民族汉话，再学普通话，不仅不会影响普通话的学习，反而能够加快普通话的学习掌握，可以取得事半功倍的交际效果和教学效果。采用易学易用的少数民族汉话教学，可以在不增大教学难度和教育投入的情况下，取得更好的教学效果。针对少数民族个体的不同语言环境和特点，避开汉语教学的误区——汉语使用与汉语教学脱节，充分发挥少数民族汉话的交际作用，能极大地激发少数民族个体学习汉语的积极性。在低年级，让少数民族孩子首先轻松愉快地掌握易学易用的本民族汉话，

① 习近平：《在全国民族团结进步表彰大会上的讲话》，载中国政府网，www.gov.cn，2019-09-27。

然后在学了就能用的本民族汉话的基础上，有针对性、有的放矢地实施普通话教学，感悟本民族汉话与普通话的对应关系，这时向国家通用语言普通话的过渡也就水到渠成了。很多少数民族个体都认为，从当地本民族汉话到普通话就是换个腔调说汉话。多年来的社会实践反复证明，在云南民族地区，从少数民族语言到少数民族汉话，再从少数民族当地汉话到普通话，“两小步”的走法，远比从少数民族语言直接到普通话“一大步”的走法要更快更稳更有实效。

不可否认，云南不同类型的少数民族汉话的语言特征和习得难度是不一样的，有的习得可能容易点，有的习得可能难一点。但它只要是汉话，就必然与普通话存在着对应的关系，也就为学好普通话打下了基础。研究少数民族汉话与普通话的对应关系，探寻其中的习得规律，以充分发挥少数民族汉话的有效交际作用和好学好用的特点，降低汉语学习的难度，揭示这些对应关系，让学生换个腔调说话，即把本民族汉话声调的模式换为普通话声调的模式，发准普通话音节，是民族地区教师的光荣使命。少数民族汉话是沟通少数民族语言与汉语方言、普通话之间的桥梁，并发挥着巨大的交际作用和沟通作用，也是推广国家通用语言文字的有效、便捷工具。

为了全面提高教育质量，增强办学效益，为当地的经济和社会发展服务，我们应遵循有利于民族的长远发展、有利于提高民族教育质量、有利于各民族科学文化交流的原则，根据当地少数民族多数群众的意愿和当地语言环境，实事求是地贯彻执行符合民族特点和地区特点实际的差别化的双语教育教学政策，让少数民族汉话在汉语教学中充分发挥其基础作用和桥梁作用，依据法律，遵循规律，结合实际，科学稳妥地在民族地区、在国家通用语言文字教育基础薄弱地区全面加强国家通用语言文字教育。

习近平总书记2019年9月27日在全国民族团结进步表彰大会上的讲话中指出：“推动各民族文化的传承保护和创新交融，树立和突出各民族共享的中华文化符号和中华民族形象，增强各族群众对中华文化的认同。”[①] 维护国家统一、增强民族团结是中华各民族共同的最高利益。要铸牢中华民族共同体意识，就必须坚持促进各民族的交往交流交融。文化认同是最深层的认同，少数民族汉话作为各民族共有文化的一个重要部分，是各民族共享的中华文化符号，对构筑中华民族共有精神家园有着极为重要的意义。云南少数民族汉话，

① 习近平：《在全国民族团结进步表彰大会上的讲话》，载中国政府网，www.gov.cn，2019-09-27。

是云南各族人民兼收并蓄、共同创造并使用的有效交际工具，是云南各民族交往交流交融的智慧结晶，是云南各民族共享的文化符号。使用好学易用的少数民族汉话，有助于增进云南各民族的交际交往、情感交流，进一步铸牢中华民族共同体意识和“万里羌人尽汉歌”最直接、最具体的显现。

总之，云南少数民族汉话具有易学、易用、交际方便的特点，直接为社会服务。云南少数民族汉话是语言使用和谐的产物，是语言使用和谐的重要内容，是少数民族与汉族进行日常交际不可或缺的重要工具，将会在相当长的时期内充分发挥着其交际职能的作用。

《德宏傣族汉话研究》的出版，将对谱写少数民族汉话研究的新篇章起到抛砖引玉的作用！

王渝光（云南师范大学二级教授、汉语研究重点学科专家）

2023 年 7 月 1 日

目　录

绪论

2015年8月11日，国家发布了《国务院关于加快发展民族教育的决定》[①]（以下简称《决定》），从大数据来看，《决定》全文提到“国家通用语言文字教育基础薄弱地区”的地方达到6处，提到“国家通用语言文字”的地方达到了11处。这些数据显示，党和国家历来高度重视民族教育工作，“国家通用语言文字教育基础薄弱地区”的提法，在国家民族教育的政策法规中是首次出现。

《决定》指出：“由于历史、自然等原因，民族教育发展仍面临一些特殊困难和突出问题，整体发展水平与全国平均水平相比差距仍然较大。”

《决定》明确提出：“制定特殊政策重点支持国家通用语言文字教育基础薄弱地区教育快速发展。”“切实加强民族教育科学研究。国家民族教育研究机构要构建跨地区民族教育科研平台，统筹规划，协调指导，组织开展民族教育重大理论和政策研究。各省（区、市）政府要高度重视民族教育科研、教研工作，完善支持机制，加强队伍建设，以研促教、教研结合，全面提升民族教育科研、教研工作服务民族教育发展的能力。”

本书的研究内容和研究目的与《国务院关于加快发展民族教育的决定》的精神高度契合，有利于解决民族教育整体发展水平差距较大的问题，有利于国家“制定特殊政策重点支持国家通用语言文字教育基础薄弱地区教育快速发展”目标的实现。

德宏傣族汉话是客观存在于德宏傣族社会交际之中并以有效交际为目的的汉话，有的学者又称为“傣汉语”[②]或“傣族汉语”[③]。

---

① 国务院办公厅：《国务院关于加快发展民族教育的决定》，载中国政府网，www.gov.cn，2015-08-11。

② 陈保亚：《论语言接触与语言联盟——汉越（侗台）语源关系的解释》，10页，北京，语文出版社，1996。

③ 陈保亚：《语言接触导致汉语方言分化的两种模式》，载《北京大学学报》（哲学社会科学版），2005（2），44页。

德宏傣族说的汉话不同于当地汉语方言，也不同于普通话，他们说的汉话被认为是“傣腔傣调”的汉话。究竟什么是“傣腔傣调”汉话？“傣腔傣调”汉话产生的自然地理环境和历史人文背景怎样？德宏“傣腔傣调”汉话的语音系统的现状如何，突出的语音特征是什么？德宏盈江盏西芒冷新寨的傣族汉话是否具有德宏傣族汉话的代表性，全省其他地区“傣腔傣调”的汉话是否都有一些共同的特征？这类傣族汉话的实际交际作用如何，是如何习得的？傣族汉话与普通话、当地汉语方言的关系又是什么样的？德宏傣族汉话的研究对云南少数民族汉话的认识有哪些启示，能为当地的国家通用语言文字教学提供什么样的思路？傣族汉话的发展趋势是怎样的？以傣族汉话为代表的云南少数民族汉话究竟是像有的学者认为的那样是“畸形语言”，[①] 还是智慧语言？国家通用语言文字践行还需要做哪些改进与完善？这些问题均需要认真地调查，科学地分析研究，才能得出合乎实际的结论。

本书力求从社会语言学的角度，采用语音实验的研究理论和研究方法，通过对德宏傣族汉话语音系统的全面、科学的客观描写，证实傣族汉话的客观存在，并进一步分析德宏傣族汉话的语音特征，探寻形成这些特征的相关社会因素和语言自身的因素，研究其发展演变的规律及其与普通话的内在关系，为提高对云南少数民族汉话的认识提供新的视角和客观可靠的数据材料，并在此基础上探讨德宏傣族汉话在语言接触中的性质、地位和作用。本书力图通过对以芒冷新寨为代表的德宏傣族汉话的研究，加深学术界对云南少数民族汉话的认识，利用傣族汉话与汉语方言、普通话语音的对应关系，充分发掘少数民族汉话内在的积极因素，以利于国家语言政策和语言规划的完善，有效地指导少数民族汉语的学习，提高德宏傣族地区的汉语教学质量和教学水平，进而利于加强边疆少数民族与汉族的交流，增进相互了解，进一步夯实各民族团结进步的基础，提高边疆民族地区的文化教育水平，维护边疆民族地区的团结稳定，促进社会科学发展。

本书以实验语音学和音位学的理论为指导，详尽地描写德宏芒冷新寨傣族汉话的语音系统，凸显该系统的特征；在众多的调位变体中，归纳总结芒冷新寨傣族汉话声调系统的模式；通过与其他傣语方言的共时比较，探寻傣族汉话声调模式的普遍语音特征；通过与相关汉语的比较，探寻该模式的来源。

① 叶蜚声、徐通锵著，王洪君、李娟修订：《语言学纲要》（修订版），238页，北京，北京大学出版社，2010。

第一章　德宏汉话典型的代表地区——盈江盏西[1]

任何语言现象都有其产生的自然地理环境和历史人文背景。本章从语言人类学的角度展现和分析德宏芒冷新寨傣族汉话产生和形成的自然地理环境和历史人文背景，为后面章节的傣族汉话分析奠定语言人类学的基础。

第一节　德宏盈江概况

一、德宏概况

（一）地理位置与自然环境

德宏傣族景颇族自治州地处云南西部，总面积 11526 平方千米。东部和东北部与保山市的龙陵县和腾冲县毗邻，南部、西部、西北部与缅甸联邦共和国接壤，国境线长达 503.8 千米。全州除梁河县外，其余县市均与缅甸接壤。德宏位于云南滇西峡谷的最西端，距印度洋直线距离仅 600 千米，地理位置十分重要，有着重要的地缘优势。古代南方丝绸之路、抗战时期滇缅公路均从德宏出境，现代中缅油气管道从德宏入境，已经完工的杭瑞高速公路和正在规划建设的泛亚铁路将从德宏出境。德宏是连接中国内地与东南亚、南亚的极为重要的国际通道。

---

[1] 本书调研组从 2009 年至 2015 年在德宏地区做汉话调研，所以本章引用的是 2009—2015 年的数据。

德宏地处高黎贡山以西，怒江中下游的横断山脉西南部，“横断”特征仍然很明显。山脉与山间盆地、谷地、河流相间分布，坝子边缘清晰明显。德宏全州属南亚热带气候，平均海拔 800—1300 米，年均气温 18.4℃—20.3℃，年降雨量 1436—1709 毫米，自然风光险峻、秀美，生物丰富多样，森林覆盖率达 67%。[①]

（二）民族人口与分布

德宏傣族景颇族自治州内居住着汉族、傣族、景颇族、阿昌族、傈僳族、德昂族等 30 多个民族，据 2020 年第七次全国人口普查统计，全州总人口为 1315709 人。据德宏 2019 年年底按民族统计数据：全州汉族人口为 69.16 万人，占总人口的 52.23%；各少数民族人口为 63.24 万人，占总人口的 47.77%。表 1–1 为德宏傣族景颇族自治州各民族人口及所占比例表（2019 年末），表 1–2 为德宏傣族景颇族自治州各民族人口及所占比例表（2010 年）。[②]

表 1–1　德宏傣族景颇族自治州民族人口及所占比例表 (2019 年末)

民族	汉族	傣族	景颇族	傈僳族	阿昌族	德昂族
人口（人）	691600	376900	144500	34200	32900	15700
占总人口比例（%）	52.23	28.46	10.92	2.59	2.48	1.18
全州总人口（人）	1324000	汉族人口（人）	691600	少数民族人口（人）		632400

与 2010 年的数据（见表 1–2）相比，虽然全州人口增加了约 10 万人，但人口所占比例变化很小。

表 1–2　德宏傣族景颇族自治州民族人口及所占比例表 (2010 年)

民族	汉族	傣族	景颇族	傈僳族	阿昌族	德昂族
人口（人）	629147	349840	134373	31530	30389	14436
占总人口比例（%）	51.93	28.88	11.09	2.60	2.51	1.19
全州总人口（人）	1211440	汉族人口（人）	629147	少数民族人口（人）		582293

① 德宏傣族景颇族自治州人民政府办公室：《州情概况》，载德宏傣族景颇族自治州人民政府网，www.dh.gov.cn，2015 年。

② 德宏傣族景颇族自治州人民政府办公室：《州情概况》，载德宏傣族景颇族自治州人民政府网，www.dh.gov.cn，2021-11-1。

根据现有资料，1984 年全州的各民族人口分布及所占比例情况见表 1–3。[①]

表 1–3 德宏傣族景颇族自治州民族人口及所占比例表（1984 年）

民族	汉族	傣族	景颇族	傈僳族	阿昌族	德昂族
人口（人）	392790	246647	96238	16365	19440	9492
占总人口比例（%）	49.83	31.29	12.2	2.08	2.47	1.2
全州总人口（人）	788204	汉族人口（人）	392790	少数民族人口（人）		395414

根据以上 1–2，1–3 表，我们可以做出 1984 年和 2010 年德宏傣族景颇族自治州各民族人口比例图如下。

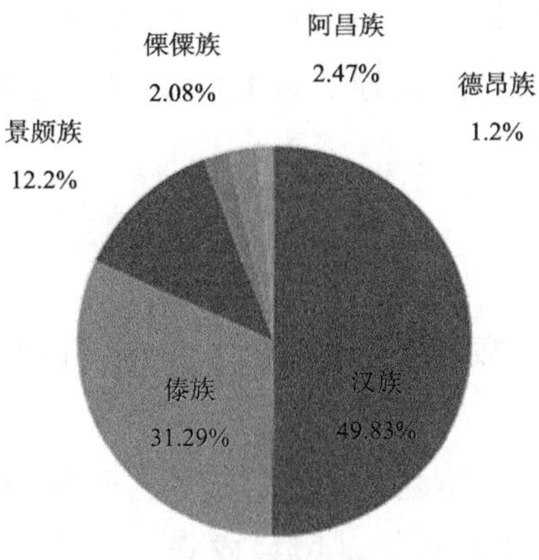

图 1–1 1984 年德宏各民族人口比例图

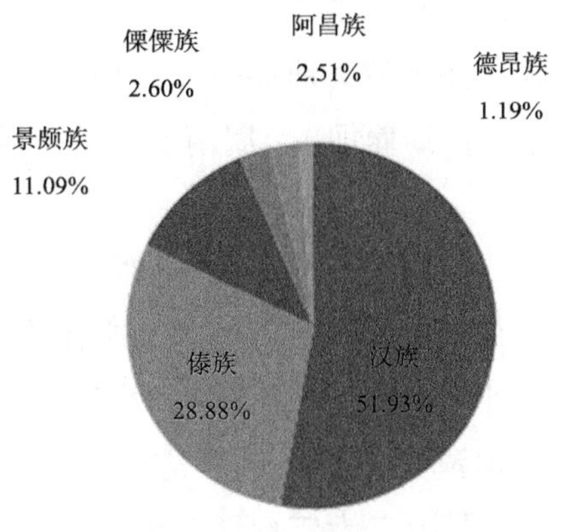

图 1–2 2010 年德宏各民族人口比例图

从图 1–1、1–2 可以直观地看到，26 年来全州人口虽然增加了 40 多万，但各民族人口的比例并没有发生重大的变化。

2010 年德宏全州总人口约为 121.14 万人，少数民族人口约为 58.23 万人，以傣族、景颇族为主体的少数民族人口占总人口的 48.07%。傣族约占全州人口的 1/3，主要分布在全州的坝区，是德宏的世居民族，也是最早种植水稻的民族；德宏傣族景颇族自治州景颇族占全国景颇族总人口的 95%以上，主要分

① 陈保亚：《论语言接触与语言联盟——汉越（侗台）语源关系的解释》，9 页，北京，语文出版社，1996。

布在全州各县市的山区，分为景颇、茶山、载佤、浪速等支系。阿昌族主要分布在梁河、陇川、芒市3县市，有九保、囊宋、户撒3个阿昌族乡，占全国阿昌族总人口的85%。傈僳族主要分布在盈江县北部的苏典傈僳族乡。德昂族占全国德昂族总人口75%左右，主要聚居在潞西市三台山德昂族乡，是德宏傣族景颇族自治州古老的民族之一。

傣族是云南边疆地区历史悠久，颇具特色的民族。据2010年第六次全国人口普查统计，总人口约122.2万人，居全省少数民族人口第四位。[①]傣族主要聚居在云南省南部西双版纳傣族自治州和西部德宏傣族景颇族自治州，以及附近地州的一些县市。

德宏傣族居住的区域，位于北回归线以北，横断山脉南麓。高黎贡山到了这里高度逐渐降低。瑞丽江、大盈江等大大小小的河流在这里形成了许多河谷平坝，这些河谷平坝大多为傣族居住。较大的坝子有盈江坝、陇川坝、芒市坝、瑞丽坝、遮放坝、芒东坝、南甸坝、勐养坝、盏西坝、支那坝等。德宏傣族居住区域，地势较低，海拔一般在500米（瑞丽坝）至1100米（支那坝、芒东坝、勐养坝），属南亚热带季风雨林气候。

（三）建置沿革与人文地理

德宏是一个历史悠久、文化源远流长的少数民族聚居区，曾发现新石器时代遗址。古称"乘象国"，属南诏、大理管辖。

据清光绪《腾越厅志》卷十一《武备志边防》记载，（王骥三征麓川之后），万历二十二年（1594年），巡抚陈用宾设八关，留兵戍守。二十三年（1595年）设立蛮哈、陇把两守备，筑堡猛卯，名曰平麓城，开二十二屯田。[②]

其中提到的八关为：铜壁关（属南甸土司，在今盈江铜壁关），万仞关（属盏达土司，在今盈江勐弄），神护关（属南甸土司，在今盈江盏西苏典交界猛戛山老关城），巨石关（属盏达土司，在今盈江昔马），这四关以蛮哈守备守之；铁壁关（属陇川土司，现在境外），虎踞关（属陇川土司，现在境外），天马关（属勐卯土司，现在境外），汉龙关（现在境外），这四关以陇把守备守之。

屯田二十二甸为：天成甸、地平甸、元运甸、黄裳甸、宇安甸、宙宁甸、

① 第一位是彝族502.8万人，第二位是哈尼族163.0万人，第三位是白族156.1万人，第五位是壮族121.5万人。

② 参见清光绪《腾越厅志》卷十一《武备志边防》，179—183页，台北，成文出版社，1967。

洪福甸、荒丰甸、日升甸、月恒甸、盈谦甸、昃中甸、辰拱甸、宿明甸、列能甸、张翼甸、寒暄甸、来远甸、暑清甸、往顺甸、秋有甸、收功甸。据清光绪《腾越厅志》卷十一《武备志边防》称："旧二十二甸沦夷者四甸，及雍正二年益以民屯九屯，为二十七屯。"[①] 新增的九屯为方耀屯、蛮丙屯、遮东屯、宛顶屯、蛮育屯、盏西屯、牙洒屯、蒲窝屯、火烧寨屯。有些甸屯现已无法考证。

清光绪《腾越厅志》卷十一《武备志边防》记载：从道光三年（1823 年）开始，腾郡建沿边碉堡七十七座，除民人自守外，设屯练守之。[②]

在德宏几千年的历史发展过程中，由于民族的迁徙、开发、交流，形成了德宏各民族大杂居、小聚居，共同生活的格局。

（四）经济状况

据德宏全州城乡住户一体化办公室不完全统计，2014 年前三季度，德宏全州国内生产总值完成 131.74 亿元，城镇居民人均可支配收入 14388 元，农村居民人均现金收入 5958 元。2015 年上半年，全州城镇常住居民人均可支配收入 10672 元，人均消费支出 6655 元。2015 年一季度，德宏全州农村常住居民人均可支配收入 2020 元。[③]

二、盈江概况

（一）地理位置与自然环境

盈江县位于德宏傣族景颇族自治州西北部，国土面积 4429 平方千米，约占德宏全州总面积的三分之一。其东北面与腾冲市为邻，东南面与梁河县接壤，南面与陇川县相连，其西、西南和西北三面与缅甸接壤，国境线长 214.6 千米，自古以来有 32 条通道通往缅甸。

盈江县属南亚热带季风气候，北热带、亚热带、温带气候并存。盈江县中山、低山与宽谷盆地交错相间，大盈江自东向西南流经县境，出国境后注入伊洛瓦底江。大娘山海拔 3404.6 米，为盈江全县最高点，同时也是德宏全州最高

① 参见清光绪《腾越厅志》卷十一《武备志边防》，179—183，台北，成文出版社，1967。

② 参见清光绪《腾越厅志》卷十一《武备志边防》，181 页，台北，成文出版社，1967。

③ 德宏傣族景颇族自治州城乡住户一体化办公室：《经济状况》，载德宏傣族景颇族自治州人民政府网，www.dh.gov.cn，2015。

点；那邦镇拉沙河与穆雷江交汇口为全县最低点，海拔 210 米，同时也是德宏的全州最低点。县城小平原海拔 826 米。年平均气温 19.4℃，全年平均降雨量 1550.0 毫米，年内降雨时空分布不均。盈江地貌组成多样，地势高差突出，气候差异较大，具有典型的立体气候特点。

盈江县坝区宽阔，土地肥沃，占全县总面积的 14.8%。全县面积在 4.5 平方千米以上的坝子有 10 个，总面积 638.48 平方千米，其中以大盈江为中心的盈江坝面积为 516.13 平方千米。全县耕地面积 546120 亩，人均耕地 1.79 亩。盈江山区森林茂密，占全县总面积的 85.2%。大盈江江面宽阔，整个盈江水域面积 34.52 平方千米。盈江地处印度洋板块和亚欧板块结合部，地质显示腾冲—梁河—盈江断裂明显。由于特殊的自然地理环境，盈江境内经常发生洪涝、泥石流、地震等自然灾害。较近的地震为 2014 年 5 月 24 日 4 时 49 分卡场镇发生的 5.6 级地震和 2014 年 5 月 30 日 9 时 20 分卡场镇发生的 6.1 级地震。①

（二）民族人口与分布

据 2010 年 11 月 1 日零时为标准时点进行的第六次全国人口普查，全县总人口为 305167 人，75560 户；汉族人口为 134458 人，占总人口的 44.06%；各少数民族人口为 170709 人，占总人口的 55.94%。表 1–3 为盈江县各民族人口及所占比例表。

表 1–4　盈江县民族人口及所占比例表

民族	汉族	傣族	景颇族	傈僳族	阿昌族	德昂族
人口（人）	134458	99972	44733	20182	1303	426
占总人口比例（%）	44.06	32.76	14.66	6.61	0.43	0.14
全县总人口（人）	305167	汉族人口（人）	134458	少数民族人口（人）		170709

据 2020 年 11 月 1 日零时为标准时点进行的第七次全国人口普查，全县总人口为 292508 人，汉族占总人口的 42.00%。各少数民族占总人口的 57.99 %，比 10 年前的占比数略高。②

据表 1-4 盈江县傣族人口接近 10 万人，占盈江县总人口的 32.76%。虽然

① 盈江县人民政府办公室：《盈江概况》，载盈江县人民政府网，www.dhyj.gov.cn，2015。

② 盈江县人民政府办公室：《盈江概况》，载盈江县人民政府网，www.dhyj.gov.cn，2021-11-1。

傣语在盈江县是强势语言，但是受附近腾冲汉文化的影响较大。随着经济发展，汉语对盈江县语言使用的影响越来越明显。

（三）建置沿革与行政区划

盈江西汉属益州郡，东汉属永昌郡，唐南诏时属永昌节度和丽水节度，宋大理国时属永昌腾越金齿部。元代置镇西路、平缅路。明代设干崖宣抚司，隶属永昌府腾越州。清又置盏达副宣抚司，隶属腾越厅。民国初期，建行政公署，设干崖、盏达行政委员。民国二十一年（1932年）干崖、盏达改设为盈江设治局、莲山设治局。

1950年6月成立盈江各民族行政委员会、莲山各民族行政委员会。1951年12月31日，成立盈江县各民族联合政府。1952年1月15日，成立莲山县各民族联合政府。1955年6月，曾隶属腾冲、后又直属于保山专区和德宏傣族景颇族自治州管辖的盏西区，划归盈江县。1958年10月，盈江、莲山两县合并为盈江县。1969年3月，盈江县各区站改建为人民公社，乡改为大队。1974年1月，太平公社、铜壁关公社划出3个大队，建立芒允公社；盏西公社划出4个大队建立芒章公社；盏西公社划出3个大队，苏典公社划出1个大队，组建支那公社；4月，平原公社划出3个大队，建立平原镇；10月，弄璋公社划出5个大队，建立姐冒公社。1975年1月，原卡场文化站辖区从勐弄公社划出，建立卡场公社。1984年4月恢复区、乡建制，盏西区公所改建为盏西办事处（副县级）。1987年1月，区乡体制改革，旧城区岗勐、富联、喊撒乡的部分村社和弄璋区丙辉乡的部分村社划出组建岗勐乡；旧城区改设为乡级镇建制；莲花山区胜龙乡划归平原镇；苏典区黑河乡划归卡场乡。1996年4月成立那邦镇。2001年5月，弄璋、盏西、昔马、卡场4个乡撤销，改设为镇建制。2005年10月，莲花山乡、岗勐乡合并到平原镇；姐冒乡仍合并到弄璋镇；芒允乡、太平乡合并为太平镇。撤并后全县有8镇7乡，97个村民委员会，6个居民委员会。[①]

（四）经济状况

据云南数字乡村——新农村建设信息网2014年统计数据，盈江全县生产总值实现71.02亿元，城镇常住居民人均可支配收入实现20401元；农村常住

① 盈江县人民政府办公室：《盈江概况》，载盈江县人民政府网，www.dhyj.gov.cn，2015。

居民人均可支配收入实现 7343 元。[①]

第二节　德宏最北端的地区——勐盏西

勐盏西即历史上所称的盏西地区，以自然地理为界，实际包括现在的盏西镇、支那乡和芒章乡。面积约为 987.23 平方千米，大小接近梁河县（1159 平方千米）。主要居住着傣族、景颇族、傈僳族等少数民族，傣族居住在坝区，景颇族和傈僳族主要居住在山区。盏西地区位于德宏傣族景颇族自治州的最北端。勐盏西一分为三，实际是 20 世纪 70 年代以后的事，至今不过 40 多年。即便现在盏西地区一分为三，但是无论是从山川地理上看，还是从政治经济上看，仍是一个独特的完整地区。

为行文方便，以下书中提到的“盏西地区”均指勐盏西范围内的地区，即包括盏西镇、支那乡和芒章乡的地理区域。

一、勐盏西名称的由来

云南的最西端是德宏，德宏的最北端是勐盏西，就德宏、腾冲当地人而言，一般只说“盏西”，而不说“勐盏西”，那么盏西是否够一个“勐”的资格，傣文典籍中究竟有无“勐盏西”的提法？

傣语中的“勐”一般表示“地方”“地区”的意思。“勐”的地域，可以大到一个现代的国家，如泰国叫“勐泰”，也可以小到一个村寨，如盏西镇松坡行政村的勐乃自然村。但一般情况下，“勐”是高于“芒”（村寨）、“姐（遮）”（城镇）的一级行政单位和地域范围单位，相当于现在的乡镇，如德宏傣族景颇族自治州瑞丽市的勐卯镇、姐相乡，芒市的遮放镇等；也有的相当于县市一级的行政单位和地域范围，如西双版纳傣族自治州的勐海县、勐腊县。

汉文献涉及德宏最北端的地区只有“盏西”一说，没有“勐盏西”的提法，那么傣文古籍中，有没有“勐盏西”的记述呢？

---

① 盈江县人民政府办公室：《农村经济》，载云南省数字乡村网，www.ynszxc.gov.cn，2014。

德宏傣族历史古籍文献《勐果占壁及勐卯古代诸王史》记述了勐卯（今瑞丽）及其附近地区，从佛历120年至2321年（公元前424年至公元1778年），前后历时2200多年的历史。其中勐卯古代诸王史写于清乾隆年间，作者为卞章戛，是勐卯当地的“大佛爷”（召帕雅坦玛铁），为清代四译馆的翻译官员。[①]书中称大的国家为“等”，小的王国或地方为“勐”。书中谈及的“勐”也有不同的情况，“勐熙”是指昆明，书中说“……直指沐国公所在的勐熙”[②]；“勐老”指老挝，该书称“勐卯国的疆土……南至那很（越南）、勐老（老挝）和勐潤（泰国北部）”[③]。但大多数是指一个土司的行政地区和自然地理区划，并常以一个坝子的区域划分。书中记载的勐卯、勐宛、勐腊、勐盏达、勐底、勐恒、勐遮放、勐焕、勐克、勐养、勐达牙等地[④]大都可以与现在的行政区划或地理区域相对应：勐卯（瑞丽）、勐宛（陇川）、勐腊（盈江）、勐盏达（莲山，后与盈江合并）、勐底（梁河）、勐恒（梁河芒东坝）、勐遮放（芒市遮放坝）、勐焕（芒市）、勐克（保山潞江坝）、勐养（梁河勐养坝）。腾冲也有一个地道的傣语名称：勐敏。[⑤]

《勐果占壁及勐卯古代诸王史》记载：“整个傣族地方，自从各地直接得到了皇帝封赐的印信，也就各自为政，自然分裂了。这些分封越来越细，清朝的康熙帝时代，可以说是较细致而完备了。盏达独立出来，被封为‘召戛’；勐盏西也封官……”[⑥]该傣文古籍清晰而明确地提到了“勐盏西”。这段记载，也清晰地确定了盏西“勐”的地位。当地人一般只说“盏西”而不说“勐盏西”，是省略了“勐”的说法，如同傣文古籍中的“勐盏达”，多省略为“盏达”一样。我们在认识了解盏西时，一定要有傣语“勐”的概念：盏西是一个以傣族为主的多民族聚居地区，由被分封的傣族土司管辖，有明确的地域和行政级别。

① 云南省少数民族古籍整理出版规划办公室：《勐果占壁及勐卯古代诸王史·后记》，昆明，云南民族出版社，1988。

② 云南省少数民族古籍整理出版规划办公室：《勐果占壁及勐卯古代诸王史》，100页，昆明，云南民族出版社，1988。

③ 云南省少数民族古籍整理出版规划办公室：《勐果占壁及勐卯古代诸王史》，85页，昆明，云南民族出版社，1988。

④ 云南省少数民族古籍整理出版规划办公室：《勐果占壁及勐卯古代诸王史》，35页，昆明，云南民族出版社，1988。

⑤ 云南省少数民族古籍整理出版规划办公室：《勐果占壁及勐卯古代诸王史》，96页，昆明，云南民族出版社，1988。

⑥ 云南省少数民族古籍整理出版规划办公室：《勐果占壁及勐卯古代诸王史》，144页，昆明，云南民族出版社，1988。

“勐盏西”的“勐”的分封级别究竟有多高，该古籍中并没有明确说明，但显然不如被封为“召戛”的盏达（现今盈江县城平原镇及附近地区）。据清光绪《腾越厅志》卷十一《武备志边防》记载：“（光绪）十三年（1887年）四月，盏西土目孟正泰与南甸土司刀定国争产互斗，蹂躏地方。”[①]盏西是“土目”，南甸是“土司”，显然勐盏西的级别低于勐底（梁河）的南甸宣抚司。

关于勐盏西的行政级别为什么比较低，当地傣族还有这样一种说法：当时勐盏西、勐盏达两个地域的傣族头人争地位高低，皇帝封赐的印信是给勐盏西的，印信就要送达的消息被勐盏达的人先得知，他们就把皇帝封赐的印信迎到了勐盏达。勐盏西的人没有得到印信，输给了勐盏达，所以输了的地方叫“盏西”，赢了的地方叫“盏达”。当然，就自然地理位置和行政级别来看，盏西与盏达是无法相比的。盏西地域偏僻、山高林密、交通不便，傣族人口相对较少。盏达坝子宽阔，交通便利，傣族人口相对较多，封为副宣抚司也是合乎情理的。这或许也是当地傣族不说“勐盏西”“勐盏达”，而只说“盏西”“盏达”的一个原因，二者都具备“勐”的级别，却是一个不争的事实。本书以下部分，除非必要，一般也只使用“盏西”，而不使用“勐盏西”。

从以上分析可以看出，历史上，盏西无论从行政区划来看还是从地理区域来看，都完全够傣语中一个“勐”的资格。盏西具有德宏傣族行政区划“勐”的典型性，位于盏西核心区域的芒冷新寨傣族汉话就行政区划来看，也就具有了德宏傣族汉话的典型性、代表性。

二、地理位置与自然环境

盏西在行政区划上作为一个“勐”当之无愧，那么盏西的地理位置和自然环境是否够一个“勐”的资格呢？

盏西地区位于德宏的最北边，地处相对偏僻的北部地区，山区和坝区并存，傣、汉、景颇、傈僳等民族杂居。盏西地区西北与缅甸克钦邦毗连，东南接腾冲县、梁河县。地势北高南低，德宏傣族景颇族自治州海拔最高的大娘山（3404.6米）就在盏西支那。盏西地区山峦起伏，河流纵横，槟榔江由北向南横贯全境。坝区为冲积盆地，土地肥沃，是当地的水稻主产区。气候分干、雨

① 清光绪《腾越厅志》卷十一《武备志戎事》，196页，台北，成文出版社，1967。

二季，年降水量为1500毫米，平均气温18℃，属亚热带雨林区。动植物繁多，水利资源丰富。槟榔江流经芒章乡时，海拔约1010米，穿出群山后到新城，海拔约850米。在长约20千米的地段上，山势陡峭，江水落差100多米，在槟榔江上现建有多个中型水电站。盏西的地理位置恰好避开了大盈江断裂带，近年来该断裂带地震频繁，但对盏西地区影响较小。

盏西核心地区关上村离盈江县城平原镇50多千米，沿槟榔江峡谷而下，交通较为方便。关上村离腾冲县城腾越镇和梁河县城遮岛镇相对较近，直线距离仅30多千米，但有高山阻隔，行车需绕道盈江坝子边缘和梁河县城，多行100多千米。据清光绪《腾越厅志》卷二《地舆志山川》记载，勐蚌山，在缅箐（今腾冲中和镇）西，离城30千米。南为盏西山，在城西南。由山峡中曲折蛇行，仰不见天。至盏西忽然开朗，抵大盈江会槟榔江处而尽。“曲折蛇行、仰不见天、忽然开朗”这些词语客观地描写了当时进入盏西的艰险情景。

三、民族分布

与盏西毗连的有关乡镇，其民族人口分布有不同的特点。据云南数字乡村——新农村建设信息网统计，盏西及其毗连乡镇民族人口分布如表1–5。

表1–5　盏西及其毗连乡镇各民族人口统计表①

乡镇名称	总人口（人）（统计时间/年）	总户数（户）	汉族（人）	傣族（人）	景颇族（人）	傈僳族（人）	其他民族（人）
盏西镇	21532（2013）	4214	4717	10337	4725	1734	19
支那乡	13829（2010）	3004	1446	6013	4838	1532	——
芒章乡	12184（2014）	2829	2918	3355	5517	380	14
苏典傈僳族乡	7797（2010）	1775	2076	0	336	5385	——

① 根据云南数字乡村——新农村建设信息网数据整理，数据来源：盈江县人民政府办公室：《人口卫生》，载云南省数字乡村网，www.ynszxc.gov.cn，2014。本章以下各表数据同此。

续表

乡镇名称	总人口（人）（统计时间 / 年）	总户数（户）	汉族（人）	傣族（人）	景颇族（人）	傈僳族（人）	其他民族（人）
新城乡	18367（2009）	3789	5201	10526	2198	255（德昂族）	187
腾冲古永傈僳族乡	26457（2011）	5704	20978	0	0	5161	318
腾冲中和镇	40709	10414	38638	0	0	2071	——

从表 1-5 可以看出，盏西地处两个傈僳族乡之间，两乡的傈僳族人口均为 5000 多人，但腾冲古永傈僳族乡的傈僳族人口仅约占全乡人口的 19.51%，而苏典傈僳族乡的傈僳族人口约占全乡总人口的 69.07%，苏典傈僳族乡更具傈僳族特色。腾冲古永傈僳族乡也于 2000 年撤乡建镇改名猴桥镇。盏西镇、支那乡也有傈僳族分布，人口超过 1500 人。

盏西镇的傣族人口占全镇的总人口的 48.01%，高于盈江县的 32.76%，更高于德宏全州的 28.88%。盏西镇是典型的傣族景颇族人口聚居区。

原属盏西地区三个乡镇的民族人口分布如表 1–6。

表 1–6　盏西地区各民族人口统计表

乡镇名称	总人口（人）（统计时间 / 年）	总户数（户）	自然村数（个）	汉族（人）	傣族（人）	景颇族（人）	傈僳族（人）	其他民族人口
盏西镇	21532（2013）	4214	67	4717	10337	4725	1734	19
支那乡	13829（2010）	3004	56	1446	6013	4838	1532	——
芒章乡	12184（2014）	2829	41	2918	3355	5517	380	14
总计	47545	10047	164	9081	19705	15080	3646	33
百分比	100	–	–	19.10	41.44	31.72	7.67	0.07

图 1-3 和图 1-4 为盏西地区三个乡镇各民族人口比例与盈江县各民族人口比例的比较。

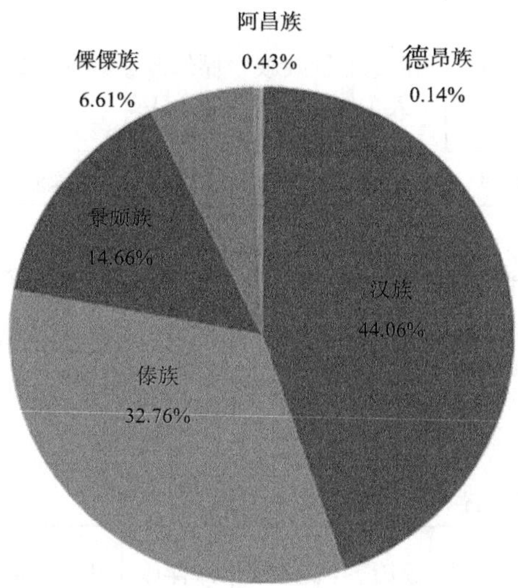

图 1–3　盈江县各民族人口比例图

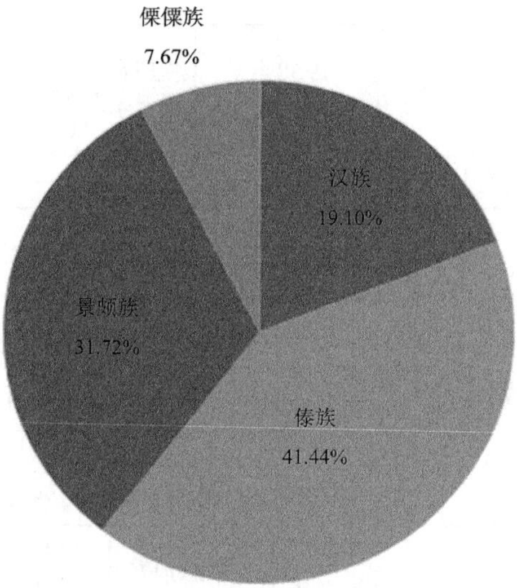

图 1–4　盏西地区各民族人口比例图

整个盏西地区少数民族人口占 80% 以上，其中盏西镇占 78.09%，支那乡占 89.54%，芒章乡占 76.05%。从图 1-3、图 1-4 可以看出，盏西地区的民族分布具有全州的代表性，是典型的少数民族聚居区。

1958 年云南民族调查组德宏分组盈江小组曾对盈江县盏西区傣族社会的情况做过调查，给我们留下了宝贵的资料。①

根据当时的数据，盏西区内共有傣族 1564 户 8966 人，居住在盏西、支那两个坝子里；共有四个乡，即盏西坝子为团坡、遮坎、和平三乡，支那坝为支那乡；和傣族杂居的有汉族 167 户 712 人，其他民族 4 户 28 人；坝子周围的山上居住着汉、傈僳、景颇等民族。② 根据这些数据，1958 年盏西地区坝区的各民族人口比例如表 1–7。

表 1–7　1958 年盏西地区坝区各民族人口统计表

县区	1958 年总人口（人）	总户数（户）	自然村数（个）	汉族（人）	傣族（人）	景颇族（人）	傈僳族（人）	其他民族（人）
盈江盏西	9706	—	—	712	8966	—	—	28

① 《民族问题五种丛书》云南省编辑委员会编：《德宏傣族社会历史调查（二）》，53—61 页，昆明，云南人民出版社，1984。

② 《民族问题五种丛书》云南省编辑委员会编：《德宏傣族社会历史调查（二）》，53—61 页，昆明，云南人民出版社，1984。

续表

县区	1958年总人口（人）	总户数（户）	自然村数（个）	汉族（人）	傣族（人）	景颇族（人）	傈僳族（人）	其他民族（人）
百分比（%）	100	—	—	7.34	92.38	—	—	0.29

时间过去了60年，这个人口构成比例发生了什么样变化？虽然乡镇的划分一分为三了，但是坝区山区的分界仍很明显。根据当时盏西地区坝区的划分区域，2015年我们对该区域内各民族人口的构成又做了一次统计，详见表1-8。

表1-8 2014年盏西地区坝区行政村各民族人口统计表

乡镇行政村	2014年总人口（人）	总户数（户）	自然村数（个）	汉族（人）	傣族（人）	景颇族（人）	傈僳族（人）	其他民族（人）
盏西关上	5450	1154	7	1436	3859	130	25	0
盏西团坡	3599	822	10	48	2606	782	163	0
盏西姐坎	4560	1047	6	132	4403	16	9	0
芒章相帕	2538	560	4	18	2513	4	1	2
芒章芒章	2072	486	4	255	841	972	2	2
支那支那	6717	1423	16	87	6630	0	0	0
总计	24936	5492	47	1976	20852	1904	200	4
百分比（%）	100	—	—	7.92	83.62	7.64	0.80	0.02

数据来源：云南数字乡村——新农村建设信息网，部分数据经考证后修正。

图1-5、图1-6是1958年盏西地区坝区的各民族人口比例图与2014年盏西地区坝区行政村各民族人口比例图的比较。

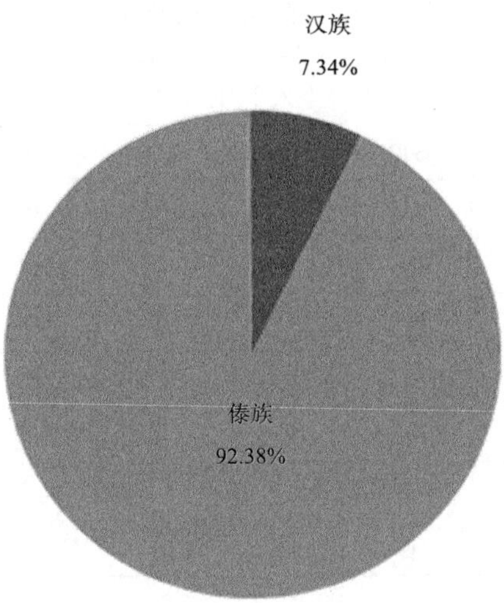

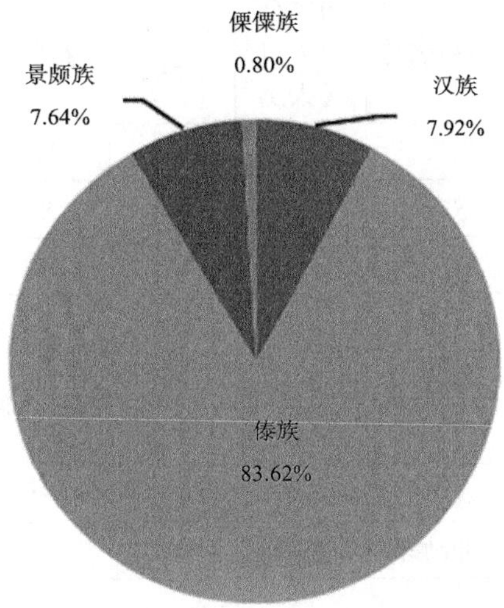

图 1-5　1958 年盏西地区各民族人口比例图　图 1-6　2014 年盏西地区各民族人口比例图

从表 1-7 和表 1-8 可以看到，2014 年盏西地区的人口约是 1958 年的 2.57 倍，但是汉族与少数民族的人口比例几乎没有变化，傣族人口的比例有所降低，主要是根据有关政策，山上的景颇族下坝立寨所致，但就整个盏西地区的坝区来看，傣族仍占大多数，傣语仍处于相当的强势地位。60 年来，傣族的比例数据没有较大的变化，这说明，在盏西地区，傣族的分布和人口比例相当稳定。这个相当稳定同时也说明，对盏西地区傣族汉话的研究有历史的稳定性和代表性。

从盏西镇内部人口的构成来看，全镇下辖团坡、关上、姐坎、松坡、双龙、普关、合作、帮朗 8 个行政村。据云南数字乡村——新农村建设信息网 2014 年统计数据，这 8 个行政村的各民族人口分布统计如下表。

表 1-9　盏西镇各行政村民族人口统计表

行政村名称	2014 年总人口（人）	总户数（户）	自然村数（个）	汉族人口（人）	傣族人口（人）	景颇族人口（人）	傈僳族人口（人）	其他民族人口（人）
关上	5450	1154	7	1436	3859	130	25	0
团坡	3599	822	10	48	2606	782	163	0
姐坎	4560	1047	6	132	4403	16	9	0

续表

行政村名称	2014年总人口（人）	总户数（户）	自然村数（个）	汉族人口（人）	傣族人口（人）	景颇族人口（人）	傈僳族人口（人）	其他民族人口（人）
松坡	2327	550	11	1268	643	0	416	0
双龙	2567	600	8	1860	10	30	667	0
普关	2221	484	10	0	0	1817	404	0
合作	3109	697	9	429	170	2178	332	0
帮朗	1600	365	6	210	0	1005	385	0
总计	25433	5719	67	5383	11691	5958	2401	0
附：								
腾冲勐蚌	3778	907	3	3423	0	65	290	0

勐蚌村没有傣族，汉族占绝大多数，在盏西划归盈江时，将勐蚌划归腾冲是适当的。

四、经济状况

2009年盏西镇农村经济总收入6923万元，人均收入2163元。2014年盏西的统计采用了全县的平均数据，农村常住居民人均可支配收入7343元。

第三节　盏西地区的建置沿革与历史人文

一、建置沿革

因为独特的地理位置和复杂的人文历史，盏西的建置沿革呈现出先归腾冲管辖，后又直属地州，最后归盈江管辖的历程。

盏西地区（含现在的盏西镇、芒章乡、支那乡）一直隶属腾越州（明）、腾越厅（清）、腾冲县（民国）管辖。屯练制度是明清时期盏西的主要管理制度。

明代设的神护关在盏西与苏典交界的勐戞山。《腾越厅志》卷二《地舆志山川》记载：猛戞山，在盏西，后神护关设此。[①] 当地人称老关城。

盏西核心地区还有个名称叫全胜关，因不在明设置的八关内，一般不为人们所知。《腾越厅志》卷十一《武备志边防三》记载："三关（指古永关、猛连关、合泽关）皆内地，与马面关为四古关。不在八关之内，设自前明，已无可考。外有全胜关，在分水岭，今以盏西当之。"[②] 这段记载，一个"外"字充分说明了盏西自然地理位置的重要性，也清晰地解释了今天盏西的核心区域为什么叫做"关上"，为什么盏西历届区、乡、镇人民政府驻地均设在关上，同时也说明了为什么关上街汉族居多。

盏西地区还有八关九隘中的两个重要隘口，即止那隘、猛豹隘。同样据《腾越厅志》（卷十一）《武备志边防三》记载："止那隘，城西百四十里。在盏西境，其江（指槟榔江）由古永江流入，绕盏西赴干崖海坝，通神户、万仞两关及古勇奔麻山。猛豹隘，城西南一百五十余里，在盏西外，与南甸囗囗（此处不清）相连，其地群山环绕，山顶即野夷寨。远通万仞关，故设扶夷以控制之。"[③]

据清光绪《腾越厅志》卷三《地舆志乡名》记载："盏西练，十二寨。上半练，东至芭蕉岭，南至烂泥箐，西至野人山，北至猛崩隘；下半练，东南至大小龙塘，西北至野人山。"[④] 该志列出的盏西十二练寨有河西寨、蛮朵、蛮海、止那蛮棒、中寨、蛮老、蛮冷、遮坎、蛮昆、盏西蛮棒、关上、景幸。至今盏西姐坎（遮坎）行政村下辖的一个自然村仍叫练寨，或者叫当地傣化了的地名——芒练。

在《腾越厅志》卷三《地舆志舆图》中，共绘制舆图两张。第一张反映的是腾越城池及腾越厅东部的情况，第二张反映的是腾越厅西部的情况。在第二张舆图中，我们看到了盏西十二练卡在整个图中的位置极为重要，这些练卡与西北各关隘配合，共同拱卫着腾越厅的西北边疆，成为中缅边界最稳固的地段。

据清光绪《腾越厅志》卷十一《武备志营制》记载："分水岭、盏西防兵

---

① 清光绪《腾越厅志》卷二《地舆志山川》，43 页，台北，成文出版社，1967。

② 清光绪《腾越厅志》卷十一《武备志边防三》，180 页，台北，成文出版社，1967。

③ 清光绪《腾越厅志》卷十一《武备志边防三》，180 页，台北，成文出版社，1967。

④ 清光绪《腾越厅志》卷三《地舆志乡名》，52 页，台北，成文出版社，1967。

各十名。……（乾隆）四十三年李侍尧请改防为汛……咸丰后，因兵事汛制悉废。光绪二年复设防汛员兵。……盏西汛设把总一员，兵五十。”[①] 从道光三年开始，“腾郡建沿边碉堡七十七座，除民人自守外，设屯练守之”[②]。其中“猛乃、小猛竜十一处各建土堡一座，石碉一座，共屯练丁三百名”[③]。勐乃的石碉，至今仍存于盏西的深山之中。

练卡配置练丁。练丁的粮饷，一般由练田供给，也有自耕自食的。清光绪《腾越厅志》卷十一《武备志边防》记载：“咸丰十一年后，兵事蔓延，碉堡倾圮殆尽。光绪五年（1879 年）修复练卡七十八处，增建二卡，共八十卡。盏西山有十六卡，共练丁二百八十名，其中春花地卡十六名。大龙塘卡二十五名、芭蕉林猛乃卡三十名均自耕自食，无盐菜。止那隘二卡，共练丁五十五名，抚夷兼管之。盏西新岐保路五卡，共练丁五十八名。”[④] 清光绪《腾越厅志》卷五《政赋志练田》记载：“盏西邵李屈尹四姓捐谷五百箩，拨与杨家山、大龙塘二卡练丁自耕自食，不再领口粮及盐菜银。”[⑤]

清代的屯练制度的区划是形成现代盏西行政区划的基础。

如前所述，历史上所称的盏西地区，实际包括现在的盏西镇、支那乡和芒章乡。盏西镇地处盏西地区的核心地域，下辖团坡村、关上村，姐坎村、松坡村、双龙村、普关村、合作村、帮朗村 8 个行政村 67 个自然村，其中团坡、关上、姐坎是坝区。支那乡在盏西地区的北部，除支那坝外，主要是山区。国境线长 18.1 千米，辖支那、崩董、芦山、支东、石分 5 个村委会 56 个自然村。芒章乡地处盏西地区的南部，位于盏西坝子的南端，除芒章、相帕外，主要是山区，辖芒章、相帕、宝石、獐刀、鲁洛、宝石、银河 6 个村委会 41 个自然村。

中华人民共和国成立后，因特殊的地理位置和复杂的历史人文情况，盏西地区曾先后直属保山专区、直属德宏傣族景颇族自治州管辖。盏西在归腾冲管辖时，勐蚌是盏西的一部分。据清光绪《腾越厅志》卷三《地舆志乡名》记载，勐蚌甲六寨，在缅箐（今腾冲中和镇）外盏西内：上寨、中寨、下寨，大

① 清光绪《腾越厅志》卷十一《武备志边防》，176 页，台北，成文出版社，1967。
② 清光绪《腾越厅志》卷十一《武备志边防》，181 页，台北，成文出版社，1967。
③ 清光绪《腾越厅志》卷十一《武备志边防》，181 页，台北，成文出版社，1967。
④ 清光绪《腾越厅志》卷十一《武备志边防》，181 页，台北，成文出版社，1967。
⑤ 清光绪《腾越厅志》卷五《政赋志练田》，92 页，台北，成文出版社，1967。

坝，张家寨，栅房。[①] 盏西在划归盈江县后，勐蚌行政村划归腾冲。

二、历史人文

盏西地区有着复杂的历史人文情况。

早期有盏西土目孟氏、南甸土司刀氏的田地和势力范围。据清光绪《腾越厅志》卷十一《武备志营制》记载：

> （光绪）十三年（1887 年）四月，盏西土目孟正泰与南甸土司刀定国争产互斗，蹂躏地方。迤西道总兵丁槐会委府经历陈文纬、都司殷廷贵驰往解散。同知陈宗海亲至盏西，将孟正泰霸占屯庄民田暨土司属寨，除划给孟族养膳外，分别发还并择要安卡，预防野类。并将汛署移置团坡新寨。而刀孟数十年之衅端，自此始息。
>
> （光绪）十四年（1888 年）正月盏西“夷”目思三勾结诸山“野夷”滋事，止那隘“抚夷史”相卫，盏西团绅段辅忠、林开楠、郭文周等合力往御，均被戕害。思三率领“野夷”乘势入踞团坡，逼攻汛署。总兵丁槐、同知陈宗海会委中军游击马中駇、都司汪永府、经历陈文纬带兵往击，并檄调南甸土司刀定国、抚夷金显清、吴大美各带土兵卡练随同知陈宗海亲往会办，旋将团坡克复。思三等退踞崩董，恃险抗拒。马中駇等督率兵练，步步为营。数旬之间，悉将崩董等寨攻破。……远近“野夷”俱畏威求抚，具结投诚，不准再带枪刀下坝。又新设该处游巡练丁一百名以警蠢动。从此，盏西永无野患矣。[②]

民国时期，盏西坝区是各种政治势力角逐的地区，经济形态也有差异。南甸土司、盏西孟家土目、腾冲县政府、抚夷，各有自己的势力范围和收租对象。[③] 如前所述，盏西土目孟正泰和南甸土司刀定国因争夺土地发生流血事件平定之后，双方划分了势力范围。南甸土司龚氏（民国初年由刀姓恢复为龚姓）

---

① 清光绪《腾越厅志》卷三《地舆志乡名》，53 页，台北，成文出版社，1967。

② 清光绪《腾越厅志》卷十一《武备志戎事》，196—197 页，台北，成文出版社，1967。

③ 《民族问题五种丛书》云南省编辑委员会编：《德宏傣族社会历史调查（二）》，53—61 页，昆明，云南人民出版社，1984。

拥有弄冒、芒冷新寨、支那坝的七寨、线帕乡（和平乡）的全部寨子，盏西土目孟氏（当地人也称为土司）拥有新老芒丙、新老团坡、小关、芒尖、旧城、勐乃、勐弄等寨，属于抚夷的有练寨和朗温。腾冲县政府管辖的范围与《腾越厅志》记载的屯甸练卡大体一致。其中包括以汉族为主的关上街和中益村。

盏西关键的自然地理和军事位置使得盏西自明清以来，一直有驻军。中华人民共和国成立后，盏西时有匪特袭扰。关上驻有一个营的中国人民解放军守卫边关，20 世纪 80 年代初期撤离。2009 年 9 月中共盈江县委、盈江县人民政府在盏西狮子山脚槟榔江旁建有盏西革命烈士纪念碑和革命烈士陵园。

盏西地区山区与坝区分界明显。盏西的坝区（包括盏西坝子、支那坝子）面积宽阔，土地肥沃，是傣族的分布区域。坝区附近，群山环绕。广大山区分布的是景颇族、傈僳族。德宏傣族景颇族自治州的六个主体民族，盏西地区占了四个（傣族、景颇族、傈僳族、汉族）。另外的阿昌族、德昂族因本身人数较少，在德宏全州也仅占 2.51%、1.19%，且分布较为集中，盏西地区没有分布也是正常的。盏西地区傣族占 41%、景颇族占 32%、汉族占 19%、傈僳族占 8%（小数点后四舍五入）。盏西少数民族人口的比例（见表 1–6），不仅远高于德宏傣族景颇族自治州的比例（见表 1–2），也远高于盈江县的比例（见表 1–4）。盏西地区虽然汉族还占 19%，但是大部分分布在靠近腾冲的山区。盏西坝区的核心区域除关上街及附近的中益村外，汉族很少（见表 1–8）。盏西地区是德宏傣族景颇族自治州典型的少数民族聚居区。相对偏僻的地理位置，群山环抱的坝子，多种民族的分布，原路进出的交通，使得盏西成为德宏傣族景颇族自治州一个语言生态群落保存完好的地区。在德宏，目前很难再找出一个像盏西一样语言生态群落保存完好的地区。无论是从自然地理环境还是从语言生态环境来看，抑或从行政地域、历史发展演变来看，盏西完全够得上傣语里“勐”的资格。盏西地区是德宏典型的代表地区。

第四节　盏西典型的傣族村寨——芒冷寨

一、行政归属

芒冷寨位于盏西坝区的核心区域。芒冷寨与关上街虽然直线距离很近，但中间隔着槟榔江，原有的沙石木桥，经常被槟榔江水冲毁，很多情况下靠竹筏摆渡过江，交通不便。故历史上一直归同岸3千米外的姐坎管辖。随着经济的发展，交通的便利，芒冷自然村的行政归属也发生了一些变化。槟榔江钢混水泥大桥建成后，芒冷寨划归盏西镇镇政府驻地的关上行政村，成为关上行政村唯一在槟榔江东岸的自然村，不再隶属姐坎行政村。

二、民族构成

从关上行政村内部人口的构成来看，全村下辖芒冷、关上、旧城、弄冒、中益、芒尖、广么7个自然村。据云南数字乡村——新农村建设信息网2014年统计数据，这7个自然村各民族人口的分布统计如下表。①

表1–10　关上行政村各自然村各民族人口统计表

自然村名称	2014年总人口（人）	总户数（户）	村民小组数（个）	汉族（人）	傣族（人）	景颇族（人）	傈僳族（人）	其他民族（人）
芒冷	1815	394	5	39	1759	17	0	0
关上	1410	313	5	1143	204	63	0	0
旧城	897	196	1	13	868	0	0	16
弄冒	600	131	1	15	585	0	0	0
中益	193	42	1	170	23	0	0	0
芒尖	297	65	1	43	223	3	25	0
广么	60	13	1	13	0	47	0	0
合计	5269	1154	15	1436	3662	130	25	16

① 盏西镇人民政府办公室：《人口卫生》，载云南省数字乡村网，www.ynszxc.gov.cn，2014。

根据表 1–10 的数据，图 1-7 和图 1-8 为整个关上行政村各民族人口比例与芒冷寨各民族人口比例的比较。

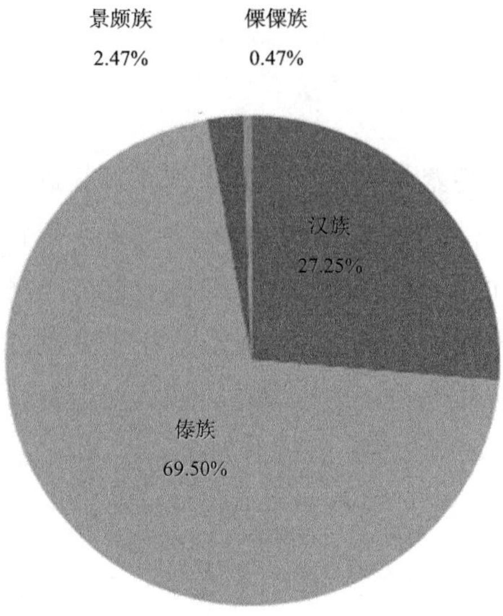

图 1–7　关上行政村各民族人口比例图

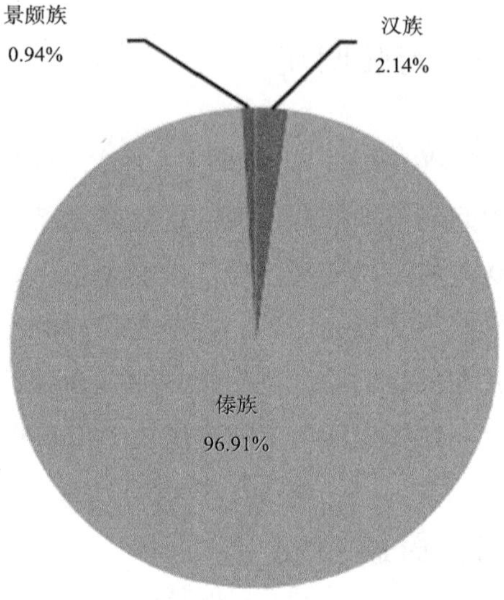

图 1–8　芒冷寨各民族人口比例图

从图 1–7、1–8 可以看出，傣族在芒冷寨的比例是绝对高的。

关上行政村的关上街是全胜关所在地，也是盏西镇人民政府驻地，自清代以来，一直是盏西政治、经济的中心。街子上主要由汉族经营商铺，务农的人相对较少，人均耕地面积也最少。中益村由迁到盏西坝的汉族组成，村寨较小。这两个村子，汉族人口占优势，不能代表整个关上行政村的情况。旧城和弄冒，一个在关上街头，一个在关上街尾，现已经发展得与关上街沿槟榔江连成一片。旧城在盏西狮子山脚，清代是汛署的驻地。孟家土目（土司）与梁河土司争斗平息后，汛署迁到新团坡，旧城因此得名。旧城曾出过中共中央委员、德宏傣族景颇族自治州委书记朗大忠（傣族）。这两个寨子由于人口较少，也不能代表整个关上行政村傣族村寨的情况。芒尖靠近狮子山脚，有一定特色。但寨子较小。广么也在狮子山脚，是山上景颇族搬下来的村寨，人口最少。通过以上比较，我们看到，芒冷寨为全行政村人口最多的自然村。芒冷寨是全盏西地区傣族人口较多的村寨之一，人口绝对数量 1815 人，仅次于姐坎行政村的姐坎自然村的 2266 人（2014 年），有较强的代表性。研究芒冷傣族汉话使用的情况，可以作为研究盏西傣族汉话、盈江傣族汉话，乃至研究德宏傣族汉话的一个典型、一个标杆。

三、经济状况

关上行政村各自然村地处盏西坝子的核心区域，经济状况相对较为平衡。

据云南数字乡村——新农村建设信息网 2014 年统计数据，这 7 个自然村的基本经济情况如表 1–11。

表 1–11　关上行政村各自然村经济情况统计表

自然村名称	2014 年总人口（人）	农村经济总收入（万元）	人均经济收入（元）	种植业收入（万元）	畜牧业收入（万元）	林业收入（万元）	第二、三产业收入（万元）	外出务工收入（万元）	外出务工人数（人）
芒冷	1815	1592	8772	788	263	34	293	155	279
关上	1433	1259	8786	625	208	28	231	121	219
旧城	897	790	8808	391	131	18	145	77	135
弄冒	600	528	8800	262	87	12	97	51	83
中益	193	169	8757	84	28	4	31	16	29
芒尖	297	262	8822	130	43	6	48	25	44
广么	60	54	9000	26	9	2	10	5	5
合计	5295	4654	8821	2306	769	104	855	450	794

关上行政村各村寨的人均经济收入差别不大，芒冷寨相对处于人多地少的状态，比全行政村的平均数 8820 元低 49 元。

四、村寨历史

芒冷自然村现分为 5 个村民小组，当地傣族习惯沿用合作社时的称呼，称为芒冷一社、芒冷二社、芒冷三社、芒冷四社和芒冷五社。这五个社在历史上的归属和地位并不一样。一社、二社称为芒冷大寨，也叫老寨；三社、四社称为芒冷新寨，也叫小新寨；五社称为戈家寨。这五个寨子在芒冷自然村的地理位置也不相同。大寨在靠山依坝的象鼻岭山脚，位于芒冷自然村的东部和南部。新寨靠近槟榔江，在现今芒冷自然村的北部与西部。戈家寨在现今芒冷自然村的西部村脚。虽然分为三个部分，但是整个自然村是连在一起的。“大”“小”“新”“老”“戈家”等名称，显示出这些社之间曾有的社会历史关系。

20世纪50年代，芒冷寨的人数没有确切的数据。根据1958年云南民族调查组德宏分组盈江小组曾对盏西区傣族社会情况做过调查的有关数据推算，芒冷寨共有125户，约710人。中农44户，主要在芒冷新寨；贫农78户，主要在芒冷大寨和戈家寨；富农2户，芒冷新寨1户，大寨1户；地主1户，在戈家寨。①

（一）屯练征谷缴粮的最早寨子——芒冷大寨

据清光绪《腾越厅志》卷五《田赋志屯田》记载，明陈用宾设八关后，开二十二屯田。屯田名之曰甸。二十二甸以把总沐昌裔领之，每甸皆有甸头管理，其收储供支属抚夷、同知经管。后因战乱，存十八屯。清代雍正二年（1724年）增加了方耀等九屯，共为二十七屯，屯粮条银归永昌府征收。新增的九屯中有盏西屯屯田二十一寨，蛮丙屯屯田三寨。② 以此推断芒冷大寨应是此时建立的练屯寨子。咸丰同治年间因滇西杜文秀兵事屯田久荒，光绪年间逐渐恢复。1950年以前，芒冷大寨的税赋一直是由当时的腾冲县政府收取。

虽然雍正年间有盏西屯屯田二十一寨的记载，但是具体寨名并未出现。真正出现芒冷寨名的记载为道光年间。据清光绪《腾越厅志》卷五《政赋志练田》记载，道光三年（1823年）腾越同知请款银二万置买练田，设立练谷屯仓。用屯长、仓书一两个人经理，按季折报。由厅署给谕发放，以供各卡练丁粮食。下面是一些征谷的具体数据：缅箐（今腾冲中和）屯仓征谷一千一百八十石零九斗四升；古永（今腾冲猴桥）练三屯仓征谷一千四百九十九石四斗二升一合五勺九抄；盏西猛乃（今盏西勐乃）屯仓征谷二百八十七石八斗七升八合；盏西蛮冷（今盏西芒冷）屯仓征谷一百八十石零四斗五升五合五勺三抄；盏西遮坎（今盏西姐坎）屯仓征谷四百九十石零八斗九升五合六勺八抄；盏西勐竜（今盏西勐弄）屯仓征谷四百五十四石五斗四升

① 《民族问题五种丛书》云南省编辑委员会编：《德宏傣族社会历史调查（二）》，53—61页，昆明，云南人民出版社，1984。

② 参见清光绪《腾越厅志》卷五《田赋志屯田》，89—90页，台北，成文出版社，1967。

五合五勺；南甸（今梁河遮岛）屯仓征谷一百八十一石零八斗；止那蛮海（今支那芒海）屯仓征谷一百九五十一石五斗一升五合零五抄；古永猴桥关（今腾冲猴桥）捐谷一百二十一石二斗一升二合；……

以上二十九处屯仓年征谷八千七百零四石七斗九升九合零五抄七拃。①

这些记载可以证实，在清道光三年（1823 年）芒冷已经形成了一个屯田缴粮的寨子，这就是现在的芒冷大寨。所征谷粮由屯长管理，折报发放，供各卡练丁粮食，但从上缴的数量来看，约为全盏西最大的傣族寨子遮坎屯仓的三分之一，这说明当时芒冷寨的规模，还远赶不上盏西全坝最大的傣族寨子——遮坎寨。清光绪《腾越厅志》卷五《政赋志仓储》称：旧置二十余练仓俱毁于兵，光绪五年（1879 年）修复，设缅箐、猛武、蛮罗、沙沟、猛乃、麻栗坝、元天宫、镇龙寺、古永街、遮坎、勐竜、蛮海共十二仓……共储练谷六千六百零六石二斗六升零七抄二拃。② 修复的屯仓少了，征的粮食也少了。此时已经没有了芒冷屯仓，这说明芒冷屯寨在兵事中受到重创。但对盏西地区而言仍有猛乃、遮坎、勐竜、蛮海四仓。

由于人口统计的是全寨的数据，没有细分，据推算，芒冷大寨现将近 200 户 900 多人。

（二）土司佃农耕种的寨子——芒冷新寨

盏西地区，也曾是梁河遮岛土司——南甸宣抚土司的势力范围。南甸土司在盏西拥有大量的土地，并因此与盏西土目孟氏发生过争斗。据清光绪《腾越厅志》卷八《秩官志土司》记载，南甸宣抚土司的先人本姓龚，明初随征云南有功，赐姓刀，后不断晋升。明军三征麓川，刀氏从征有功，宣德九年（1434 年）升为宣抚司，是德宏级别最高的土司。南甸土司亲属闷氏居盏西。③ 芒冷寨附近除练田外，还有大量的南甸土司田地需招人耕种。来耕种的傣族、汉族等各族移民逐渐在芒冷大寨旁建方便耕作的田棚窝铺，以后逐步建房立寨发展为芒冷新寨。芒冷新寨的立寨时间应该是在清光绪年间芒冷大寨从兵乱修复以后。现在新寨村民都说自己的祖辈是从腾冲的哪里哪里迁徙而来的。芒冷新寨的村民以前全是南甸土司的佃农。

① 参见清光绪《腾越厅志》卷五《政赋志练田》，91—93 页，台北，成文出版社，1967。

② 参见清光绪《腾越厅志》卷五《政赋志仓储》，96—97 页，台北，成文出版社，1967。

③ 参见清光绪《腾越厅志》卷八《秩官志土司》，151 页，台北，成文出版社，1967。

中华人民共和国成立前夕，南甸土司把芒冷新寨的田地卖给了腾冲新岐的汉族地主，新寨的村民成为汉族地主的佃农。1950 年时，地主不敢去收租，南甸土司乘机又去收了两年的租。[①] 芒冷新寨 2016 年有 140 户 800 多人。

（三）官员、地主与佃农租赁关系的产物——芒冷戈家寨

抚夷是清代边疆扼守关隘的军事首领。神护关、万仞关、铜壁关、铁壁关、巨石关、虎踞关均有正、副抚夷承充，止那隘、猛豹隘、杉木笼隘等有抚夷承充。清光绪年间，神护关正抚夷杨茂科承充，副抚夷王兆印承充。[②] 据清光绪《腾越厅志》卷六《政赋志经费》记载，关隘的“守兵每员年支米三石六斗”，“抚夷月需米六石，年需七十二石，以民屯秋米支给。不敷者归粮道会计饬依价采办足额”。[③] 可以看到当时抚夷的薪饷是普通士兵的 20 倍。民国沿袭了清代的抚夷建制。在民国，戈家地主戈定邦做了二十多年的盏西抚夷，既享受地主的田赋收益，又与腾冲县政府分享“抚夷”练田的田租薪俸。[④]

在调查中，据戈定邦第五子戈宗岳说，戈家原在腾冲勐蚌，戈家高祖医术高明，治好了南甸土司儿子的病。土司很高兴，就把盏西坝区的一些田地赠给了戈家高祖。戈家雇人耕种，收取田租。因田地离腾冲勐蚌较远，不便管理，戈家高祖就在芒冷大寨边上建村立寨，进行管理。以此推算，戈家寨建寨时间应在咸丰同治年间。戈家寨同时居住着戈家地主和戈家的佃农。戈家是汉族地主，租田耕种的是傣族佃农。

由于这些复杂情况，戈家寨的人口发展不是很明显。芒冷戈家寨 2016 年有 36 户 150 人左右。

---

① 《民族问题五种丛书》云南省编辑委员会编：《德宏傣族社会历史调查（二）》，55 页，昆明，云南人民出版社，1984。

② 清光绪《腾越厅志秩官志》卷八《土司附土弁》，156 页，台北，成文出版社，1967。

③ 清光绪《腾越厅志》卷六《政赋志经费》，101 页，台北，成文出版社，1967。

④ 《民族问题五种丛书》云南省编辑委员会编：《德宏傣族社会历史调查（二）》，55 页，昆明，云南人民出版社，1984。

第五节　颇具特色的芒冷新寨傣族家庭

一、芒冷新寨傣族家庭的特点

芒冷新寨与同村的芒冷大寨、戈家寨相比具有自身的特点。第一，芒冷新寨的全体村民都是傣族（以后娶进的汉族、景颇族媳妇例外），全寨一直没有一家汉族家庭。第二，新寨租种的都是梁河遮岛龚氏土司在盏西的土地，剥削分量较轻。民国末期，这些土地又卖给了腾冲新岐的汉族地主，全寨村民由土司的佃农变成了地主的佃农。第三，新寨村民土改时除一家划为富农外，其他均为中农。芒冷大寨、戈家寨除一家地主、一家富农外，其他均为贫农。[①]第四，新寨主要的岳姓、寸姓家庭均称自己的祖上来自腾冲内地，到了盏西以后才与当地傣族融合，变成了傣族。特别是岳姓家庭，自称与岳飞为同一家门。

芒冷新寨的傣族家庭均有姓氏，主要有寸家、岳家、朗家、郭家、方家、向家。寸家、岳家姓氏家族占新寨人口的大多数。

二、芒冷新寨傣族的岳姓家庭

岳家现在芒冷新寨约有 20 户。据岳安祥陈述：自己小名叫阿炳，学名岳安祥，属狗，1958 年生，大哥，岳安周，小名顺德，1955 年出生，小弟，岳元光，1966 年出生，“元”字派。岳安周、岳安祥未用“元”字派字辈，是因为在看到家谱之前，二人的名字已经取好。父亲岳太级，1982 年 60 岁过世，母亲孟氏，1922 年出生，1993 年 70 岁过世。听父亲在世时说，岳家的祖上先前在腾冲四保街，后迁居腾冲荷花，再到盈江新城、盏西芒章。随后从芒章迁到芒冷，耕种梁河土司田地，最后定居芒冷新寨。定居时间估计在清光绪年间。

① 《民族问题五种丛书》云南省编辑委员会编：《德宏傣族社会历史调查（二）》，55—56 页，昆明，云南人民出版社，1984。

岳家由汉族转为傣族很可能发生在岳布举那一代。岳布举，又叫岳波举，系汉语化了的傣族姓名，意为岳家那个叫“举”的孩子的爷爷或爸爸。岳布举也用岳家字辈的名称，称为岳世（锡）举。从岳布举的姓名来看，岳布举这一辈已经由汉族转变为当地傣族，并且使用当地傣语。但岳姓仍清晰地表明了他的祖辈是来源于腾冲的岳姓汉族。现在盏西芒章还有岳布举祖先的坟茔。可以肯定的是，岳安祥的祖父岳品高已经完全使用傣语了。

在岳安祥处，我们看到了2009年岳元忠编写的《岳家谱牒》，该谱牒为民国《腾冲岳氏族谱志》的续谱，而民国《腾冲岳氏族谱志》又为清光绪初年《家谱分派流传》的续谱，《家谱分派流传》虽然为手抄本，但是概括地介绍了居住在腾冲县岳姓族人的渊源，详尽地列出了从到腾冲的始祖岳伦至光绪初年以前的各代族系，订立了各代的“辈字”，为民国三十六年（1947年）《腾冲岳氏族谱志》打下了坚实的基础。故2009年的《岳家谱牒》应真实可信。根据《岳家谱牒》，明三征麓川，山东济南齐河岳氏族人岳伦从军携家眷到腾冲，为腾冲岳氏族人第一代祖。现居芒冷新寨的岳姓家族为第十七世祖岳世举的后人。整个族辈顺序如下。

第十七世祖岳世举。第十八世祖岳品槐、品高、品界、品保、品后，岳品界生一子：岳太级。第十九世岳太级生三子：岳元周、岳元祥、岳元光。第二十代（世）岳元周（妻子孔小白）生三子：岳希军、岳迎春、岳希长。岳元祥（妻子景加芹）生三子：岳希望，现在福建打工；岳希冀，在家；岳希伟：现在芒市打工。岳元光（妻子屈氏）入赘屈家。第二十一代岳希冀（妻子孔允秀）生一子：岳圣江。

岳家的语言使用情况以岳希冀为例介绍。岳希冀，1988年出生，上过学前班，学习过一年的傣文，小学在芒冷小学，在上学前只会一点点傣族汉话，与汉族小伙伴交流时学会的，上小学四年级之后，傣族汉话说得好些，但普通话讲得很少。主要用傣族汉话与关上街的汉族交流。上盏西中学后因教学要求，普通话说得多一些。日常生活主要使用傣族汉话。班上的同学中有傣族、景颇族、傈僳族。同傣族说话，就说傣话，与景颇族、傈僳族交流时，使用傣族汉话。班上的汉族同学主要来自附近山上的象鼻岭、大龙塘、春花地等寨子。这些同学说的汉话是腾冲话，与当地傣族汉话不完全相同。岳希冀初中肄业后，曾与大哥岳希望外出打工。在福建打工，主要使用普通话，在昆明和盈江城区打工使用傣族汉话。岳希冀有儿子岳圣江，小名岳圣威，2013年出生，当时，

2 岁多，不会汉话，只会傣话，与父母交流时只说傣话。岳希冀的妻子孔允秀，傣族，娶自附近芒愰寨子，1989 年出生，小学毕业，听、说傣族汉话或普通话都没问题，夫妻间说傣话。

整个岳氏家庭内部日常生活都使用傣语，到关上街与汉族交流使用傣族汉话，与傈僳族、景颇族也使用傣族汉话。

三、芒冷新寨傣族的寸姓家庭

芒冷新寨寸姓家庭 2015 年有 30 多户。寸家没有明确的家谱，但近期的辈分还是很清晰的。据寸守义陈述，寸家祖上是从四川巴蜀重庆府来的，到了永昌府腾越州做守城官。后迁居到腾冲和顺寸家湾。先后有庆公、成公、通公、亨公等。本家高祖是庆公的一支，从腾冲迁到盏西线帕，后在芒冷买地安家，时间大约在清朝末年。寸家要求表示“字辈”的“字”中含有“寸”字，确定了“品、尊、时、守、待（代）、得（德）、特”等字辈。寸守义的父亲为寸时仁，兄弟 6 人，寸时仁是老大。寸时仁的父亲寸尊美。寸家的另一支是从腾冲勐弄（芒冷东边）来的。老祖叫寸尊阳。寸尊阳、寸尊美的祖上均是庆公。寸尊阳有 5 子，其中一子去了缅甸，其他兄弟 4 人为寸时友、寸时向、寸时国、寸时春。曾担任盏西区委委员、遮坎乡支书的寸时荣，也是从勐弄来的另一支寸家。

寸守义有三男三女。大儿子寸代国，1973 年出生，盏西糖厂职工，妻子张正英，盈江新城汉族，1974 年出生，盏西糖厂职工，会傣语（新城周边大多是傣族，当地汉族大多能讲傣语）。大孙子寸德龙，2015 年 7 月调查时盏西中学初中刚毕业。上小学前会一点点汉话，现在说傣语和傣族汉话。二儿子寸代胜，1984 年出生，31 岁，在家务农和出外打工，妻子刀自芬，老芒丙寨的傣族，小学文化，可以说汉话。他们的儿子（寸守义的二孙子）寸得荣，2009 年出生，当时正上学前班，曾与打工的父母去福建，会普通话，会傣语。寸守义、寸德龙在教他读书写字时会用傣族汉话或者普通话。三儿子寸代立，1988 年出生，毕业于昆明经济贸易学校（三年制中专），从事电信工作，现在广东东莞打工，妻子是芒冷一社的傣族，当时还没有小孩。

综上所述，德宏盈江盏西地区地处德宏傣族景颇族自治州最北部，有着相对封闭的自然地理环境和复杂的历史人文背景。盏西关上街曾经是历史上全胜关的中心地域，周边有神户关、止那隘、猛豹隘拱卫，是关键的军事要冲。历史上曾属腾越厅直接管辖。盏西地区坝区坝子宽阔，土地肥沃；山区山高林密，“曲折蛇行，仰不见天”。傣族、景颇族等少数民族所占比例达 81%。在盏西坝区少数民族人口占 92%，其中傣族占 83%。盏西地区是德宏傣族景颇族自治州典型的傣族聚居区，四周高大的群山，较为封闭的交通使得盏西成为德宏傣族景颇族自治州一个相对完整的语言生态群落。芒冷新寨是一个傣族占绝大多数的寨子，处于盏西坝区的核心地域。与槟榔江对岸关上街汉族的交往，是芒冷新寨傣族汉话形成和使用的客观环境。盏西地区是德宏傣族景颇族自治州典型的傣族汉话代表地区。

第二章　德宏盏西芒冷新寨的傣族汉话

德宏独特的自然地理环境和历史人文背景孕育了民族语言的多样性。语音系统是一种语言或方言客观存在的最根本的标志。下面几章首先介绍德宏傣语的声韵调系统，德宏汉语方言的语音、词汇、语法特点，明确提出德宏傣族汉话、盏西芒冷新寨傣族汉话的概念，进而采用语音实验的方法，对德宏芒冷新寨傣族汉话的声母系统、韵母系统和声调系统进行较为详尽的描写分析，展现傣族汉话的声学数据和特征，证实傣族汉话的客观存在。在比较中，首先以普通话的声母系统作为参照，对芒冷新寨傣族汉话的声母系统进行言语声学的实验研究，展现其特点；接着以普通话的韵母系统作为参照，对芒冷新寨傣族汉话的韵母系统进行言语声学的实验研究，展现傣族汉话韵母系统的特点。傣族汉话的声调系统颇具特色，将专门分章详细论述。

第一节　德宏傣语与德宏汉语方言

一、德宏傣语[①]

傣族有自己的语言。傣语是傣族人民交流思想、传达情感的工具。傣语属于汉藏语系壮侗语族中的壮傣语支，主要分布在西双版纳傣族自治州和德宏傣族景颇族自治州，其中允景洪话是版纳傣语的标准，德宏傣语以德保土语的芒市话为标准音。它同其他方言区的傣语及同语族许多语言一样，在语音方面声

① 本节的德宏傣语部分主要参考王均等编著：《壮侗语族语言简志》，209—318页，北京，民族出版社，1984。

母较简单，韵母较为复杂，声调数量较多。

德宏傣语有声母 19 个（含 3 个借音声母），都是单辅音声母。

p	ph	m	f	v
t	th	n		l
ts	tsh		s	j
k	kh	ŋ	x	
ʔ				h

德宏傣语有双唇音 p、ph、m，唇齿音 f、v；齿龈音 t、th、n、l、ts、tsh、s，硬腭音 j，软腭音 k、kh、x、ŋ，喉音 ʔ、h，其中 kh、n 和 tsh 三个声母只用于现代汉语借词。元音 [i]、[e] 和 [ɛ] 会使之前的辅音发生腭化，如声母 [ts-] 和 [s-] 腭化为 [tɕ-] 和 [ɕ-]。傣语最具特色的是 [x]、[h]，分别是两个音位，二者有不同的区别意义。

德宏傣语有 84 个韵母，有整齐一致的 i、u、m、n、ŋ、p、t、k 收尾的韵母。

a	i	e	ɛ	u	o	ɔ	ɯ	ə	ăɯ
ăi	ai	ui	oi	ɔi	ɯi	əi			
ău	au	iu	eu	ɛu	ɯu	əu			
ăm	am	im	em	ɛm	um	om	ɔm	ɯm	əm
ăn	an	in	en	ɛn	un	on	ɔn	ɯn	ən
ăŋ	aŋ	iŋ	eŋ	ɛŋ	uŋ	oŋ	ɔŋ	ɯŋ	əŋ
ăp	ap	ip	ep	ɛp	up	op	ɔp	ɯp	əp
ăt	at	it	et	ɛt	ut	ot	ɔt	ɯt	ət
ăk	ak	ik	ek	ɛk	uk	ok	ɔk	ɯk	ək

德宏傣语单韵母全部发长音。除 aɯ 外，带 a 的复韵母都分长短音，本书中长的写作 a，短音写作 ă，其余不分长短。

塞音韵尾 p、t、k 发音时只闭塞，不破裂。元音 ɔ 在德宏傣语的实际读音为 ua。元音 ɯi 的使用频率极少，əu 常用于拼写汉语借词。

ăɯ 是由一个 ă 和一个 ɯ 合成的独立的复合元音。

傣语有 6 个舒声调（第 1 至第 6 调）、3 个促声调。6 个舒声调跟汉语平声、上声、去声（各分阴阳）相合；促声调跟汉语入声（分阴阳）相当，调值与舒声调里已出现的某些调值相近或相同，可以分别归入第 1、2、3 三个调。

表 2–1 舒声调

调序	1	2	3	4	5	6
调值	33	53	11	31	43	35
例词	$tɔŋ^{33}$ 叶	$tɔŋ^{53}$ 铜	$tɔŋ^{11}$ 照	$tɔŋ^{31}$ 冲	$tɔŋ^{43}$ 肚	$tɔŋ^{35}$ 跳

表 2–2 促声调

调序	1	2	3	4	5	6
调值			11		43	35
例词			mak^{11} 果子		mak^{43} 饱满	mit^{35} 掰、折

德宏傣语方言的语音特点和其他傣语方言一样，都有 ŋ 声母，有整齐一致的 i、u、m、n、ŋ、p、t、k 收尾的韵母，绝大部分的德宏傣语方言声母 n 和 l 不构成对立的音位，现行文字在音节开头用 l，在音节末尾用 -n。

德宏傣语声母不分高低音组，声母数量比其他使用梵文字母体系的傣泐语、泰语少；口语声母中已没有浊塞声母 b 和 d。d 在德傣的大部分地区并入 l。傣那方言现代口语中，大多数地区的唇齿摩擦音 f 与双唇破裂送气音 ph 已构成对立音位，舌尖鼻音声母 n 已并入边音 l。

词汇方面，词根语素占优势，多为单音节。借入的汉语词汇有单音节、双音节实词。由于历史上受佛教影响较深，德宏傣语从巴利语中吸收了不少佛教词语，这类词以多音节的单纯词为多。

语法方面，傣语缺乏表达不同语法意义的形态变化，语序和虚词是表达语法意义的主要手段。以名词为中心的修饰语结构，修饰语在中心词之后；以动词、形容词为中心的修饰语结构，修饰语有的位于中心词之前，有的在之后。量词不能重叠。基本语序是：主语—谓语—宾语，其他语序大致和汉语相同。文字方面使用具有约 500 年历史的拼音文字“傣那文”，意为“上方的傣文”，现称德宏傣文。这种文字形体为方体，其字母与巴利文字母排列形式基本相同，其产生和运用与佛教的传播有关。中华人民共和国成立后，对德宏傣文做过改进，有新文字和老文字的区分。

二、德宏汉语方言

德宏早期的汉族主要是明“三征麓川”后迁入的。清代、抗日战争时期又有不同的迁入。中华人民共和国成立以后，因开发边疆和建设国有农场的需要，汉族逐渐从内地迁入，主要来自腾冲、保山、施甸等县，在国有农场落户的还有部队转业军人，昆明、湖南、上海等地的支边人员、知识青年、垦荒队员等。2015 年调查时德宏汉族人口约占全州人口总数的一半。

德宏的汉语方言因汉族来源的不同，主要分为两大体系，即腾龙（腾冲、龙陵）话体系和昆明话体系。明代德宏隶属腾越州，清代德宏大部分地区仍隶属腾越厅，南部的芒市、遮放等地隶属龙陵厅。这一时期迁入德宏的汉族使用的汉语方言主要属于腾冲方言。中华人民共和国成立后，因各种原因来到德宏的汉族，他们的汉语方言更接近云南政治、经济、文化中心的昆明方言。部分汉族为了与当地傣族进行有效交际，也使用傣族汉话。

德宏汉语方言在语音上，主要表现为平舌音和翘舌音能区分，但很多字词混读。大部分翘舌音发音比较靠前，听起来十分接近平舌音。与普通话比较，后鼻音和前鼻音区分不开。几乎没有到位的后鼻音发音。齐齿呼和撮口呼合并为齐齿呼。部分地区不能区分 z、c、s 尖音与 j、q、x 团音。

德宏汉语方言在词汇上，绝大部分基本词和一般词与普通话较为接近，有较多的方言特色词汇，如搞摸（干什么）、不有（没有）、出克（出去）、给消（要不要 / 用不用），等等。基本没有儿化音和轻声词。

在语法上，德宏汉语方言较为接近昆明方言的语法系统，与普通话语法系统差别不大。

综上所述，德宏傣语在语音上，有声母 19 个，送气与不送气的区别特征较为突出；韵母 84 个，长短音对立显著；有 6 个舒声调和 3 个促声调。在词汇上，单音节词根语素占优势，借词丰富。在语法上，缺乏形态变化，语序和虚词是主要语法手段。德宏汉语方言有腾（冲）龙（陵）话与昆明话两个体系，声韵调与普通话有一定差异。

第二节 德宏傣族汉话与芒冷新寨傣族汉话

一、德宏傣族汉话

云南少数民族说的汉话可以根据目的语的不同进行分类。一般分为两个大类：一类是有某一特定当地汉语方言作为目的语的少数民族汉话，这类汉话虽然具有本民族母语的特征，但是与某一当地汉语方言很接近；另一类是没有明确的某一汉语方言作为目的语的少数民族汉话，这类汉话本民族母语特征明显（主要表现在声调上），并不像某一具体的汉语方言。①

在少数民族语言强势的地区，由于附近没有强势的汉语方言，他们的汉话不可能向某一具体的汉语方言靠拢，从而带有鲜明的本民族语言特征。这一类型的少数民族汉话，由于没有明显的汉语目的语，是自成体系的。只要一说话，人们就很容易判断出是哪一个民族说的汉话。

德宏傣族汉话是指生活在德宏地区的傣族在日常生活中、在实际的交际过程中说的汉话。德宏傣族汉话是德宏傣族与汉族、傣族与其他少数民族之间进行有效交际的重要工具。德宏傣族汉话不同于当地的德宏汉语方言，它是自成体系的汉话。德宏是一个多民族的地方，不同民族之间交往频繁，语言上也相互影响，多种语言兼用的现象比较普遍。德宏傣族使用的汉话既不是标准的普通话，也不是某一地道的当地汉语方言，是一种介于傣语和汉语之间的中介汉语。德宏傣族汉话是以实际的交际需要为目的，以最基本的汉语表达为基础，带有鲜明的德宏傣语特色的自成体系的汉话。

二、芒冷新寨傣族汉话

尽管历史上盏西傣族地区曾归腾冲管辖，但是就当地的傣族汉话来说，与德宏傣族汉话在性质、类型和特点上基本是一样的。

---

① 王渝光、杨瑞鲲：《云南少数民族汉语的地位与类型》，载《贵州师范大学学报》，2011（3），9页。

芒冷新寨处于盏西傣族地区的核心区域。德宏傣族汉话是客观存在于德宏傣族社会交际之中并以有效交际为目的的汉话，芒冷新寨的傣族汉话是客观存在于德宏盏西地区社会交际之中傣族使用的以有效交际为目的的傣族汉话。芒冷新寨的傣族汉话是指芒冷新寨的傣族为了与当地汉族、景颇族、傈僳族进行有效交际而形成的一种特殊的带有鲜明傣族语言特色的汉话。

芒冷新寨傣族汉话是语言兼用的产物。盏西地区各民族大分散、小聚居的分布格局，必然会产生大量的双语现象。盏西地区的双语现象，主要指当地少数民族在使用本民族语言的同时也使用汉语的现象。但是这种汉话处于目的语与傣语间的中介状态，带着明显的"傣腔傣调"，区别于傣语、普通话和当地汉语方言。

总之，德宏傣族汉话是指生活在德宏地区的傣族在实际的交际过程中说的汉话，是自成体系的汉话，其语音上的最大特征为"傣腔傣调"。德宏傣族汉话是德宏傣族与汉族、傣族与其他少数民族之间进行有效交际的重要工具。

第三章　芒冷新寨傣族汉话的声母系统

《腾越厅志》卷十五《诸夷志方言》称，“腾壤接蛮夷，人非一类，地非一区。言语声音，最难详辨”[①]。其中摆夷方言较为常用的有：天曰发，雷曰法朗，雨曰纷，日曰晚，月曰冷，风曰竜，地曰岭，田曰那，水曰南，城曰允，街曰戛，房曰亨，谷曰考白，米曰考山，酒曰劳，菜曰帕，汤曰南帕，刀曰筏，朋友曰歹各，父曰波，母曰妈，兄曰宰，弟曰龙宰，姊曰街，妹曰龙骚，夫曰坡，妻曰灭，老曰桃，小曰玩，金曰罕，银曰哏，铜曰董，铁曰列，甜曰玩，苦曰烘，一曰冷，二曰颂，三曰散，四曰细，五曰哈，六曰烘，七曰借，八曰别，九曰高，十曰须，百曰八，千曰幸，万曰闷，鱼曰把……汉字记傣语发音，虽然不很准确，但是对当时的有效交际却是必需的，“不可忽也”。

每个民族的语言在语音、语法和词汇方面都有自己的特点，其中又以语音的特点最为显著。本民族语言习惯根深蒂固地存在于具体每一个人的语言习惯当中。“言语声音，最难详辨”，要证实一种语言或方言的客观存在，就要对该语言或方言的语音系统进行仔细地辨析、详尽地描写，在此过程，语音实验不可或缺。

本章采用语音实验的方法，以普通话的声母系统作为参照，分析芒冷新寨傣族汉话声母系统的声学特征。

第一节　普通话的声母系统

一、辅音分析的基本原理

辅音是发音时气流在发音通道上受到一定的阻碍而发出的声音。辅音因气

① 清光绪《腾越厅志》卷十五《诸夷志方言》，249—254 页，台北，成文出版社，1967。

流受到阻碍而形成不同的湍流，所以属于噪音。发辅音时如声带振动，这样的辅音也含有乐音的成分。

辅音直观的分析主要依据语图，辅之以听力实验。辅音的音质在语图上的呈现较为复杂，辅音的声学特征分析主要有噪音的类型、清浊音的时长、噪音强频区频率值的范围及其下限频率、浊辅音共振峰的模式和后接元音的音质。辅音特征是多种声学特征综合分析的结果。辅音具体语图的展现见图 3–1。

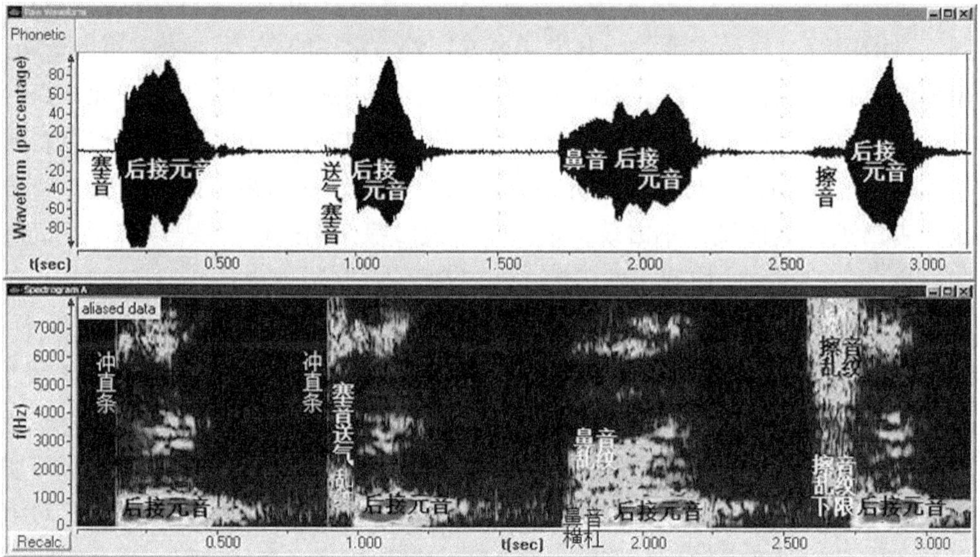

bo　　　　po　　　　mo　　　　fo

图 3–1　普通话声母 b p m f 的波形图、语图

二、普通话的辅音音位与声母系统

声母是音节开头的辅音，也就是位于音节开头的辅音音位。辅音音位不一定都是声母，只有音节开头的辅音音位才是声母。

普通话的辅音音位系统，包括 b、p、m、f、d、t、n、l、g、k、-ng、h、j、q、x、zh、ch、sh、r、z、c、s 22 个辅音音位，去掉位于音节末尾的 -ng[ŋ]，根据发音部位和发音方法排列成表，也就是普通话声母表。

表 3–1　普通话的声母表

发音部位	发音方法							
	塞音		塞擦音		擦音		鼻音	边音
	清音		清音		清音	浊音	浊音	浊音
	不送气	送气	不送气	送气				
双唇音	b[p]	p[p‘]					m[m]	
唇齿音					f[f]			
舌尖前音			z[ts]	c[ts‘]	s[ts]			
舌尖中音	d[t]	t[t‘]					n[n]	l[l]
舌尖后音			zh[tʂ]	zh[tʂ‘]	sh[ʂ]	r[ʐ]		
舌面音			j[tɕ]	q[tɕ‘]	x[ɕ]			
舌根音	g[k]	k[k‘]			h[x]			

普通话的辅音音位，除了受前后元音的影响，有时清音会变成浊音，有时发音部位会略有移动或稍有唇化、腭化外，一般没有明显的条件变体。

三、普通话声母的特点

根据普通话声母表，可以看到普通话辅音音位系统的一些特点。从发音方法上看，在普通话的辅音位中，以送气与不送气对立为区别特征的音有 /p/:/p‘/ 等六对，而清浊对立的音只有 /ʂ/:/ʐ/ 一对。普通话辅音音位系统的塞音音位都有相对的鼻音音位：/p/、/p‘/ 对 /m/，/t/、/t‘/ 对 /n/，/k/、/k‘/ 对 /ŋ/。清塞擦音音位都有相对的清擦音音位：/tɕ/、/tɕ‘/ 对 /ɕ/，/tʂ/、/tʂ‘/ 对 /ʂ/，/ts/、/ts‘/ 对 /s/。从发音部位上看，有三对"双唇 : 舌尖 : 舌根"平行对立的辅音音位：/p/:/t/:/k/，/p‘/:/t‘/:/k‘/，/m/:/n/:/ŋ/。同时也有三对"舌尖前 : 舌尖后"对立的辅音音位：/ts/:/tʂ/，/ts‘/:/tʂ‘/，/s/:/ʂ/。这样，从总体上看，普通话的辅音音位就是一个完整而严密的系统。在与其他语言的辅音音位的比较中，它的主要特点是音位总的数量较少，清音音位占绝大多数，没有浊塞音，没有舌叶音，"舌尖前音：舌尖后音""送气：不送气"对立的区别特征显著。①

① 王渝光、王兴中：《语言学概论》，79 页，昆明，云南大学出版社，2005。

第二节　芒冷新寨傣族汉话声母系统的语音实验分析

根据汉语方言调查字表对发音合作人的要求，在对芒冷新寨数十个村民的采访中，我们最后选定了寸守金的孙子寸德方（寸得方）作为发音合作人。寸德方，男，傣族，2015 年 15 岁，时年初中毕业，一直生活在芒冷新寨。从小说傣话，在芒冷小学上小学时，接触汉语，很快掌握了傣族汉话。小学毕业时已会说普通话。在盏西中学（盈江第六初级中学）上学时，学习成绩良好，准备下半年开学后就读盈江一中高中。寸德方对语言有较强的敏感性，对当地傣族汉话、当地景颇族汉话、当地腾冲汉话、普通话有着清晰的分辨能力和相互调换能力。寸德方的爷爷寸守金在 20 世纪 60 年代曾就读于西南民族学院，后返乡担任生产队会计多年。

一、芒冷新寨傣族汉话声母系统概述

盏西芒冷新寨傣族汉话（以下简称新寨傣族汉话）有 b[p]、p[p‘]、m[m]、f[f]、d[t]、t[t‘]、n[n]、l[l]、g[k]、k[k‘]、h[x]、j[tɕ]、q[tɕ‘]、x[ɕ]、zh[tʂ]、ch[tʂ‘]、sh[ʂ]、r[ʐ]、z[ts]、c[ts‘]、s[s] 21 个声母，具体可以排列为表 3–2。

表 3–2　芒冷新寨傣族汉话的声母表

发音部位	发音方法							
	塞音		塞擦音		擦音		鼻音	边音
	清音		清音		清音	浊音	浊音	浊音
	不送气	送气	不送气	送气				
双唇音	b[p] 疤波	p[p‘] 怕坡					m[m] 妈摸	
唇齿音					f[f] 法佛			
舌尖前音			z[ts] 杂责	c[ts‘] 擦厕	s[s] 洒色			

续表

发音部位	发音方法							
	塞音		塞擦音		擦音		鼻音	边音
	清音		清音		清音	浊音	浊音	浊音
	不送气	送气	不送气	送气				
舌尖中音	d[t] 打得	t[t‘] 特他					n[n] 拿呢	l[l] 拉勒
舌尖后音			zh[tʂ] 炸遮	ch[tʂ‘] 茶车	sh[ʂ] 沙舌	r[ʐ] 热日		
舌面音			j[tɕ] 家鸡	q[tɕ‘] 掐欺	x[ɕ] 厦西			
舌根音	g[k] 嘎革	k[k‘] 卡客			h[x] 河哈			

新寨傣族汉话的声母系统与普通话的声母系统基本一致，特点也基本相同。具体的声学特征、细微的差别，将通过语音实验的方法来分析、验证。

二、芒冷新寨傣族汉话辅音声母的声学特征

新寨傣族汉话的 21 个辅音声母的声学特征着重从波形图和语图两方面分析。

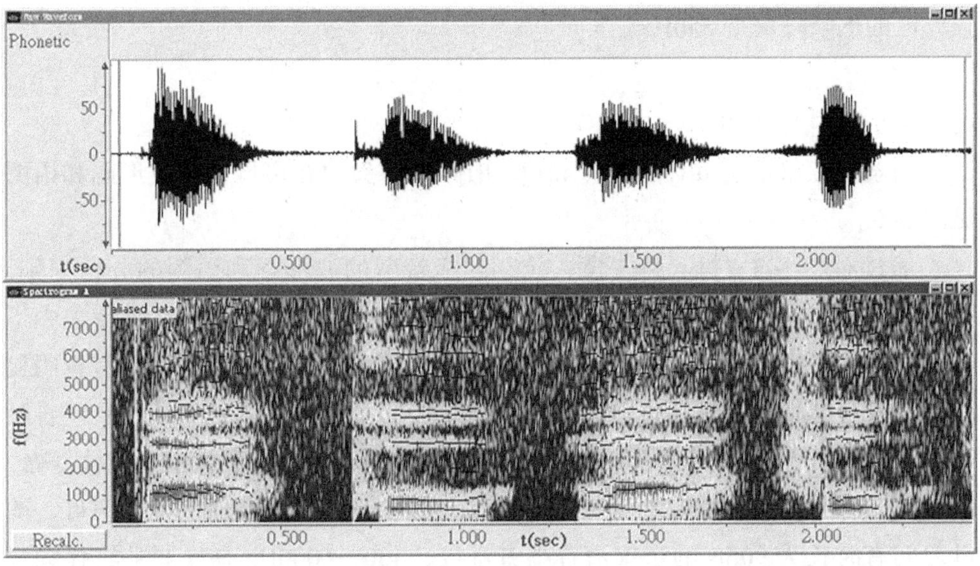

[p]（疤）　[p‘]（坡）　[m]（妈）　[f]（佛）

图 3–2　新寨傣族汉话 [p]、[p‘]、[m]、[f] 的波形图和语图

（一）唇音声母

新寨傣族汉话有 b[p]、p[p‘]、m[m]、f [f]4 个唇音声母，b[p]、p[p‘]、m[m] 是双唇音声母，f [f] 是唇齿音声母。其波形图和语图见图 3–2。

通过对图 3–2“疤、坡、妈、佛”四个音节的波形图和语图的分析识别，我们可以得出 [p]、[p‘]、[m]、[f] 的语音特征。音节“疤”的辅音声母 [p] 是双唇不送气清塞音，声母起点有明显的塞音冲直条，与后接元音韵母有着明显断层，没有过渡的送气清音噪音乱纹，噪音乱纹强频区频率范围和强频区下限频率均不明显；音节“坡”的辅音声母 [p‘] 是双唇送气清塞音，声母起点有明显的、整齐的塞音冲直条，与后接元音韵母明显断层，但是声母、韵母之间有时长为 90ms 的送气清音噪音乱纹，500—4000Hz 是强频区噪音乱纹频率的范围，噪音乱纹强频区下限频率为 500Hz ；“妈”的辅音声母 [m] 是双唇浊鼻音，声带振动，鼻音出气共鸣，是一个浊鼻音声母，声母起点没有塞音冲直条，但是起始点有持续 100ms 的鼻音横杠，鼻音横杠与后接元音韵母有明显断层，鼻腔共鸣产生的鼻音强频区乱纹频率范围在 200—1500Hz，鼻音强频区乱纹下限频率值为 200Hz ；音节“佛”的声母 [f] 是唇齿清擦音，声母起点没有明显的塞音冲直条，与后接元音韵母有明显断层，二者间有时长为 200ms 的清音噪音乱纹过渡，擦音的噪音乱纹强频区频率范围集中于 550—7500Hz，擦音噪音乱纹强频区的下限频率是 550Hz。

（二）舌尖中音声母

新寨傣族汉话有 d[t]、t[t‘]、n[n]、l[l]4 个舌尖中音声母，其波形图和语图见图 3–3。

通过对图 3–3“打、特、拿、拉”四个音节的波形图和语图的分析识别，我们可以得出 [t]、[t‘]、[n]、[l] 的语音特征。“打”的辅音声母 [t] 是舌尖中不送气清塞音，声母起点有整齐、明显的塞音冲直条，与后接元音韵母有着明显断层，没有过渡的送气清音噪音乱纹，塞音噪音乱纹强频区频率范围和塞音噪音乱纹强频区下限频率均不明显；“特”的辅音声母 [t‘] 是舌尖中送气清塞音，声母起点有明显的、整齐的塞音冲直条，与后接元音韵母断层明显，声母、韵母之间有时长为 90ms 的送气清音噪音乱纹，400—6000Hz 是噪音乱纹强频区频率的范围，噪音乱纹强频区下限频率为 400Hz ；音节“拿”和“拉”中的辅

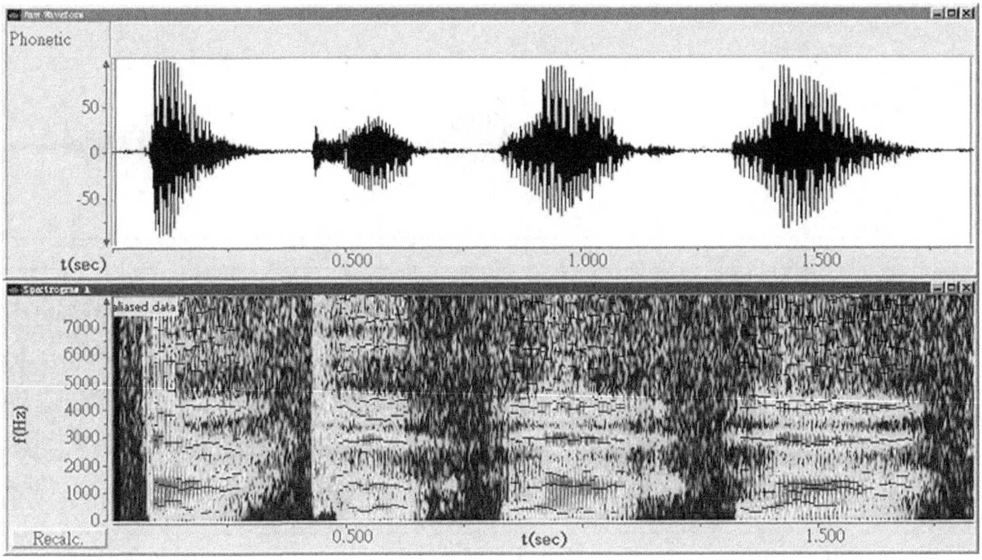

[t]（打）　　[t‘]（特）　　[n]（拿）　　[l]（拉）

图 3–3　新寨傣族汉话 [t]、[t‘]、[n]、[l] 的波形图和语图

音声母 [n]、[l] 在普通话中明显不同，[n] 是舌尖中浊鼻音，[l] 是舌尖中浊边音，但是在新寨傣族汉语中 [n] 与 [l] 比较相似，在音节“拿”和“拉”中，声母的 [n]、[l] 起点都没有明显的塞音冲直条，都有浊音横杠，与后接元音韵母都没有明显的断层，二者的鼻音乱纹或浊音乱纹的强频区频率范围均与后接元音 [ʌ] 的第一共振峰、第二共振峰、第三共振峰和第四共振峰的频率值比较靠近，其中“拿”的声母 [n] 的鼻音浊音横杠略宽，并持续了 200ms，鼻音乱纹或浊音乱纹的强频区频率范围在 500—4000Hz，鼻音乱纹或浊音乱纹的强频区下限为 500Hz；而“拉”的声母 [l] 的浊音横杠略窄，浊音乱纹的强频区频率范围 800—4000Hz，浊音乱纹的强频区下限为 800Hz。这说明新寨傣族汉话 [n]、[l] 区分不明显，[l] 的音质接近 [n]。

（三）舌根音声母

新寨傣族汉话有 g[k]、k[k‘]、h[x] 3 个舌根音声母，其波形图和语图见图 3–4。

通过对图 3–4“嘎、卡、河”三个音节的波形图和语图的分析识别，我们可以得出 [k]、[k‘]、[x] 的语音特征。从音节“嘎”的语图可以看到，辅音声母 [k] 是舌根不送气清塞音，声母起点有明显的塞音冲直条，与后接元音韵母有着明

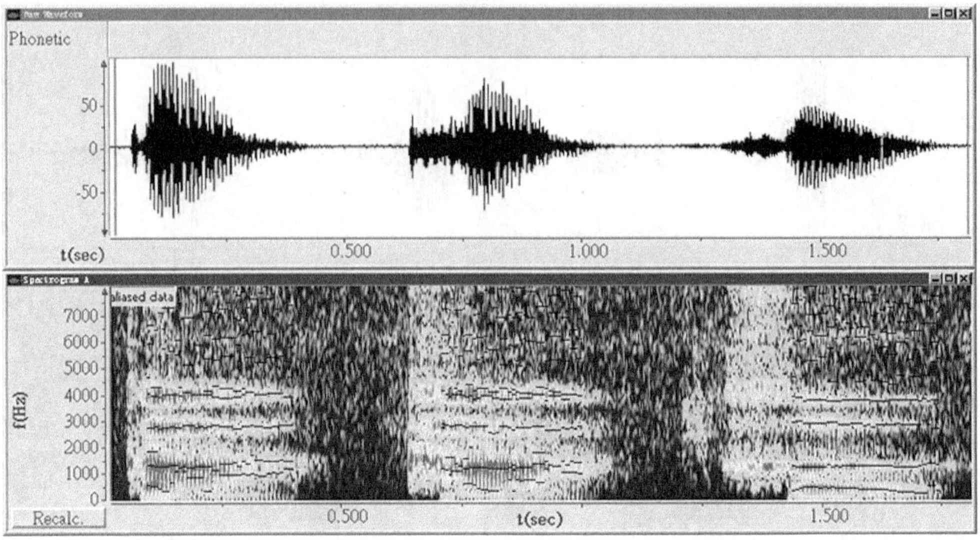

[k]（嘎）　　[k‘]（卡）　　[x]（河）

图 3–4　新寨傣族汉话 [k]、[k‘]、[x] 的波形图和语图

显断层，没有过渡的送气清音噪音乱纹，塞音的噪音乱纹强频区频率范围与塞音噪音乱纹强频区下限频率不明显；音节“卡”的辅音声母 [k‘] 是舌根送气清塞音，声母起点有明显的、整齐的塞音冲直条，送气清音噪音产生的乱纹持续了 100ms 后与元音相接，辅音与元音断层明显，塞音乱纹较强，塞音噪声乱纹强频区频率范围在 400—6000Hz，塞音噪声强频区下限为 400Hz；音节“河”中的辅音声母 [x] 是舌根清擦音，声母起点没有明显的塞音冲直条，与后接元音韵母有明显断层，有时长为 150ms 的清擦音乱纹过渡，擦音乱纹较弱，擦音噪音乱纹强频区频率范围在 600—7000Hz，擦音噪声乱纹强频区下限频率为 600Hz。

（四）舌面前音声母

新寨傣族汉话有 j[tɕ]、q[tɕ‘]、x[ɕ] 3 个舌面前音声母，其波形图和语图见图 3–5。

语图呈现了音节“家、掐、厦”的语音特征，其中“家”的辅音声母 [tɕ] 是舌面前不送气清塞擦音，声母起点没有明显的塞音冲直条，不送气清塞擦音噪声乱纹持续 80ms 后紧接元音韵母，与后接元音有明显的断层，塞擦音噪音乱纹强频区频率范围在 1500—7500Hz，噪音乱纹强频区下限频率为 1500Hz；

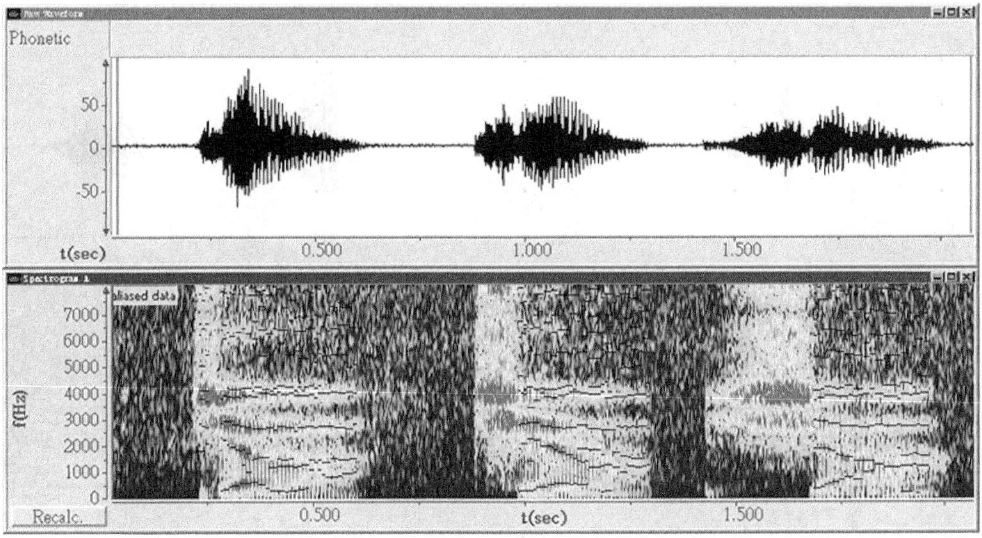

[tɕ]（家）　　　　　　[tɕ‘]（掐）　　　　　　[ɕ]（厦）

图 3–5 新寨傣族汉话 [tɕ]、[tɕ‘]、[ɕ] 的波形图和语图

音节“掐”的辅音声母 [tɕ‘] 是舌面前送气清塞擦音，声母起点无明显塞音冲直条，与后接元音韵母断层明显，送气塞擦音乱纹的范围较宽，明显宽于不送气清塞擦音 [tɕ]，送气清音乱纹持续的时长为 190ms，塞擦音噪声乱纹强频区频率范围在 1000—8000Hz，噪音乱纹强频区下限频率为 1000Hz；“厦”的辅音声母 [ɕ] 是舌面前清擦音，声母起点没有明显的塞音冲直条，与后接元音韵母明显断层，擦音乱纹很强，持续了 230ms 的过渡时长，擦音乱纹的时长明显长于送气清塞擦音 [tɕ‘]，更长于不送气清塞擦音 [tɕ]，声母 [ɕ] 的擦音乱纹强频区频率范围在 2300—8000Hz，清擦音噪音乱纹强频区下限频率为 2300Hz，与后接元音 i 的第二共振峰频率值较为接近。

（五）舌尖后音声母

新寨傣族汉话有 zh[tʂ]、ch[tʂ‘]、sh[ʂ]、r[ʐ] 4 个舌尖后音声母，其波形图和语图见图 3–6。

从音节“炸、茶、沙、热”的语图可以看到，“炸”的声母 [tʂ] 是舌尖后不送气清塞擦音，声母起点没有明显的塞音冲直条，后接元音起点明显断层，不送气清音乱纹持续时长为 70ms，2000—8000Hz 为塞擦音噪声乱纹强频区频率范围，2000Hz 是塞擦音噪音乱纹强频区下限频率值；音节“茶”的辅音声

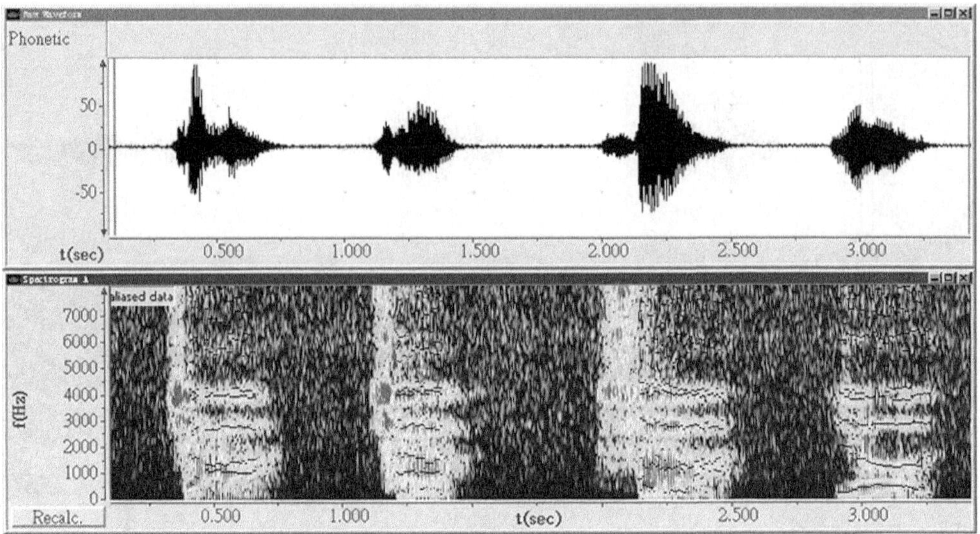

[tʂ]（炸） [tʂʻ]（茶） [ʂ]（沙） [ʐ]（热）

图 3–6 新寨傣族汉话 [tʂ]、[tʂʻ]、[ʂ]、[ʐ] 的波形图和语图

母 [tʂʻ] 是舌尖后送气清塞擦音，声母起点无明显塞音冲直条，持续 100ms 的送气清音乱纹后紧接韵母，后接元音韵母的起点有明显断层，塞擦音噪声乱纹强频区频率范围在 2000—8000Hz，噪音乱纹强频区下限频率为 2000Hz，与后接元音韵母 a[ᴀ] 的第三共振峰的频率值较为接近；从 [tʂ]、[tʂʻ] 的塞擦音乱纹强频区下限频率值可以看出，新寨傣族汉话声母 [tʂ]、[tʂʻ] 比较接近舌尖后辅音，但是在音节“沙”中，辅音声母 [ʂ] 应该是舌尖后清擦音，但是从语图来看处于舌尖前与舌尖后之间，声母起点也没有明显的塞音冲直条，后接元音起点明显断层，清擦音乱纹较强，持续的时长为 200ms，擦音噪音乱纹强频区频率范围在 1500—8000Hz，噪音乱纹强频区下限频率为 1500Hz，接近元音韵母 a[ᴀ] 的第二共振峰的频率值；声母 [ʐ] 为舌尖后浊擦音，起点无明显塞音冲直条，有浊音横杠，持续 100ms 后与元音韵母相接，但是元音起点无明显的断层，擦音噪声乱纹强频区频率范围在 2000—4000Hz，擦音噪音乱纹强频区下限频率为 2000Hz。

（六）舌尖前音声母

新寨傣族汉话有 z[ts]、c[tsʻ]、s[s] 3 个舌尖前音声母，其波形图和语图见图 3–7。

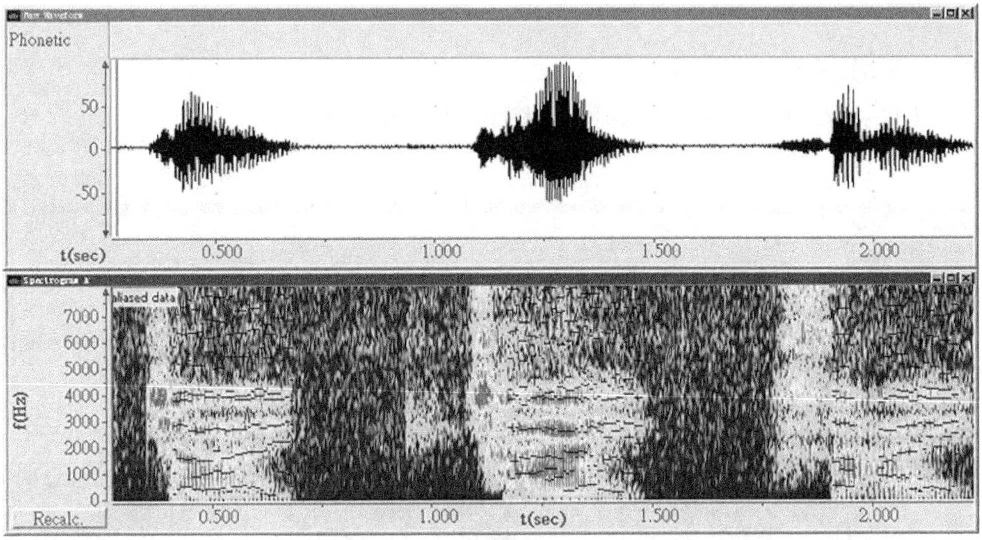

[ts]（灾）　　[ts‘]（采）　　[s]（赛）

图 3–7　新寨傣族汉话 [ts]、[ts‘]、[s] 的波形图和语图

从音节“灾、采、赛”的语图可以看出，“灾”中的声母 [ts] 是舌尖前不送气清塞擦音，没有明显的塞音冲直条，不送气清音乱纹持续 90ms 后与元音韵母相接，后接元音起点明显断层，清塞擦音的强频区在 7000Hz 以上，噪音强频区下限频率为 2500Hz；“采”中的声母 [ts‘] 是舌尖前送气清塞擦音，声母起点无明显的塞音冲直条，送气清塞擦音乱纹时长为 120ms，后接元音韵母的起点有明显断层，清塞擦音乱纹的强频区在 500—8000Hz，噪音乱纹强频区下限频率为 500Hz；音节“赛”中的声母 [s] 是舌尖前清擦音，声母起点也无明显的塞音冲直条，清擦音乱纹较强，后接元音韵母起点明显断层，声母与韵母之间有 250ms 清音噪音乱纹过渡，强频区频率范围在 1500—8000Hz，清擦音噪音乱纹强频区下限频率为 1500Hz。

三、芒冷新寨傣族汉话声母系统的特征及比较

通过以上波形图和语图的分析识别，我们看到新寨傣族汉话塞音、塞擦音、擦音、鼻音和边音的声学特征与普通话基本一致，新寨傣族汉话声母系统的特征与普通话声母系统的特征也相似，二者的区别在于下面几组声母。

（一）n[n] 与 l[l] 的比较

图 3–8 是新寨傣族汉话 [n] 与 [l] 的波形图和语图。

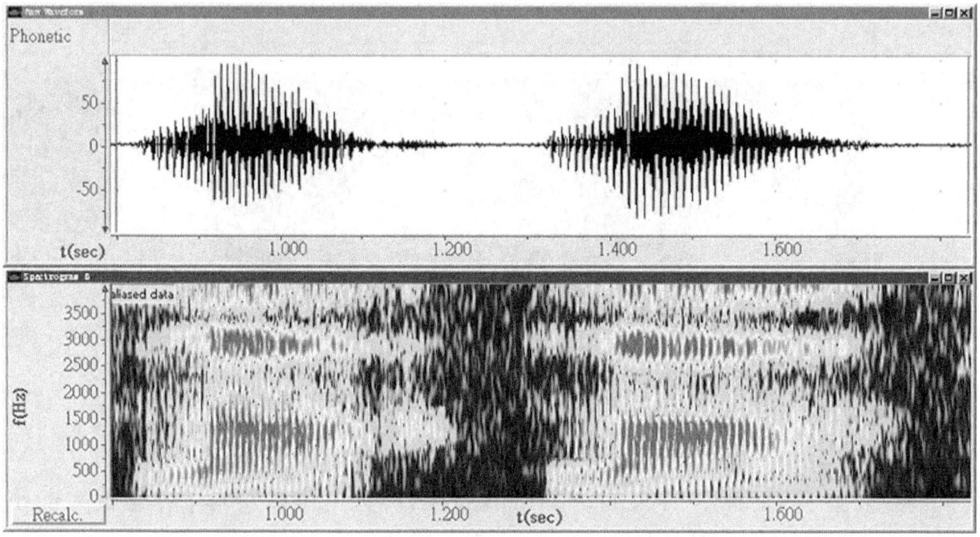

[n]（拿）　　　　　　　　　　[l]（拉）

图 3–8　新寨傣族汉话 [n] 与 [l] 的波形图和语图

浊音横杠是逐渐过渡还是断层相接，是辨析 n 与 l 的标志性声学特征。二者最主要的区别在于发音方法，当与后接元音相拼时，n 的鼻音横杠逐渐过渡到元音共振峰，中间没有明显的断层；l 的浊音横杠迅速过渡到元音共振峰，中间应有明显的断层。从图 3–8“拿”和“拉”的语图来看，“拿”符合 n 的鼻音特征，鼻音横杠逐渐过渡到元音共振峰；“拉”不符合边音 l 的边音特征，中间没有明显的断层，却有着鼻音横杠逐渐过渡到元音的共振峰。这表明，新寨傣族汉话边音声母 l 的发音，实际与鼻音声母 n 的发音相似，结论是：新寨傣族汉话不能有效地区分 n 与 l，常把 l 读作 n。当然，这一现象也是许多云南汉语方言区共有的现象，是云南人学普通话应注意的一个重要问题。

（二）[tʂ]、[tʂ‘]、[ʂ]、[ʐ] 与 [ts]、[ts‘]、[s] 的比较

图 3–9 是新寨傣族汉话 [tʂ]、[tʂ‘]、[ʂ]、[ʐ] 与 [ts]、[ts‘]、[s] 波形图和语图的比较。

从波形图和语图上看，zhi、chi、shi 和 zi、ci、si 的辅音阶段都很明显。zh、z 乱纹的时长最短，说明它们是不送气塞擦音，ch、c 乱纹的时长稍长，说明它们是送气塞擦音，sh、s 乱纹的时长最长，说明它们是擦音。在 zh、ch、sh 和 z、c、s 乱纹下面的频率低端都没有浊音共振峰横杠，说明它们都是清音。zh、ch、sh 和 z、c、s 随着与后接元音的靠近，乱纹的强度逐渐增强，然后过渡到元音，完成了辅音能量向元音能量的转变。zh、ch、sh 的强频集中区较低，频率范围在 1800—5500Hz，强频区下限频率在 1800Hz 左右，这说明它们是舌尖后辅音。

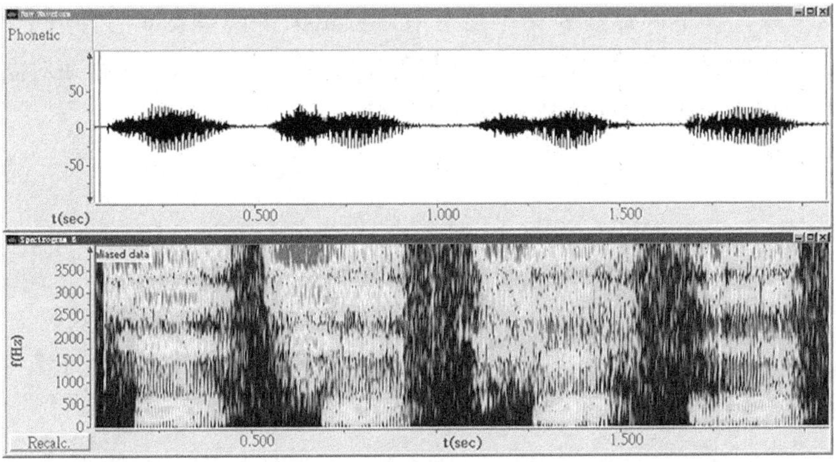

A. [tʂʅ]（知）　[tʂʻʅ]（吃）　[ʂʅ]（时）　[ʐʅ]（日）

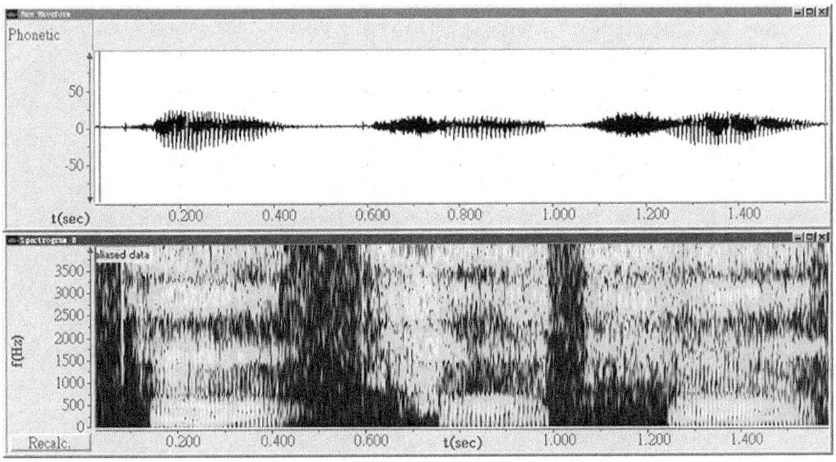

B. [tsɿ]（资）　[tsʻɿ]（次）　[sɿ]（思）

图 3–9　新寨傣族汉话 [tʂ]、[tʂʻ]、[ʂ]、[ʐ] 与 [ts]、[tsʻ]、[s] 波形图和语图的比较

z、c、s 的强频集中区较高，频率范围在 8000Hz 以上，乱纹下限频率逐渐减弱，在 1600Hz 附近消失，这说明它们是舌尖前辅音。强频集中区频率范围的高低，强频区下限频率位置是否明显，这是辨析 z 组音与 zh 组音的标志性声学特征。强频集中区较低，频率范围在 1800—5500Hz，强频区下限频率在 1800Hz 左右，强频区下限频率位置明显是 zh 组音。强频集中区较高，频率范围在 8000Hz 以上，乱纹下限频率逐渐减弱，在 1600Hz 附近消失，强频区下限频率位置不明显是 z 组音。从以上数据来看，新寨傣族汉话能够区分 zh、ch、sh 与 z、c、s，但区分不够明显。

总之，语音实验的研究数据表明，芒冷新寨傣族汉话的声母系统与普通话基本一致，其不同点主要在不能有效区分舌尖中浊鼻音 n 与舌尖中浊边音 l，混读现象明显；舌尖前音 z、c、s 与舌尖后音 zh、ch、sh、r 存在对立特征，但区分不明显，同时存在着部分混读的情况。

第四章　芒冷新寨傣族汉话的韵母系统

从第三章的语音实验数据可以看到，芒冷新寨傣族汉话的声母系统与普通话的声母系统相当接近。本章仍采用同样的语音实验方法，以普通话的韵母系统作为参照，继续分析芒冷新寨傣族汉话韵母系统的声学特征。

第一节　普通话的韵母系统

一、元音分析的基本原理

元音是发音时声带振动，气流在发音通道上没有阻碍而发出的声音。气流虽然没有阻碍，但是发音共鸣腔会对音质进行调制，因而共鸣腔形成的共鸣频率等对元音的分析起着关键性的作用。元音是乐音，声带振动产生的复合音在通过共鸣器时会发生共振，共振点能量增加，形成能量的聚集区，称为“共振峰”（formant），离基频最近的共振峰为第一共振峰 F_1，再往后为第二共振峰 F_2、第三共振峰 F_3。实验证明，元音的音质主要由前两个共振峰的频率值及模式决定。元音的音质分析主要是根据语图分析第一共振峰 F_1、第二共振峰 F_2、第三共振峰 F_3 的频率值及走向的分布模式。图 4–1 为普通话舌面前元音 e[e]、舌面央元音 e[ə]、舌面后元音 e[ɤ] 的波形图、语图。从该图我们可以清晰地看出三者第一共振峰 F1、第二共振峰 F2、第三共振峰 F3 的频率值及走向的分布模式。

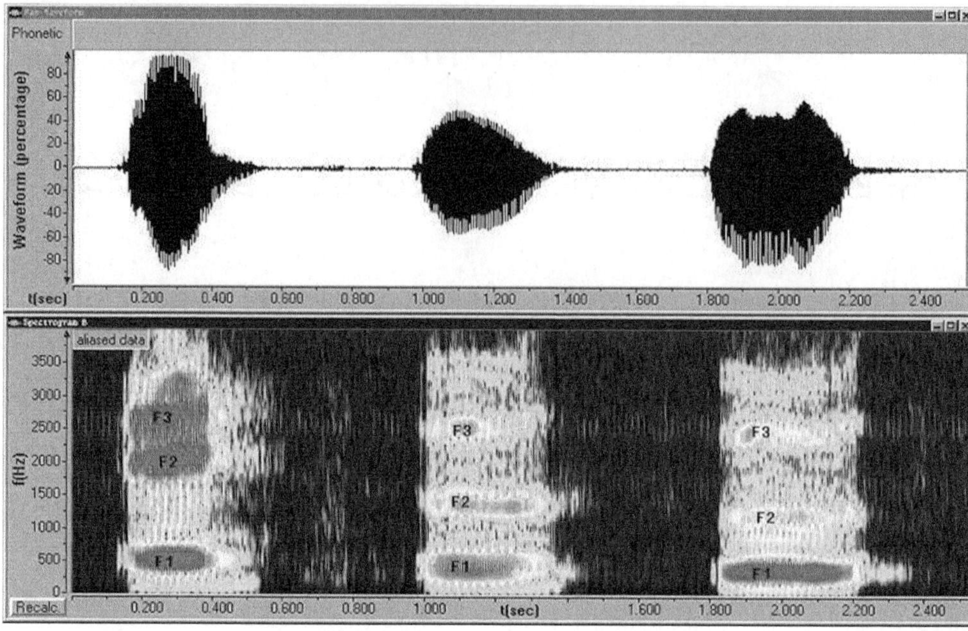

舌面前 e[e]　　　　舌面央 e[ə]　　　　舌面后 e[ɤ]

图 4–1　舌面前元音 [e]、舌面央元音 [ə]、舌面后元音 [ɤ] 的波形图和语图

二、普通话的元音音位与韵母系统

（一）普通话元音音位

普通话的元音音位有 /a/、/o/、/ɤ/、/e/、/i/、/u/、/y/、/əɹ/ 8 个。普通话元音音位一般都有一些变体，表 4–1 是普通话元音音位常见的变体表。

表 4–1　普通话元音音位常见变体表

音位	音位变体	出现条件	对应普通话韵母
/a/	[a]	_i，_n	ai uai an uan
	[A]	_#	a ia ua
	[ɑ]	_u，_ŋ	ao iao ang iang uang
	[ɛ]	i_n，y_n	ian üan
/o/	[o]	其他条件	o ong ao iao uo
	[ə]	_u	ou iou

续表

音位	音位变体	出现条件	对应普通话韵母
/ɤ/	[ɤ]	_#（一般音节）	e（一般音节）
	[ə]	_n，_ŋ，_#（轻声音节）	en eng e（轻声音节）uen
/e/	[e]	_i	ei uei
	[ɛ]	i_，y_	ie üe
/i/	[ɿ]	ts_，ts‘_，s_	zi ci si
	[ʅ]	tʂ_，tʂ‘_，ʂ_，ʐ_	zhi chi shi ri
	[i]	其他条件	i ia ie iao iou ian iang in ing iong ai uai ei uei
/u/	[ʋ]	f_	fu
	[u]	其他条件	u ua uo uai uei uan uen uang ueng ou iou
/y/	[y]		ü üe üan ün
/əɹ/	[əɹ]		er

注："其他条件"指所列条件外的其他条件，出现条件空缺，表示该变体不受出现条件限制。

根据普通话元音音位表，可以看出普通话元音音位系统简单、明确，音位数量适中，以"前：后""开：闭""圆唇：不圆唇""卷舌：不卷舌"为其主要的区别特征，其中以"圆唇：不圆唇"相区别的元音音位有两对：/y/:/i/、/o/:/ɤ/；以"前：后"相区别的也有两对：/y/:/u/、/e/:/ɤ/；以"＋高：－高"相区别的也有两对：/i/:/e/、/u/:/o/；以"高：低"相区别的有一对：/i/:/a/；以"卷舌：不卷舌"相区别的有一对：/əɹ/:/ə/。没有元音的长与短、松与紧、口音与鼻化音的对立。普通话各元音音位具有发音清晰、排列整齐、区分明显等特点。①

（二）普通话韵母总表

普通话韵母系统共有韵母 39 个，其中单元音韵母有 a、o、e、ê、er、i、u、ü、-i[ɿ]、-i[ʅ]10 个，二合复元音韵母有 ai、ei、ao、ou、ia、ie、ua、uo、üe 9 个，三合复元音韵母有 iao、iou、uai、uei 4 个，前鼻辅音韵尾韵母有 an、ian、uan、üan、en、in、uen、ün 8 个，后鼻辅音韵尾韵母有 ang、iang、uang、eng、ing、ueng、ong、iong 8 个。这些韵母可以排列成以下普通话韵母总表。②

① 王渝光、王兴中：《语言学概论》，78 页，昆明，云南大学出版社，2005。

② 王渝光：《实验语音学》，72 页，昆明，云南大学出版社，2011。

表 4-2　普通话韵母总表

韵母类型	开口呼韵母	齐齿呼韵母	合口呼韵母	撮口呼韵母
单元音韵母	-i[ɿ]、-i[ʅ]	i[i]	u[u]	ü[y]
	a[ᴀ]	ia[iᴀ]	ua[uᴀ]	
	o[o]		uo[uo]	
	e[ɤ]			
	ê[ɛ]	ie[iɛ]		üe[yɛ]
	er[ɚ]			
复元音韵母	ai[ai]		uai[uai]	
	ei[ei]		uei[uei]	
	ao[ɑu]	iao[iɑu]		
	ou[ou]	iou[iou]		
前鼻音韵母	an[an]	ian[iɛn]	uan[uan]	üan[yɛn]
	en[ən]	in[in]	uen[uən]	ün[yn]
后鼻音韵母	ang[ɑŋ]	iang[iɑŋ]	uang[uɑŋ]	
	eng[əŋ]	ing[iŋ]	ueng[uəŋ]	
	ong[uŋ]	iong[iuŋ]		

三、普通话韵母的特点

普通话韵母以复韵母为主体，有韵头 i-、u-、y-，有韵尾 -i、-u、-n、-ŋ，有前鼻韵母和后鼻韵母的对立，有圆唇和不圆唇的对立区别。

普通话韵母系统和音节结构的特点是：有舌尖元音、卷舌元音；有前高圆唇元音 ü[y] 组韵母；有二合、三合复元音韵母；有 -n、-ng 前后鼻音韵尾；各元音音位区分明显；元音不分松紧长短；没有塞音韵尾；音节结构类型较多；音节总数较少。

第二节　芒冷新寨傣族汉话韵母系统的语音实验分析

一、芒冷新寨傣族汉话韵母系统概述

新寨傣族汉话的韵母系统有 36 个韵母。按口形和结构将其列表如下。

表 4–3　新寨傣族汉话韵母表

按结构分	按口形分			
	开口呼	齐齿呼	合口呼	撮口呼
单韵母	-i[ɿ] 资思 -i[ʅ] 知市	i[i] 医比	u[u] 五布	ü[y] 语举
	a[A] 阿怕	ia[iA] 牙家	ua[uA] 挖花	
	o[o] 波坡		uo[uo] 我多	
	e[ɤ] 么责	ie[iɛ] 夜别		üe[yɛ] 月略
复韵母	ai[ai] 矮买		uai[uai] 外快	
	ei[ei] 备妹		uei[uei] 为队	
	ao[ɑu] 傲跑	iao[iɑu] 要苗		
	ou[əu] 欧剖	iou[iəu] 有谬		
鼻韵母	an[an] 安班	ian[iɛn] 烟变	uan[uan] 万团	üan[yɛn] 元选
	en[ən] 恩本	in[in] 音民英平	uen[uən] 问吞	ün[yn] 云寻
	ang[ɑŋ] 肮帮	iang[iɑŋ] 羊香	uang[uɑŋ] 忘光	
	eng[əŋ] 崩冷		ueng[uəŋ] 瓮	
	ong[oŋ] 东通	iong[iɔŋ] 用穷		

从表 4–3 可以看出，芒冷新寨傣族汉话的韵母系统，除少数几个音（er、ing、ê）外，已经与普通话相当一致。这应该得益于傣语本身有较多的韵母及傣族汉话的使用和边疆民族地区普及九年义务教育中普通话的推广。

二、芒冷新寨傣族汉话韵母的声学特征

（一）单元音韵母

新寨傣族汉话有 a[a]、o[o]、e[ɤ]、i[i]、u[u]、ü[y] 6 个单元音韵母。图 4–2 是这 6 个单元音韵母的波形图和语图。

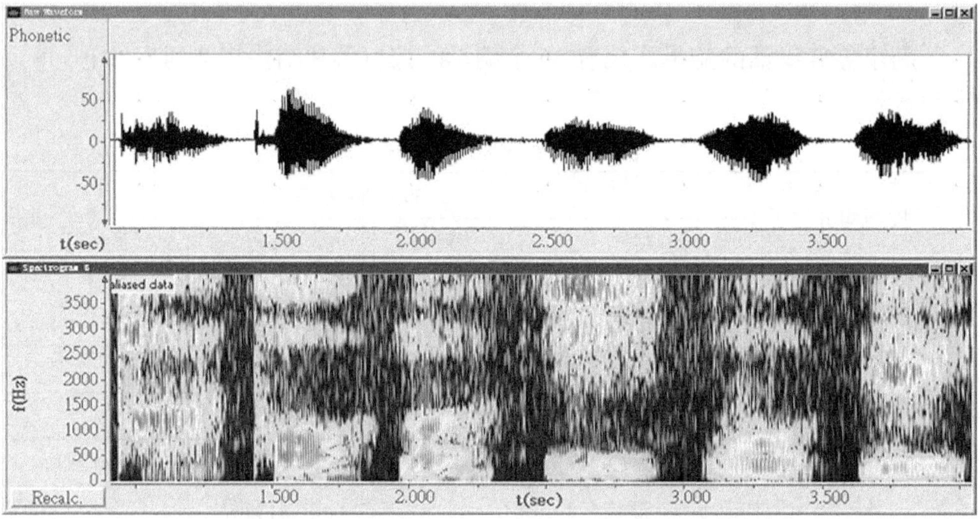

[a]（怕） [o]（坡） [ɤ]（么） [i]（医） [u]（五） [y]（语）

图 4–2 新寨傣族汉话 [a]、[o]、[ɤ]、[i]、[u]、[y] 的波形图和语图

从图 4–2 的音节“怕、坡、么、医、五、语”的波形图和语图上，可以看到这 6 个单元音韵母的音强、音长和共振峰的频率值以及各共振峰在高低、强弱、长短等音质上的变化。“怕”中的元音 [a]，音强中等，音长为 1000ms，第一共振峰为 1000Hz，第二共振峰为 1150Hz，第三共振峰为 2900Hz；“坡”中的元音 [o]，音强最强，音长为 1000ms，第一共振峰为 350Hz，第二共振峰为 750Hz，第三共振峰为 2800Hz；“么”中的元音 [ɤ]，音强中等，音长为 1000ms，第一共振峰为 400Hz，第二共振峰为 1200Hz，第三共振峰为 2700Hz；“医”中的元音 [i]，音强较强，音长为 1000ms，第一共振峰为 300Hz，第二共振峰为 2700Hz，第三共振峰为 3000Hz；“五”中的元音 [u]，音强较强，音长为 1000ms，第一共振峰为 250Hz，第二共振峰为 550Hz，第三共振峰为 2700Hz；“语”中的元音 [y]，音强较强，音长为 1000ms，第一共振峰为 300Hz，第二共振峰为 2000Hz，第三共振峰为 2700Hz。

新寨傣族汉话的韵母 -i[ɿ]、-i[ʅ] 的波形图和语图见图 4–3、图 4–4。

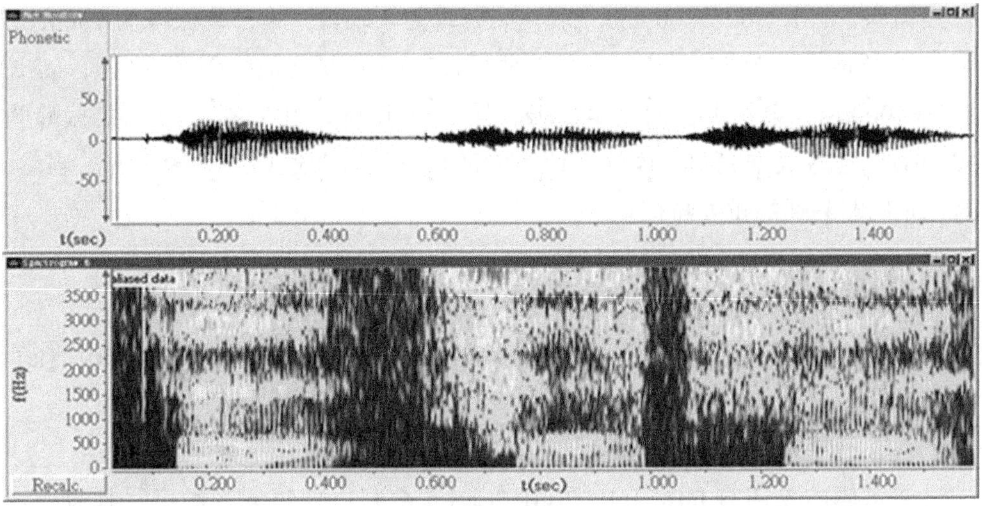

[tsɿ]（资）　　[ts‘ɿ]（次）　　[sɿ]（思）

图 4–3　新寨傣族汉话 -i[ɿ] 的波形图和语图

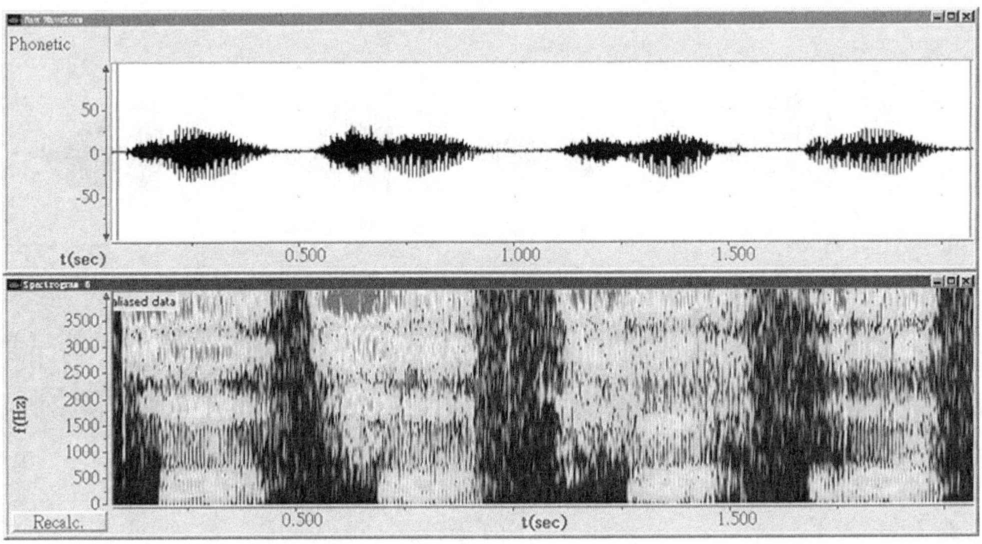

[tʂʅ]（知）　　[tʂ‘ʅ]（吃）　　[ʂʅ]（时）　　[ʐʅ]（日）

图 4–4　新寨傣族汉话 -i[ʅ] 的波形图和语图

-i[ɿ、ʅ] 在新寨傣族汉话中也不单独成音节，可以把其与前面的辅音声母进行对比分析。从音节“资、次、思”和“知、吃、时、日”的波形图和语图上，可以看到这两个单元音韵母音强的强弱、共振峰的频率值以及各共振峰在高低、强弱、长短等音质上的变化都相当接近。“资、次、思”中的元音 [ɿ]，音强稍弱，音长 800—1000ms，第一共振峰为 450Hz，第二共振峰为 1500Hz，第三共振峰为 2800Hz；“知、吃、时、日”中的元音 [ʅ]，音强略强，音长 800—1000ms，第一共振峰为 450Hz，第二共振峰为 1900Hz，第三共振峰为 3000Hz。这些数据表明，傣族汉话不能清晰地区分普通话的平翘舌音。当然，这也是韵略易通的重要特征。

（二）复元音韵母

新寨傣族汉话复元音韵母包括：[ai]、[ei]、[ɑu]、[əu]、[iʌ]、[uʌ]、[uo]、[iɛ]、[yɛ]、[uai]、[uei]、[iɑu]、[iəu]。

1. 开口呼复元音韵母

新寨傣族汉话有 [ai]、[ei]、[ɑu]、[əu] 4 个开口呼复元音韵母，其波形图和语图见图 4–5。

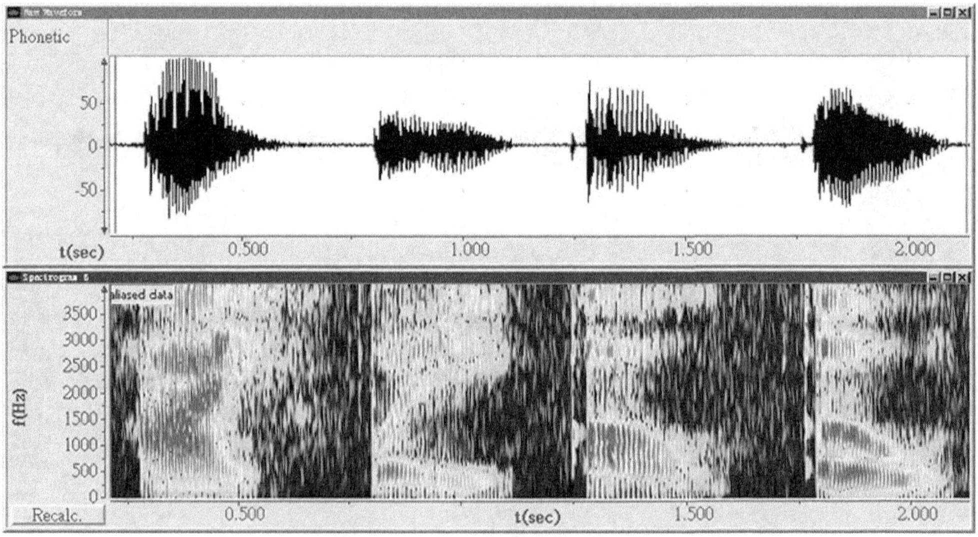

[ai]（矮）　[ei]（备）　[ɑu]（傲）　[əu]（欧）

图 4–5　新寨傣族汉话 [ai]、[ei]、[ɑu]、[əu] 的波形图和语图

复合元音的声学特征主要依据于起始元音的共振峰频率值以及起始元音在向后接元音过渡时第一共振峰、第二共振峰、第三共振峰的变化模式。图 4–5

呈现了“矮、备、傲、欧”中复元音音质的变化模式。“矮”中的韵母 [ai]，音强最强，[a] 向 [i] 的第一共振峰过渡的动程为 900—200Hz，第二共振峰过渡的动程为 1100—2300Hz，第三共振峰过渡的动程为 3000—2900Hz；“备”中的韵母 [ei]，音强最弱，[e] 向 [i] 的第一共振峰过渡的动程为 450—200Hz，第二共振峰过渡的动程为 800—2300Hz，第三共振峰过渡的动程为 2800—3100Hz；“傲”中的韵母 [ɑu]，音强中等，[ɑ] 向 [u] 的第一共振峰过渡的动程为 600—400Hz，第二共振峰过渡的动程为 950—500Hz，第三共振峰过渡的动程为 2700—2700Hz；“欧”中的韵母 [əu]，音强较强，[ə] 向 [u] 的第一共振峰过渡的动程为 500—300Hz，第二共振峰过渡的动程为 900—500Hz，第三共振峰过渡的动程为 2700—2700Hz。

从“矮、傲”的分析数据来看，[ai] 中 [a] 的第二共振峰为 1100Hz，[ɑu] 中的 [ɑ] 的第二共振峰为 950Hz，根据声学实验理论，第二共振峰频率值与舌位的前后有关，第二共振峰频率值越高，舌位越靠前，第二共振峰频率值越低，舌位越靠后，所以在新寨傣族汉话中 [ai] 中 [a] 是前元音，[ɑu] 中的 [ɑ] 是后元音。

2. 齐齿呼复元音韵母

新寨傣族汉话有 [iʌ]、[iɛ]、[iɑu]、[iəu] 4 个齐齿呼复元音韵母，其波形图和语图见图 4–6。

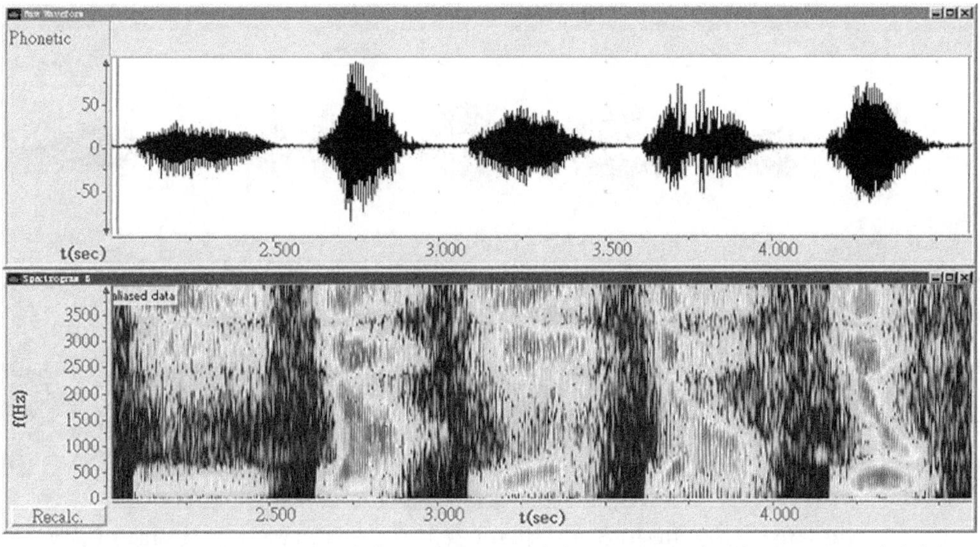

[i]（医）　[iʌ]（牙）　[iɛ]（夜）　[iɑu]（要）　[iəu]（有）

图 4–6　新寨傣族汉话 [i]、[iʌ]、[iɛ]、[iɑu]、[iəu] 的波形图和语图

图 4-6 呈现了“医、牙、夜、要、有”中单元音、复元音音质的变化模式。“医”中的韵母 [i] 是单元音韵母，排列在开头，便于比较。[i] 音强最弱，第一共振峰与第二共振峰的频率值分别是 300Hz、2200Hz，单元音韵母各共振峰走势较稳，变化不大；“牙”中的韵母 [iA]，音强最强，[i] 向 [A] 的第一共振峰过渡的动程为 300—800Hz，第二共振峰过渡的动程为 2300—1000Hz，第三共振峰过渡的动程为 3000—2900Hz；“夜”中的韵母 [iɛ]，音强中等，[i] 向 [ɛ] 的第一共振峰过渡的动程为 300—500Hz，第二共振峰过渡的动程为 2200—1800Hz，第三共振峰过渡的动程为 3000—2800Hz；“要”中的韵母 [iɑu]，音强较强，[i] 向 [ɑ] 再向 [u] 的第一共振峰过渡的动程为 300—700—400Hz，第二共振峰过渡的动程为 2200—900—700Hz，第三共振峰过渡的动程为 3000—2800—2900Hz；“有”中的韵母 [iəu]，音强很强，[i] 向 [ə] 再向 [u] 的第一共振峰过渡的动程为 300—400—400Hz，第二共振峰过渡的动程为 2200—700—600Hz，第三共振峰过渡的动程为 3000—2800—2700Hz。

从“牙、要”的分析数据来看，[iA] 中 [A] 的第二共振峰为 1000Hz，[iɑu] 中的 [ɑ] 的第二共振峰为 900Hz，根据声学实验理论可以看出在新寨傣族汉话中 [iA] 中 [A] 是央元音，[iɑu] 中的 [ɑ] 是后元音。

3. 合口呼复元音韵母

新寨傣族汉话有 [uA]、[uo]、[uai]、[uei] 4 个合口呼韵母，其波形图和语图见图 4-7。

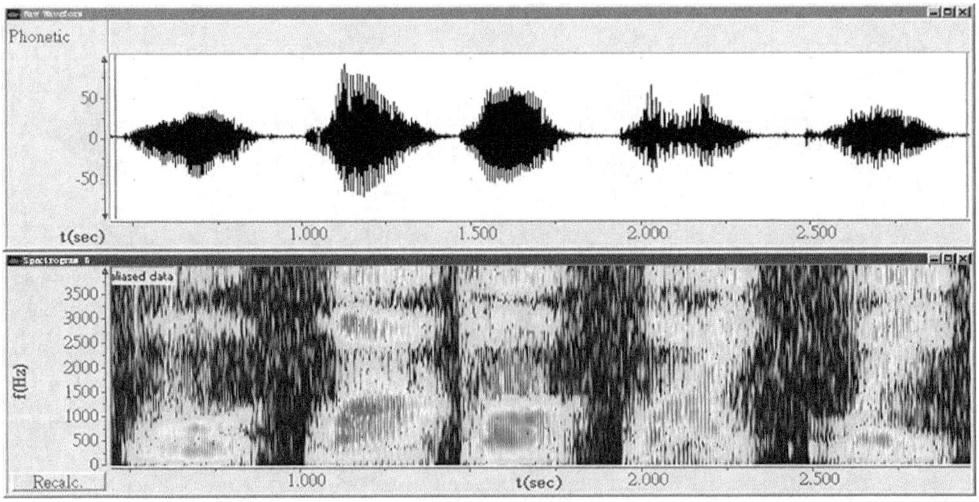

[u]（五） [uA]（挖） [uo]（我） [uai]（外） [uei]（为）

图 4-7　新寨傣族汉话 [u]、[uA]、[uo]、[uai]、[uei] 的波形图和语图

图 4–7 语图显示了“五”中的单韵母 [u] 的第一、第二共振峰的频率分别是 250Hz、550Hz，共振峰走势稳定，变化很小，而由 [u] 组合而成的二合、三合复韵母变化趋势很明显。“挖”中的韵母 [uᴀ]，音强最强，[u] 向 [ᴀ] 的第一共振峰过渡的动程为 250—800Hz，第二共振峰过渡的动程为 600—1000Hz，第三共振峰过渡的动程为 2700—2900Hz；“我”中的韵母 [uo]，音强较强，[u] 向 [o] 的第一共振峰过渡的动程为 250—350Hz，第二共振峰过渡的动程为 600—800Hz，第三共振峰过渡的动程为 2700—2800Hz；“外”中的韵母 [uai]，音强较强，[u] 向 [a] 再向 [i] 的第一共振峰过渡的动程为 250—1000—300Hz，第二共振峰过渡的动程为 600—1200—2300Hz，第三共振峰过渡的动程为 2700—2800—2900Hz；“为”中的韵母 [uei]，音强较强，[u] 向 [e] 再向 [i] 的第一共振峰过渡的动程为 250—500—300Hz，第二共振峰过渡的动程为 600—1700—2300Hz，第三共振峰过渡的动程为 2700—3000—2900Hz。

（三）鼻韵母

新寨傣族汉话有 [an]、[iɛn]、[uan]、[yɛn]、[ən]、[in]、[uən]、[yn]、[ɑŋ]、[iɑŋ]、[uɑŋ]、[əŋ]、[uəŋ]、[oŋ]、[iɔŋ] 15 个带鼻音韵母。鼻韵母的声学特征是元音向鼻音逐渐过渡，中途元音鼻化，发音有动程，前鼻音 [n] 一般接舌面前元音，后鼻音 [ŋ] 一般接舌面后元音。鼻音韵母中的主要元音韵腹的音质是分析前鼻音韵母和后鼻音韵母的关键。

1. 开口呼鼻韵母

新寨傣族汉话有 [an]、[ən]、[ɑŋ]、[əŋ]、[oŋ] 5 个开口呼鼻韵母。其波形图和语图见图 4–8。

从音节“安、恩、肮、崩、东”波形图和语图来看，5 个音节中的韵母元音随着后接鼻音韵尾而发生了舌位高低或舌面前后的变化，使得韵腹元音的第一、第二和第三共振峰频率值呈现出一定的动程。“安”[an] 音强较强，第一共振峰的动程为 1000—600Hz，第二共振峰的动程为 1300—1500Hz，第三共振峰的动程为 2700—2700Hz，浊音横杠频率范围为 200—200Hz；“恩”[ən] 音强最弱，第一共振峰的动程为 550—350Hz，第二共振峰的动程为 1200—1200Hz，第三共振峰的动程为 2700—2700Hz，浊音横杠频率范围为 200—200Hz；“肮”[ɑŋ] 音强最强，第一共振峰的动程为 900—800Hz，第二共振峰的动程为 1100—1100Hz，第三共振峰的动程为 2700—2800Hz，浊音横杠频率

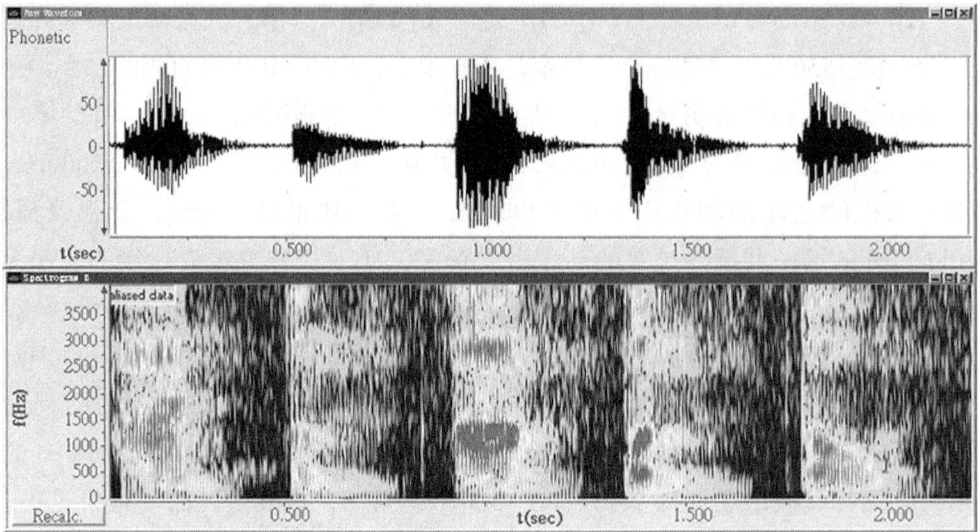

[an]（安）　[ən]（恩）　[ɑŋ]（肮）　[əŋ]（崩）　[oŋ]（东）

图 4–8　新寨傣族汉话 [an]、[ən]、[ɑŋ]、[əŋ]、[oŋ] 的波形图和语图

范围 300—200Hz；“崩” [əŋ] 音强较弱，第一共振峰的动程为 550—400Hz，第二共振峰的动程为 1200—1300Hz，第三共振峰的动程为 2800—2700Hz，浊音横杠频率范围为 200—200Hz；“东” [oŋ] 音强较强，第一共振峰的动程为 500—400Hz，第二共振峰的动程为 750—500Hz，第三共振峰的动程为 2700—2700Hz，浊音横杠频率范围为 300—200Hz。

通过鼻韵尾前面主要元音共振峰频率值的变化模式，可以看出新寨傣族汉话 [an] 中元音 [a] 是舌面前音，后接鼻韵尾为前鼻音；[ɑŋ] 中的元音 [ɑ] 是舌面后元音，后接鼻韵尾为后鼻音，但后鼻音韵尾的浊音横杠频率范围较窄，浊音乱纹强频区不明显；[ən] 与 [əŋ] 中的韵腹 [ə] 的共振峰有动程，但前两个共振峰的变化模式几乎一样，第二共振峰 F_2 与 F_1、F_3 关系变化体现不明显，[ə] 后接的鼻音韵尾不能有效区分前鼻音 [n] 与后鼻音 [ŋ]。这个语图数据说明，傣族汉话对 [ən] 与 [əŋ] 两韵的区分是不够的。

2. 齐齿呼鼻韵母

新寨傣族汉话有 [iɛn]、[in]、[iɑŋ]、[iŋ]、[iɔŋ] 5 个齐齿呼鼻韵母，其波形图和语图见图 4–9。

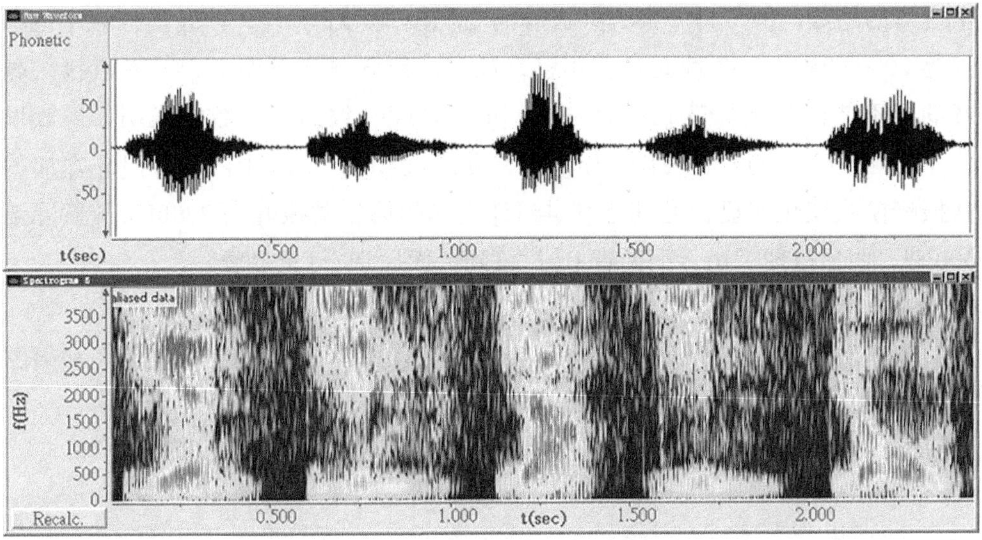

[iɛn]（烟）　　[in]（音）　　[iɑŋ]（羊）　　[iŋ]（英）　　[iɔŋ]（用）

图 4–9　新寨傣族汉话 [iɛn]、[in]、[iɑŋ]、[iŋ]（英）、[iɔŋ] 的波形图和语图

从图 4–8 的波形图和语图显示的数据可以看到，“烟”[iɛn] 音强最强，第一共振峰的动程为 300—600Hz，第二共振峰的动程为 2200—1900Hz，第三共振峰的动程为 2800—2700—2800Hz，浊音横杠频率范围为 200—200Hz；“音”[in] 音强较弱，第一共振峰的动程为 300—300Hz，第二共振峰的动程为 2200—2100Hz，第三共振峰的动程为 2800—2800Hz，浊音横杠频率范围为 200—200Hz；“羊”[iɑŋ] 音强较强，第一共振峰的动程为 300—900Hz，第二共振峰的动程为 2200—1100Hz，第三共振峰的动程为 2700—2800Hz，浊音横杠频率范围为 200—200Hz；“英”[iŋ] 音强较弱，第一共振峰的动程为 350—350Hz，第二共振峰的动程为 2200—2100Hz，第三共振峰的动程为 2800—2800Hz，浊音横杠频率范围为 200—200Hz；“用”[iɔŋ] 音强较强，第一共振峰的动程为 300—500Hz，第二共振峰的动程为 2200—600Hz，第三共振峰的动程为 2700—2700Hz，浊音横杠频率范围为 200—200Hz。

通过鼻韵母元音韵腹第一、第二共振峰频率值的变化模式，可以看出新寨傣族汉话 [iɛn] 中元音 [ɛ] 是舌面前音，后接鼻韵尾为前鼻音；[iɑŋ] 中的元音 [ɑ] 是舌面后元音，后接鼻韵尾应该为后鼻音，但后鼻音韵尾的浊音横杠频率范围较窄，鼻化过程持续很短，浊音乱纹强频区不明显，所以，后鼻音韵尾 [ŋ] 的音质不突出。[in] 与 [iŋ] 中的韵腹 [i] 的第一共振峰有略升的趋势，第二共振峰呈现降的趋势，但降得不够，共振峰的变化模式几乎一样，浊音横杠频率范围也为 200—200Hz，持续时长差不多，浊音乱纹强频区不明显，二者后接的鼻音韵尾不能区分前鼻音 [n] 与后鼻音 [ŋ]。高度一致的语图数据说明，傣族汉话不能区分 [in] 与 [iŋ] 两韵，[iŋ] 的音质接近 [in]。[iɔŋ] 中的 [i] 与 [ɔ] 叠加的共振峰模式变化明显，尤其是 [i] 与 [ɔ] 叠加的第二共振峰由 2200Hz 陡然降至 600Hz，明显呈现了由舌面前音 [i] 过渡到舌面后音 [ɔ] 的动程。

3. 合口呼鼻韵母

新寨傣族汉话有 [uan][uən][uɑŋ][uəŋ] 4 个合口呼鼻韵母，其波形图和语图见图 4–10。

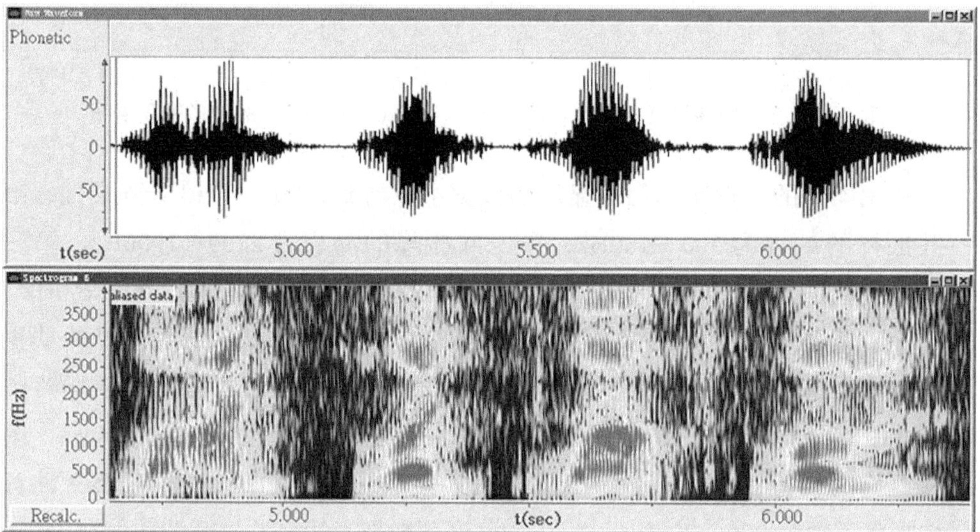

[uan]（万）　[uən]（问）　[uɑŋ]（忘）　[uɤŋ]（瓮）

图 4–10 新寨傣族汉话 [uan]、[uən]、[uɑŋ]、[uəŋ] 的波形图和语图

从图 4–10 的波形图和语图显示的数据可以看到，“烟” [uan] 由 [u] 过渡到 [a] 形成第一、第二共振峰的动程，接着与前鼻音韵尾 [n] 对接，第一共振峰的动程为 300—700—500Hz，第二共振峰的动程为 550—1100—1800Hz，第三共振峰的动程为 2800—2700—2800Hz，浊音横杠频率范围 200—200Hz，有较少的浊音乱纹；“问” [uən] 由 [u] 过渡到 [ə] 形成第一、第二共振峰的动程，过渡到央 [ə] 后与前鼻音韵尾 [n] 对接，第一共振峰的动程为 300—500Hz，第二共振峰的动程为 550—1700Hz，第三共振峰的动程为 2800—2800Hz，浊音横杠频率范围为 200—200Hz，有较少的浊音乱纹；“忘”[uɑŋ] 由 [u] 过渡到 [ɑ] 形成第一、第二共振峰的动程，过渡到央 [ɑ] 后与后鼻音韵尾 [ŋ] 对接，第一共振峰的动程为 300—600Hz，第二共振峰的动程为 550—1200Hz，第三共振峰的动程为 2900—2800Hz，浊音横杠频率范围为 200—200Hz，有较少的浊音乱纹；“瓮”[uəŋ] 由 [u] 过渡到 [ə] 形成前两个共振峰，持续到后元音 [ə] 后与后鼻音韵尾 [ŋ] 对接，第一共振峰的动程为 300—500Hz，第二共振峰的动程为 550—1200Hz，第三共振峰的动程为 2900—2900Hz，浊音横杠频率范围为 400—200Hz，有较宽、较强的浊音乱纹。

通过对合口呼鼻韵母中复元音共振峰的过渡与后接鼻韵尾的描写，可以看出新寨傣族汉话 [uan] 和 [uən] 中元音 [a]、[ə] 应是舌面前音和舌面央元音，后接鼻韵尾为前鼻音韵尾 [n]；[uɑŋ] 中的元音 [ɑ] 是舌面后音，后接鼻韵尾应该为后鼻音韵尾 [ŋ]，但后鼻音韵尾的浊音横杠频率范围较窄，鼻化过程持续很短，浊音乱纹强频区不明显，所以，后鼻音韵尾 [ŋ] 的音质不突出；[uɤŋ] 中的后鼻韵尾 [ŋ] 使前面的韵腹由舌面央 [ə] 变化到舌面后 [ɤ]，[u] 与 [ɤ] 的第一共振峰、第二共振峰过渡较自然，与 [ŋ] 相接后，浊音横杠频率范围较宽，鼻化持续较长，是典型的后鼻音韵尾。

（四）撮口呼韵母

新寨傣族汉话有 [y]、[yɛ]、[yɛn]、[yn] 4 个撮口呼韵母，其波形图和语图见图 4–11。

从图 4–11 音节“语、月、元、云”的音高图和语图来看，“语”[y] 是单元音，F_1 与 F_2 走势平稳，第一共振峰为 200Hz，第二共振峰为 2100Hz，第三共振峰与第二共振峰频率比较接近，有叠加的趋势；“月”[yɛ] 由 [y] 过渡到 [ɛ]，第一共振峰为 200—600Hz，呈现上升的趋势，第二共振峰为 2100—1900Hz，有略降的趋势；“元”[yɛn] 由 [y] 过渡到 [ɛ] 形成第一、第二共振峰的动程，接着与前鼻音韵尾 [n] 对接，第一共振峰的动程为 200—700—600Hz，第二共振峰的动程为 2100—1800Hz，第三共振峰的动程为 2500—3000Hz，浊音横杠频率范围在 200—200Hz，有较少的浊音乱纹；“云”[yn] 的共振峰略有变化，但不明显，由元音共振峰横杠加上浊音横杠，过渡平稳，二者有明显的断层，第一共振峰为 200—210Hz，第二共振峰为 2000—2100Hz，浊音横杠频率范围在 200—

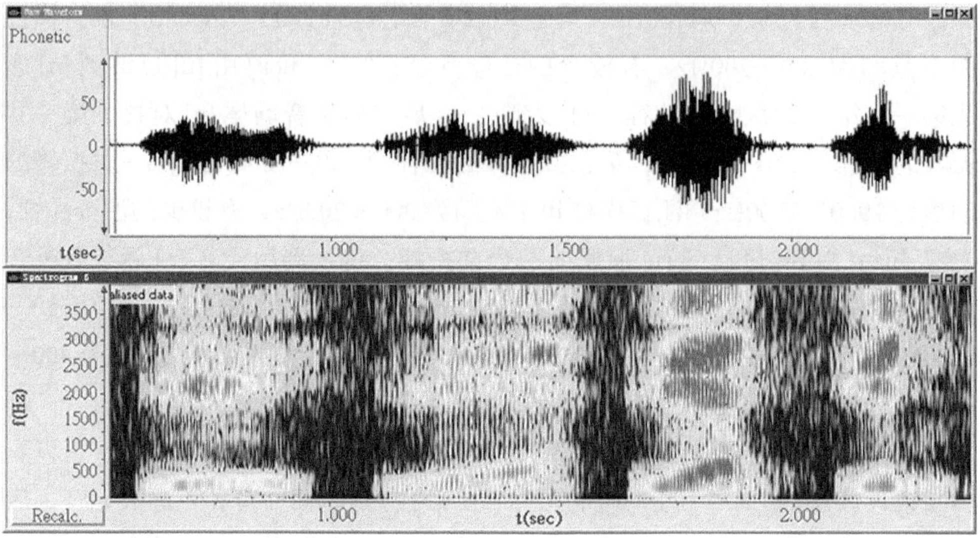

[y]（语）　[yɛ]（月）　[yɛn]（元）　[yn]（云）

图 4–11　新寨傣族汉话 [y]、[yɛ]、[yɛn]、[yn] 的波形图和语图

200Hz，有较少的浊音乱纹。

三、芒冷新寨傣族汉话韵母系统的特征及比较

上文列各个波形图和语图呈现出了新寨傣族汉话单韵母、复韵母和鼻韵母的声学特征，展示了新寨傣族汉话的韵母系统。相关数据显示，新寨傣族汉话的韵母系统基本接近普通话的韵母系统。差别仅在于没有韵母 er、ê、ing，部分前后鼻韵母、齐齿呼、撮口呼韵母区分不是很明显。下面着重对这几组韵母进行比较分析。

（一）[an] 与 [ɑŋ] 的比较

从图 4–12 中 [an]（安）与 [ɑŋ]（肮）的波形图和语图可以看出二者的区别：[an] 中的 [a] 的第一、第二共振峰形成的横杠较为清晰，在 1000Hz 之上，为舌面前元音 [a]；[ɑŋ] 中的 [ɑ] 的第一、第二共振峰形成的横杠部分重叠，在 1000Hz 之下，表现为舌面后元音 [ɑ]。[an] 与 [ɑŋ] 都是单元 a 过渡到鼻音的，但舌面前元音 [a] 的过渡，共振峰频率值更趋向于舌面前、高元音，第一共振

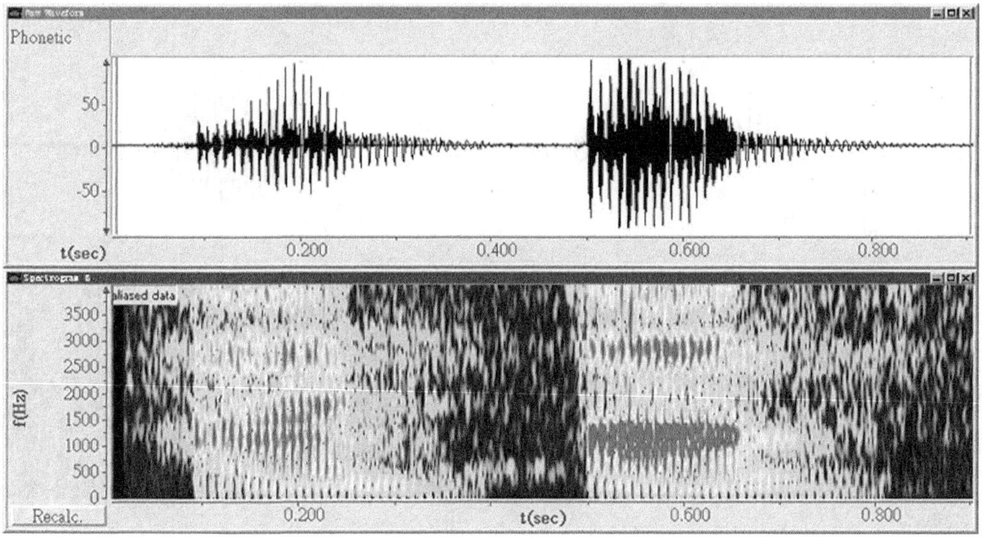

[an]　　　　　　　　[ɑŋ]

图 4–12　新寨傣族汉话 [an] 与 [ɑŋ] 的波形图和语图的比较

峰与第二共振峰高低分化明显；而 [ɑŋ] 中 [ɑ] 向鼻音的过渡，共振峰频率值趋向于舌面后、高元音，第一共振峰与第二共振峰走势平稳，叠加重合部分较多。[an] 与 [ɑŋ] 都有鼻化元音阶段，元音 [a] 与 [ɑ] 共振峰强度明显减弱，但仍有持续，鼻音共振横杠突出。韵腹元音的舌面前后和鼻韵尾浊音横杠的宽与窄是区分前后鼻音 [n] 与 [ŋ] 的重要参数。新寨傣族汉话中 [an]（安）与 [ɑŋ]（肮）韵母元音明显呈现出前元音和后元音的音质特征，但是二者的鼻音浊音横杠都很窄，处于 250—200Hz 的范围，虽然 [ɑŋ]（肮）中的浊音乱纹强频区略微明显，但其鼻韵尾浊音横杠的宽窄与 [an] 较为相似，可以说虽然 [ɑŋ] 更接近 [an]，但新寨傣族汉话 [an] 与 [ɑŋ] 前后鼻韵母基本能够区分。

（二）[uan] 与 [uɑŋ] 的比较

从图 4–13 的波形图和语图上看，[uan] 中 [u] 向 [a] 过渡是第一共振峰、第二共振峰均呈现上升的趋势，[u] 是后元音向前元音 [a] 变化，表现出第二共振峰的上升，[a] 是前元音、低元音，[n] 是舌尖中鼻音，所以 [a] 向前鼻音韵母 [n] 过渡时表现出第一共振峰适当上升的趋势；[uɑŋ] 中 [u] 过渡到 [ɑ] 时第一共振峰和第二共振峰变化趋势不大，呈现后接后鼻音韵尾的趋势，但 [u] 过渡到 [ɑ] 再与鼻音相接时形成的浊音横杠持续时长较短，没有形成较宽的浊音横杠，有

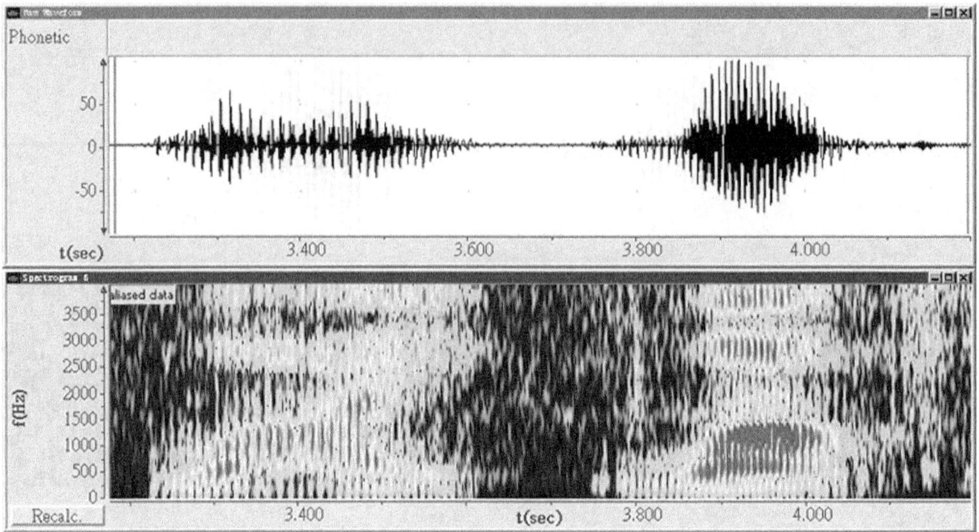

[uan] [uaŋ]

图 4–13　新寨傣族汉话 [uan] 与 [uaŋ] 的波形图和语图的比较

鼻化，但没有过渡到完全的后鼻音。新寨傣族汉话 [uan] 与 [uaŋ] 前后鼻韵母基本能够区分。

（三）[ən] 与 [əŋ] 的比较

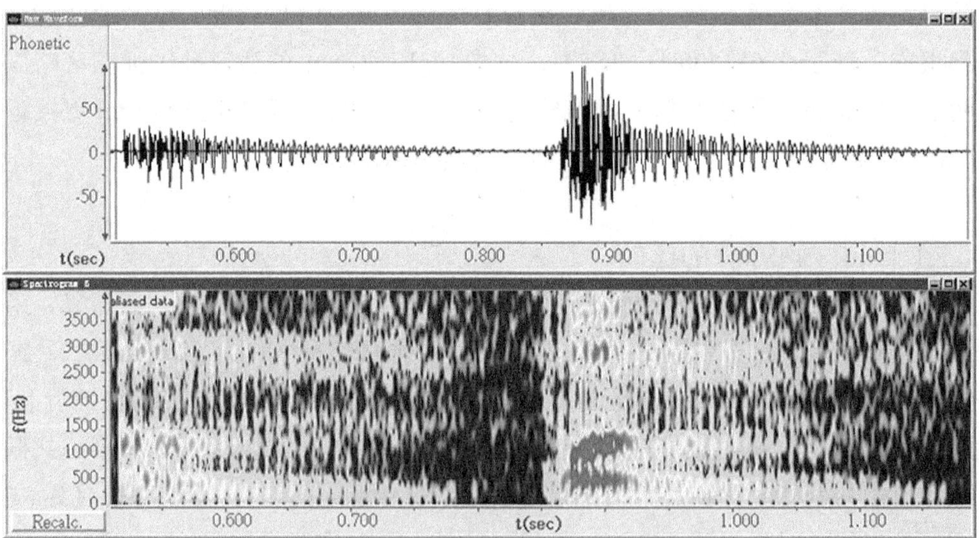

[ən] [əŋ]

图 4–14　新寨傣族汉话 [ən] 与 [əŋ] 的波形图和语图的比较

图 4–14 的波形图清晰地显示出了 [ən] 与 [əŋ] 元音段和鼻音段。前鼻音与后鼻音的不同主要看其前面是前元音或后元音以及浊鼻音横杠的大小。从语图上看，[ən] 的第一共振峰、第二共振峰、第三共振峰都比 [əŋ] 的高，其中第二共振峰是判断 [ən] 与 [əŋ] 的主要标志：第二共振峰在第一共振峰与第三共振峰中间或略微靠近第三共振峰，是前元音，这个鼻韵母是 [ən]；第二共振峰离第三共振峰较远，离第一共振峰较近，是后元音，这个鼻韵母是 [əŋ]。从新寨傣族汉话的 [ən] 与 [əŋ] 的语图来看，[ən] 与 [əŋ] 的第二共振峰在第一共振峰与第三共振峰中间，略微靠近第一共振峰，[əŋ] 的音强、音长均强于 [ən]，这说明新寨傣族汉话虽然 [ən] 与 [əŋ] 区分不够明显，但是基本还是能够区分。

（四）[in] 与 [iŋ] 的比较

从韵母中韵腹元音的舌面前后与后接鼻音韵尾的鼻音横杠的宽窄可以区别前后鼻音韵尾，就 [in] 与 [iŋ] 而言，当 [i] 与 [n] 相接时，第一共振与第二共振峰频率变化不是很大，而如果第一共振峰基本不变，第二共振峰有明显下降趋势，鼻音浊音横杠持续，则为 [iŋ]。在图 4–15 中，[in] 与 [iŋ] 中的韵腹 [i] 的第一共振峰均有略升的趋势，第二共振峰均呈现下降的趋势，但降得显然不够，二者共振峰的变化模式几乎一样，浊音横杠频率范围也为 200—200Hz，持续

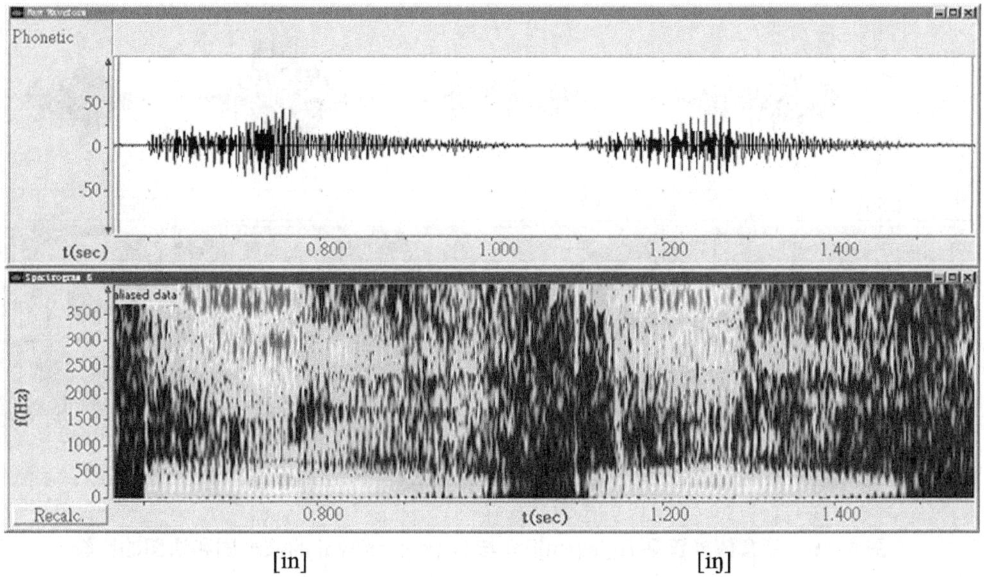

图 4–15　新寨傣族汉话 [in] 与 [iŋ] 的波形图和语图的比较

时长差不多。这说明新寨傣族汉话 [i] 后接的鼻音韵尾不能区分前鼻音 [n] 与后鼻音 [ŋ]，前鼻音 [in] 发音偏后，后鼻音 [iŋ] 发音偏前。

（五）[i]、[iɛ]、[iɛn]、[in] 与 [y]、[yɛ]、[yɛn]、[yn] 的比较

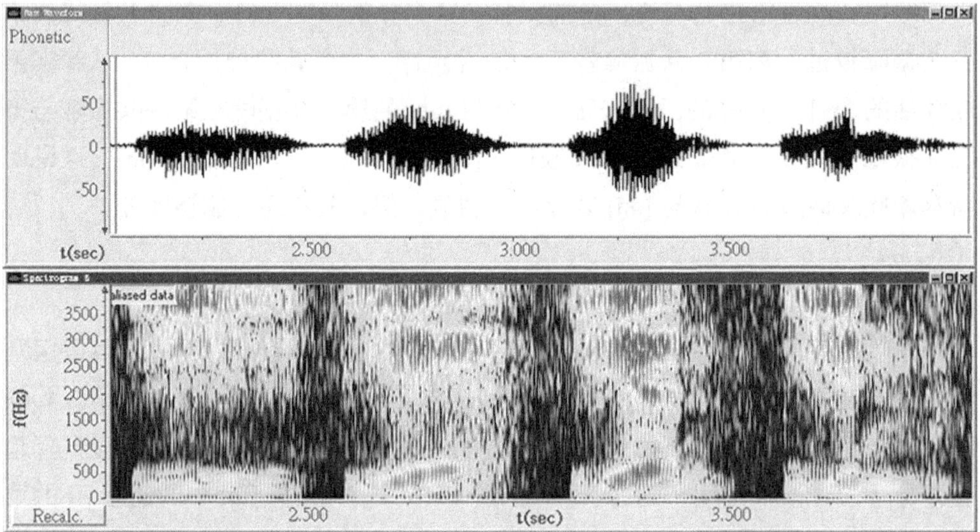

A. [i] [iɛ] [iɛn] [in]

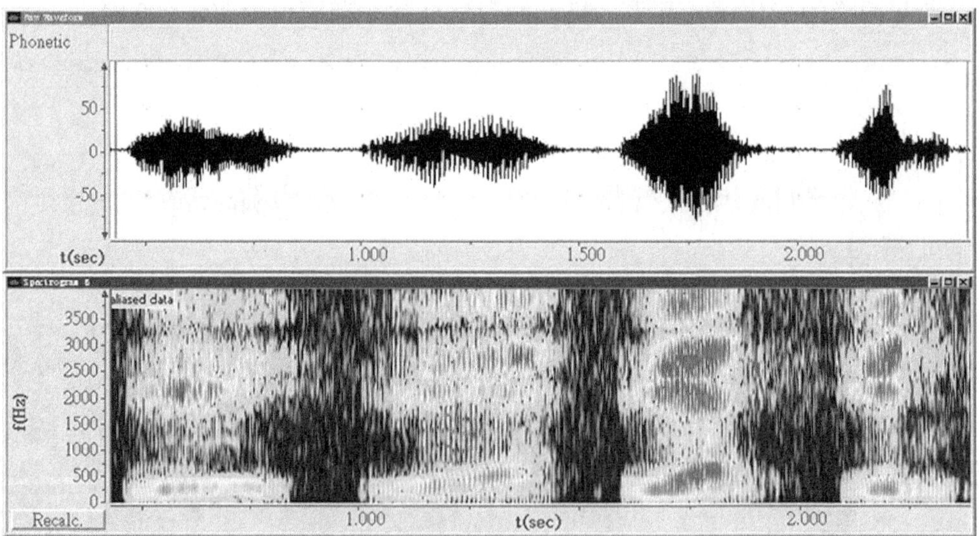

B. [y] [yɛ] [yɛn] [yn]

图 4–16 新寨傣族汉话 [i][iɛ][iɛn][in] 与 [y][yɛ][yɛn][yn] 的波形图和语图的比较

如前所述，舌面前高不圆唇元音 [i] 与舌面前高圆唇元音 [y] 的第一共振峰都是 250Hz，仅凭第一共振峰频率值是无法区分展唇元音 [i] 与圆唇元音 [y] 的，观察第一共振峰、第二共振峰和第三共振峰频率值以及相互关系的模式是区分二者的关键。第二共振峰离第一共振峰较远，第三共振峰与第二共振峰明显拉开的音是齐齿 [i]；如果第二共振峰离第一共振峰相对靠得较近，第三共振峰紧靠第二共振峰，甚至叠加在一起，则可以判断为撮口 [y]。从以上图 4–16A、B 两图的比较可以看出，新寨傣族汉话能够区分撮口呼与齐齿呼，但区分不够明显。

总之，通过语音实验分析和语图对比，芒冷新寨傣族汉话有 36 个韵母，与普通话相比，缺的韵母是 ê、er、ing。其他单韵母、复韵母和鼻韵母的声学特征与普通话基本一致，部分元音音位的条件变体的声学特征区别明显，[an] 与 [ɑŋ]、[uan] 与 [uɑŋ] 前后鼻韵母基本能够区分；带鼻音韵母的 [ən] 与 [əŋ] 区分不明显，但基本能够区分；[in] 与 [iŋ] 相混；撮口呼韵母与齐齿呼韵母区分不够。

本章主要从韵母系统的角度，客观描述分析了德宏芒冷新寨傣族汉话的实际状况及其与普通话相比较呈现的特征。语音实验的研究数据表明，芒冷新寨傣族汉话有 36 个韵母，与普通话相比，缺 ê、er、ing 三韵。芒冷新寨傣族汉话的单韵母、复韵母和鼻韵母的声学特征与普通话基本一致，基本能够区分 an[an] 与 ang[ɑŋ]、uan[uan] 与 uang[uɑŋ]、en[ən] 与 eng[əŋ] 等前后鼻音韵母和撮口呼韵母与齐齿呼韵母，但不能够区分 in[in] 与 ing[iŋ] 这两个前后鼻音韵母。

第五章　芒冷新寨傣族汉话的声调系统

前面章节的声学实验表明，芒冷新寨傣族汉话的声母系统、韵母系统与普通话较为接近，基本一致，那么其特有的“傣腔傣调”究竟表现在什么地方呢？本章着重对芒冷新寨傣族汉话的声调系统进行语音实验分析，寻求这个问题的答案。

第一节　普通话的声调系统

一、声调分析的基本原理

具有鲜明的声调是汉藏语系语言的显著特点之一，由于缺少理论的指导和受语音实验仪器的制约，早期声调的研究难度较大，且多有错漏。现在借助 Speech Analyzer 等计算机语音分析软件，可以对声调的音高做直观显示。根据音高图一目了然的显示，我们可以求出相关的声学数据，构拟声调系统的模式，进行不同语言声调模式的比较分析，揭示芒冷新寨傣族汉话“傣腔傣调”声调模式的奥秘。

声调具有相当大的信息量和冗余度，声调最易被人感知而且抗干扰能力很强。在很多情况下，人们可能会听不清元辅音，但一般不会听不清声调。声调有效地提高了信息传递的准确性和简洁性，声调的数量越多，使用该语言的人们音高分辨的能力就越强，使用没有声调语言的人们，在掌握声调语言的声调时，难度就较大。德宏傣语有 6 个基本声调，比汉语的阴平、阳平、上声、去声还多 2 个声调。从理论上看，傣族人学汉语声调有其自身的优势。人耳能感受的频率范围为20—20000Hz，并能从中区分出620个声音的频率差别。话语的频率范围为100—8000Hz，处于人耳听觉范围的中心，因而人耳对语音有很高的敏感性，音高是一种听觉的主观量。音高与频率的关系不是简单的线性关系，而是对数关系。人耳对频率变化的感觉，不取决于频率的绝对变化，而是与频率的相对变化大体一致。

声调是某一语言中每个音节能区别意义的相对音高。声调是由声带振动的频率决定的，人的声带振动是一种十分复杂的复合振动。在这些振动中，有一个振幅最强、频率最低的振动，叫基频，符号表示为F0。声调正是充分利用了基频的变化，使元辅音相同的音节具有了区别词义的作用。区别意义的声调虽然由基频决定，但是它并不是由基频的绝对频率值决定的。声调的不同不仅取决于基频相对变化的高低，而且还取决于基频相对变化是位于哪一特定的声调模式。人耳总是在某一特定的声调模式中，对某一声调进行具体判定的。人们在声调的识别过程中，声调模式的构建远比具体音高的分辨重要。同一语言的各个声调结合在一起，形成了一个相互联系又相互区别的声调统一体。这个统一体就是该语言声调系统的模式。各个声调都是这个声调模式的一个组成部分，它们的关系是部分与整体的关系。各个声调的具体读音只有在这个系统中才能显示出自身存在的价值。用语音进行交际的过程，本身就是一个不断地分析、比较、判断、综合、预测的过程，光看一个基频为150Hz到150Hz的声调，我们无法确定它的调值。只有在连续的语流中，通过与该声调系统内其他声调音高变化的比较，才能确定该声调系统的模式，才能判别出它的相对音高，了解它表示的意义。例如，以蒙自话为代表的汉语滇南方言具有两个平调，单独读出150Hz到150Hz的suoyi，并不能清晰地确定它表示的意义究竟是“蓑衣”还是“所以”。只有蒙自人在说“因为天下雨，suoyi披suoyi”的语流中，通过同一声调系统内不同声调的比较，才能确定前一个平调suoyi是中平调的“所以”，后一个平调的suoyi是高平调的“蓑衣”。通过同一语言或方言不同声调的相互比较，感知出每个声调相对音高变化在声调系统中的位置，是确立声调系统模式的关键。

各个声调在该声调系统模式中的出现及分布有其内在的规律性。任何声调的功能变异（变调）都不能影响声调系统的平衡与稳定，而应该是有利于这个稳定。某一语言声调系统模式的分析是分析描写该语言声调的一种方法，其目的在于揭示出不同语言或方言声调系统的特点，有助于该语言声调的习得和掌握。

声调系统模式的实验主要从基频、频差、调域、调值、调类五个方面进行研究。基音振动的频率为基频；一个音节内基频起点与基频终点的差值为频差，频差的大小可以显示声调的调形及升降变化的幅度；在声调系统的模式中基频最高点的频率值与最低点的频率值之间的距离为调域，调域的宽窄因人而异，调域可以不同，但声调系统的模式可以相同；调值是采用五度标记法得出的相对音高，是构建声调系统模式的基础；调类是根据相同的调值及其变化进行的归类，汉语一般分为阴平、阳平、上声、去声四个调类。

要了解声调系统的特点，首先要对调值进行精确的描写。只有在精确描写的基础上，才能从众多易变的调值中掌握了解声调系统的总体模式。

20 世纪 30 年代我国著名的语言学家赵元任先生提出的“五度标记法”，给调值的研究奠定了科学方法论的基础。但在实际运用的过程中，既有五度是 5 个点 4 条线段的分析，也有五度是 5 条线段的分析。同时因为同一声调的音高多变，调值的标注差一两度是常态，只要区分得开就行。另外，人们对调值的描写常强调对比、醒目的原则，不大注意实际的调值，其目的大多用于区分声调的类别。调值研究成了“调类化”的研究，[①] 因而也不能有效地描写调值，指导声调系统的研究和声调教学。

要精确地描写调值，可采用“频率对数五分法”，这种方法是对传统五度调值标记法的改进。具体的方法用公式表达为：[②]

$$T=\frac{\lg x-\lg b}{\lg a-\lg b}\times 5$$

公式中，T 为调值，a 为调域上限频率，b 为调域下限频率，x 为测量点频率。

在调值的研究中，还常常忽略调值变化的时长，这使得只标出起止点两头的调值并不能准确地反映整个调值实际变化的全过程，因而要对调值的总体趋势做研究，必须同时注意时长。当从微观上对调值的描写方法加以改进并细致地描写出调值后，还应从宏观上对调值的调形做全面的观察，掌握各声调调形的总体趋势及分布，确定整个调值系统的模式及其特点。

声调是语音结构形式简化的补偿物，它的产生必须像音质音位一样具有相互对立的区别性特征。相互对立应是任何一种语言声调系统模式的首要特征。

① 瞿霭堂：《汉藏语言调值研究的价值和方法》，载《民族语文》，1985（6），1—14 页。

② 石锋：《语音学探微》，49—50 页，北京，北京大学出版社，1990。

为了有效地利用音高的变化，在某一语言或方言的声调系统模式中，各个声调应该均匀地分布在整个音高变化的范围内，分布均衡是任何语言声调系统模式的又一重要特征。

总之，从发音理论和信息论的观点来看，相互对立和分布均衡是任何一种语言或方言声调系统模式的必然特征，也是声调系统模式分析的基本原则，只有把这两个特征作为观察声调系统模式的基本原则，才不会被复杂多变的具体调值所迷惑，从而从总体上把握某一语言声调系统模式的特点。不同的语言或方言声调系统的模式，虽然都具有相互对立、分布均衡的特征，但是这些特征的具体表现形式是不一样的。正是这些对立形式、分布形式的不同，形成了不同语言或方言各自声调系统模式的特点。

二、普通话的声调音位和声调系统

普通话有阴平、阳平、上声、去声四个基本调类，主要分为高平调、高升调、低曲调和高降调四种调型，声调调域差异较大。

声调也是一种区别意义的音位，声调音位是非音质音位，简称调位，是音节中具有区别意义作用的相对音高的变化。声调的各个调位的聚合分布，声调的各个调位变体以及各调位之间的组合变化构成了某一语言或方言的声调系统。阴平、阳平、上声、去声是普通话的四个调类，也就是普通话的四个调位。根据实验，这四个调位的具体调值及其调位变体可见表 5–1。

表 5–1　普通话声调音位的常见变体表

调位	调位变体	出现条件（语音环境）
阴平	[55，44]	
阳平	[35]	
上声	[31]	其他条件
	[35]	_312，_313，_314
	[312，313，314]	_#
去声	[53]	_52
	[52]	其他条件

注：出现条件空缺表示不受条件限制，其他条件表示除已出现条件外的其他条件，_# 号表示处于末尾。

三、普通话声调的特点

普通话声调系统的特点是声调音位数量适中，一般为四个，各调位高扬转降区分明显，分布均匀，起伏较大，音乐感较强。在各调位的组合中，上声调位变体较多，出现条件复杂，掌握有一定困难。

第二节　芒冷新寨傣族汉话的声调系统

一、芒冷新寨傣族汉话声调系统概述

声调是能区别意义的相对音高。声调最能体现不同语言或方言的特点，是区分普通话、当地汉语方言、少数民族语言、少数民族方言的最明显的标志，也是区分云南不同少数民族汉话的最明显的标志。云南少数民族汉话的声调系统，由于母语、目的语的不同而呈现不同的形态。芒冷新寨傣族汉话在声母系统、韵母系统与普通话都极为接近的情况下，声调系统却有相当大的不同，显示出了自己的特色。傣族汉话的声调系统是傣族汉话语音系统中最有特色的部分。这里以德宏盈江盏西芒冷新寨傣族汉话为例，着重从基频、频差、调域等角度对芒冷新寨傣族汉话单音节声调的音高和双音节声调的音高进行声学实验分析。

二、芒冷新寨傣族汉话单音节声调音高实验分析

单音节的声调不存在语流音变，在调形、调值等方面相对稳定，基频变化模式容易观察。图 5-1 是芒冷新寨傣族汉话单音节音高模式的波形图、音高图和窄带语图。声调的发音合作人与声韵母系统的发音合作人相同，都是寸德方。

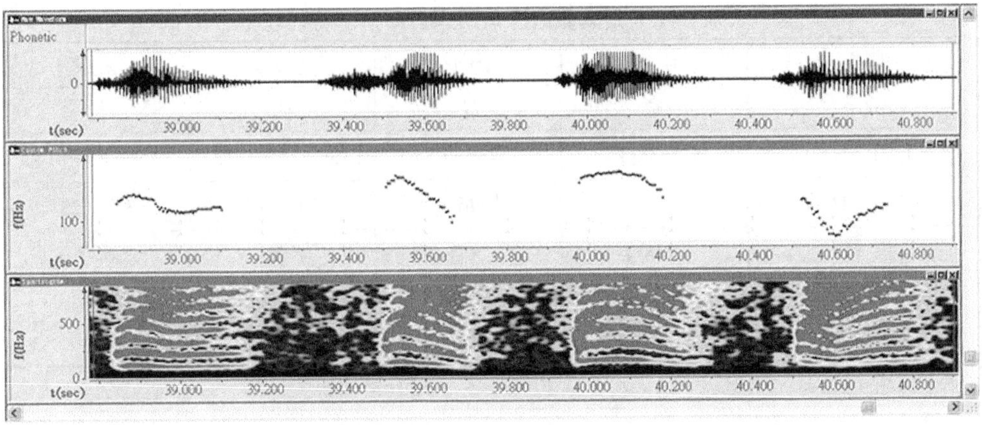

家　　　峡　　　假　　　价

图 5-1　新寨傣族汉话阴平、阳平、上声、去声音高图

从音强来看，单音节"家、峡、假、价"中最强的是"家、假"，较强的是"峡、价"；从基频数据来看，阴平"家"的基频起点略升，中段略降，最后趋平，但高低频差不超过为 17Hz，其调形起点、终点数据为 115—113Hz，基本属于平调；阳平"峡"的基频起点略升，最高点为 144Hz，后明显下降到 98Hz，频差为 144-98=46Hz，是典型的降调，为了达到高的起点，基频开始略升；上声"假"基频从 136Hz 开始上升，升到最高点 150Hz 后缓慢下降到 133Hz。上升段频差为 14Hz，下降段频差为 17Hz，基频变化模式为 136—150—133Hz，是一个较高的先升后降的曲折调；去声"价"基频从 115Hz 开始下降，降到最低点 85Hz 后明显上升到 113Hz。下降段频差为 30Hz，上升段频差为 28Hz，基频变化模式为 115—85—113Hz，是一个较低的先降后升的曲折调。

根据调值确定的原则和方法，寸德方傣族汉话的最高音点在上声的中段，为 150Hz；最低音点在去声的中段，为 85Hz。故调值可以定为：阴平 33、阳平 42、上声 454、去声 313。寸德方傣族汉话单音节声调音高模式是阴平为中平调、阳平为高降调、上声为高升降调、去声为中降升调。

通过对"家、峡、假、价"单音节声调音高模式的分析，可以将新寨傣族汉话的阴平、阳平、上声、去声四个调类的音高声学特征列表如下：

表 5-2　新寨傣族汉语四声音高声学特征表

调类	阴平	阳平	上声	去声
例字	家	峡	假	价
基频（Hz）	115—113	144—98	136—150—133	115—85—113
频差（Hz）	2	46	14—17	30—28
音长（ms）	600	500	500	600
调形	中平	高降	高曲	低升
近似调值	33	42	454	313
调域（Hz）	150-85=65			

寸德方的单音节声调各有几个自由变体，具体图形和调值如图 5-2 所示：

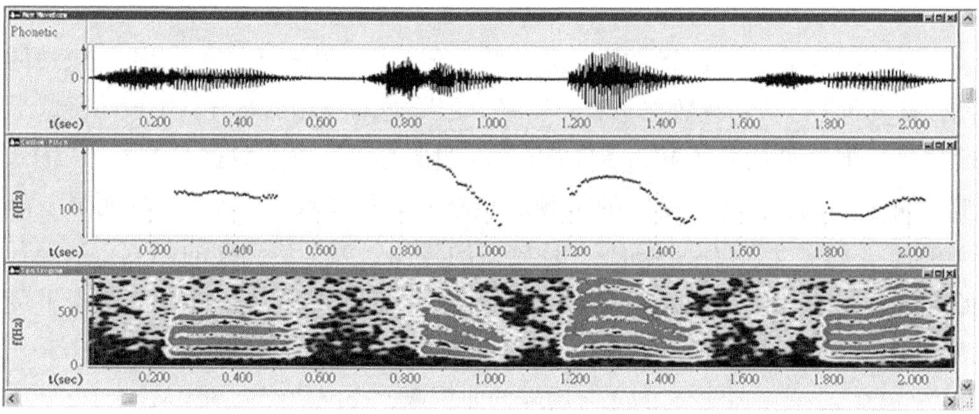

A　　西（33）　　琴（51）　　每（342）　　世（13）

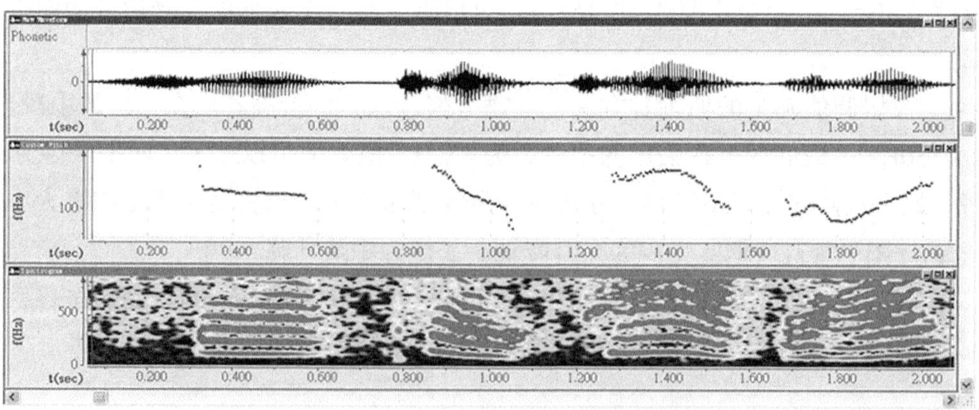

B　　私（43）　　平（52）　　草（453）　　用（314）

图 5-2　寸德方单音节声调的自由变化图

根据以上音高的显示和分析，芒冷新寨傣族汉话的声调音位的自由变体可以列表如下：

表 5–3 新寨傣族汉话的声调音位自由变体表

调位	调位变体
阴平	[33][43]
阳平	[42]][51][52]
上声	[454][453][342]
去声	[313][314][13]

尽管芒冷新寨傣族汉话各声调有一些自由变体，但是相互对立、分布均衡的特征不变，声调调形的总体趋势不变。

三、芒冷新寨傣族汉话声调系统的模式

（一）单音节声调系统的模式分析

声调是相对音高。一种语言的各个声调总是在与本语言其他声调的比较中才能体现出各自音高的相对差别，也才具有区别意义的价值。声调总是体现在一定的时空范围内，即分布在一定的时间和频率范围内。这种高低音的分布和时间的分布的形式，构成了某一语言声调分布的格式（格局），体现了该语言声调系统的特点，我们称为声调系统的模式。根据声调的各个调值组合成的声调系统调值表，可以一目了然地展现该声调系统的模式。

如前所述，相互对立，分布均衡是任何一个语言或方言声调系统模式的必然特征，但这些特征具体表现出的模式是不一样的。声调系统的模式分析，是分析某一语言或方言各声调之间的区别特征，这包括各具体声调平、升、降、曲的变化形式，各声调的调值、调形在整个模式中的高、中、低区域的分布状况。

从音位学的理论来看，一个具体的声调，只要能与其他声调相区别，其变化的范围和分布的区域是可以很大的，并因此形成该调位的变体。不同语言或方言的声调模式是否相同或相近，首先应考虑的是它们之间是否存在规则的语音对应，其次再分析其音高分布的区域和调形。如果所有同调类声调的分布情况基本一致，就应视为相同的声调模式，只要分布均衡，起止调值哪怕相差

三四度，也应该视为模式相同。例如，普通话上声的调值，一般标为 214，半上声只有 21，我们绝不会因为没有后面的 1 到 4 就认为这个音不是上声，实际上 21 是上声的常态，214 仅在句末或单念时才会出现。当然，如果有某一个声调的分布区域或调形略有差异，但是还不至于影响整个声调模式的分布，可视为声调模式相近。如有多个声调的分布与调形差异较大，影响了整个声调模式的分布，就应视为声调模式的不同。

根据上面分析音高得出的调值数据，芒冷新寨傣族汉话声调系统的模式如图 5–3 所示。

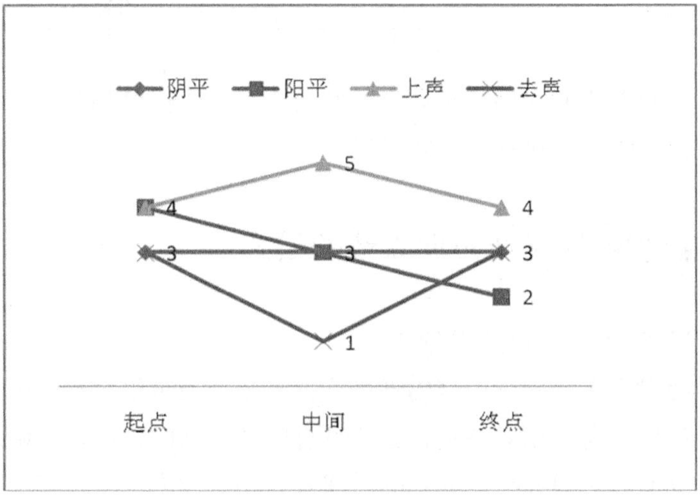

图 5–3　芒冷新寨傣族汉话声调系统的模式

从图 5–3 可以看出整个模式符合相互对立，分布均衡的要求。新寨傣族汉话阴平处在整个模式的中平区域；阳平降调处在从半高音到半低音的中间区域；上声是个独特的高曲调，位于模式的高音区域；去声是个低降升调，位于模式的低音区域。这个声调系统模式使得新寨傣族汉话听起来高低音起伏较大，响亮动听。

（二）双音节声调音高组合模式分析

双音节声调音高不同于单音节的声调音高，音节与音节之间存在着语音高度、强弱、长短等方面的语流音变，音节与音节的声调音高相互组合呈现不同的模式，尤其在调值和调形上更明显。下面是芒冷新寨傣族汉话双音节声调音高组合模式的波形图和音高图。

1. 阴平 +（阴平、阳平、上声、去声）

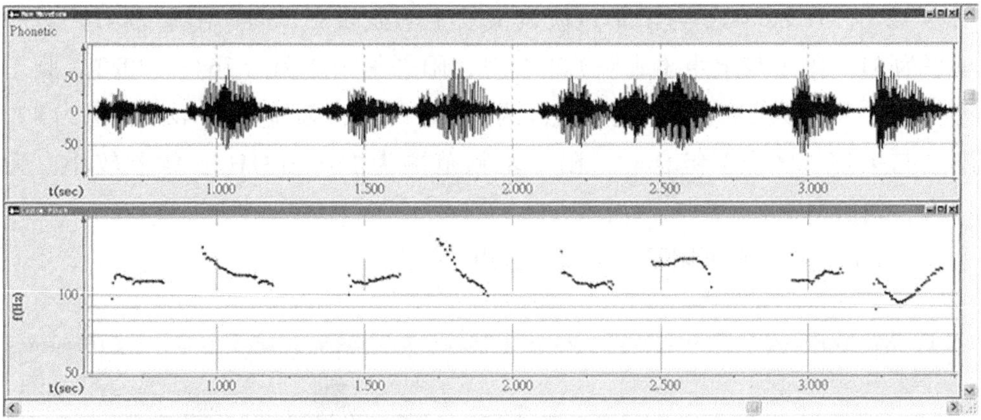

今　天　身　材　天　险　生　动

图 5-4　新寨傣族汉话阴平后接四声音高图

从阴平与四声的组合来看，除了后接阴平的调值变为高降调 42 外，其他组合均符合芒冷新寨傣族汉话声调相对音高的总体模式。

2. 阳平 +（阴平、阳平、上声、去声）

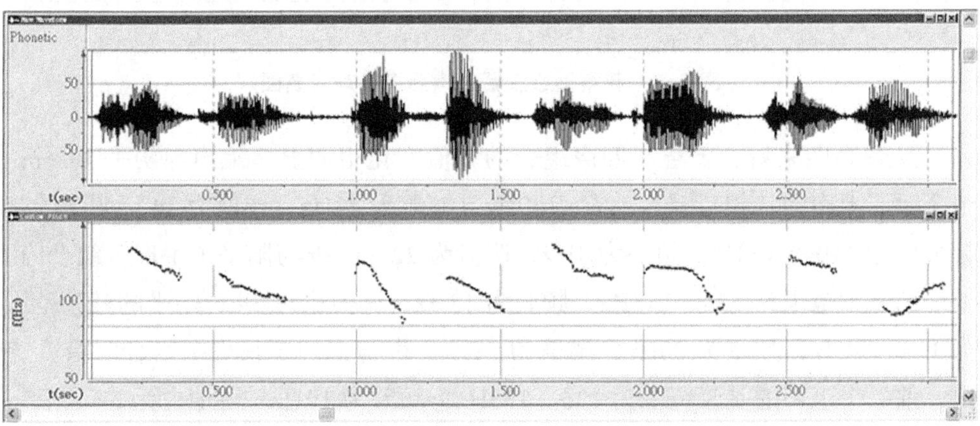

前　天　国　防　成　果　群　众

图 5-5　新寨傣族汉话阳平后接四声音高图

从音高图来看，与单音节四声音高模式相比，阳平与阴平（前天）组合时都发生音变，前一阳平基频范围为 160—120Hz，频差变小，为 40Hz，调值为

53；后一个阴平基频范围为 126—103Hz，频差为 23Hz，调值为 32。阳平与阳平（国防）组合时，前一个阳平的基频范围为 141—90Hz，后一阳平的基频范围为 121—87Hz，阳平与阳平过渡调值发生明显改变，前一阳平为 41，后一阳平为 31。阳平与上声（成果）组合时，阳平基频范围为 164—120Hz，频差为 44Hz，调值为 53；上声基频范围为 133—93Hz，频差为 40Hz，调值为 42。阳平与去声（群众）组合时，阳平基频范围为 150—131Hz，频差较小，为 19Hz，调值为 54。

3. 上声 +（阴平、阳平、上声、去声）

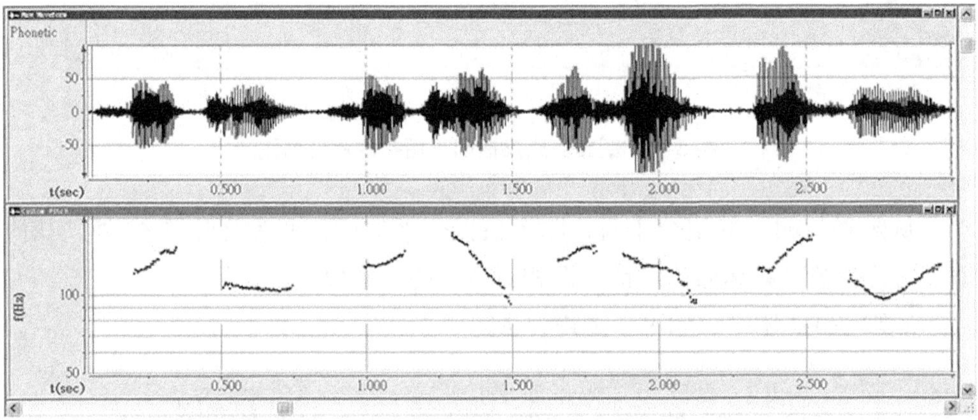

图 5-6 新寨傣族汉话上声后接四声音高图

从音高图来看，上声与四声组合的调值变化很明显。上声与阴平（手机）组合时，上声的基频范围为 126—149Hz，频差为 23Hz，调值为 34；阴平的基频范围为 110—106Hz，频差为 4Hz，调值为 22。上声与阳平（手球）组合时，上声的基频范围为 128—143Hz，频差为 15Hz，调值也是 34；阳平的基频范围为 174—94Hz，频差为 80Hz，调值为 51。上声与上声（只好）组合时音变突出，前一个上声的基频范围为 136—155Hz，频差为 19Hz，调值也为 34；后一个上声的基频范围为 140—95Hz，频差为 45Hz，调值为 42。上声与去声（保护）组合时，上声的基频从 123Hz 上升到最高点 162Hz，频差为 39Hz，调值也为 35；后一个去声的基频范围为 118—96—129Hz，频差为 22—33Hz，调值为 313。

4. 去声 +（阴平、阳平、上声、去声）

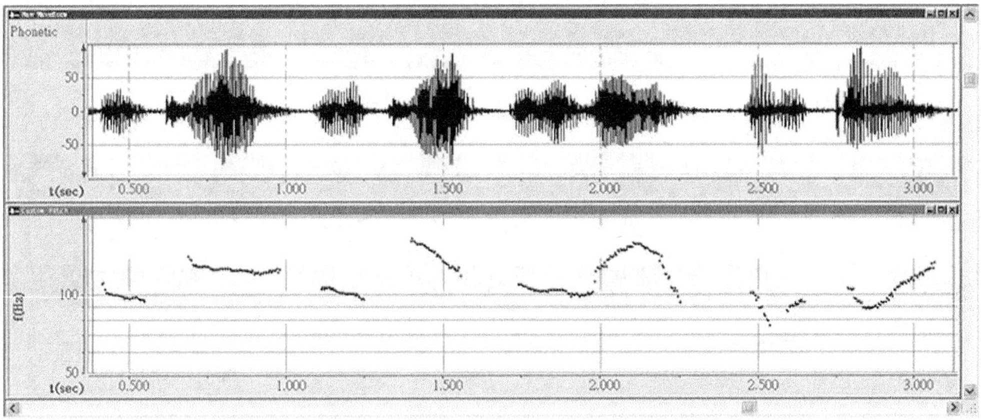

后　　天　　地　　图　　地　　理　　大　　干

图 5-7　新寨傣族汉话去声后接四声音高图

从阴平与四声、阳平与四声、上声与四声的组合音高图来看，芒冷新寨傣族汉话的去声都没有发生音变，调值变化均符合其自由变体的特点，但是当去声与四声组合时，去声的变化就较为明显。去声与阴平（后天）组合时，去声的基频范围为 111—96Hz，频差为 15Hz，调值为 32；阴平的基频范围为 141—125Hz，频差为 16Hz，调值为 44。去声与阳平（地图）组合时，去声的基频范围为 105—97Hz，频差为 8Hz，调值为 32；阳平的基频范围为 160—127Hz，频差为 33Hz，调值为 53。去声与上声（地理）组合时，去声的基频范围为 110—112Hz，频差为 2Hz，调值为 32；上声的基频范围为 126—150—98Hz，频差为 24—52Hz，调值 453。去声与去声（大干）组合时，前一个去声的基频范围为 101—76—93Hz，其调形、调值变化不大；而后一个去声的基频范围为 106—89—131Hz，频差为 17—42Hz，调值为 324

通过对新寨傣族汉话双音节声调音高组合模式的分析，可以看到在阴平与四声、阳平与四声、上声与四声、去声与四声组合的双音节中，声调音高都会发生调形、调值上的变化，这些都是声调音高在横向上的组合音变，下面从聚合的角度分析傣族汉话双音节声调音高的特征。图 5-8 是汇总了的芒冷新寨傣族汉话双音节四声组合的音高全图。

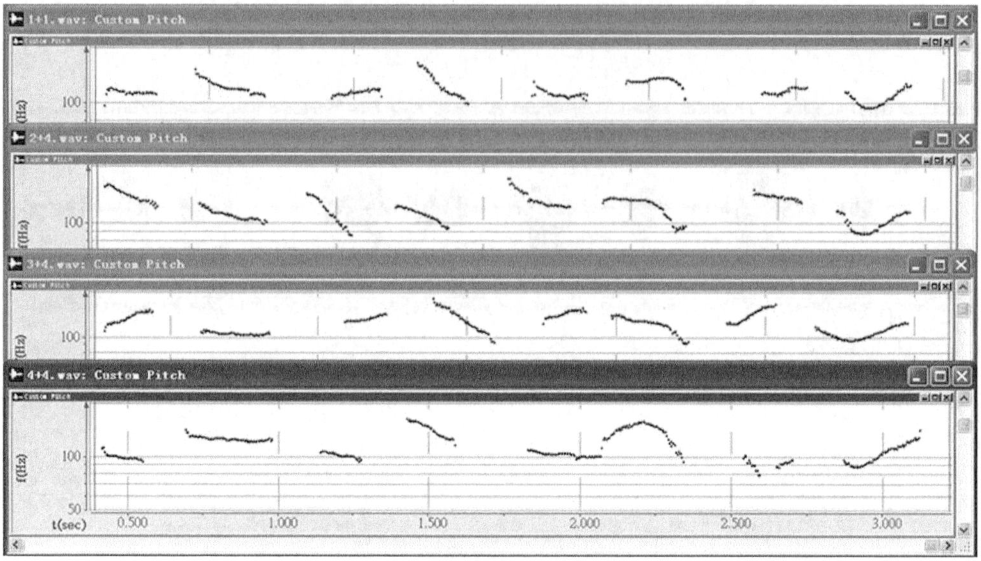

图 5–8　芒冷新寨傣族汉话双音节四声组合的音高全图

从这个汇总的音高全图来看，芒冷新寨傣族汉话双音节声调音高的特征有：

（1）双音节中，阴平在前一个音节时，基本不变；阴平在后一个音节时，有四个条件变体，在阴平之后变为高降调 42，在阳平之后变为中降调 32，在上声之后变为半低平调 22，在去声之后变为半高平调 44。

（2）双音节中，阳平在前一个音节时，后接阳平或上声变为高降调 53，后接去声也变为高降调 54，后接阳平变为半高降调 41；阳平在后一个音节时，在去声之后变为高降调 53，在阳平之后变为中降调 31。

（3）双音节中，上声在前一个音节时都变为升调，没有降的部分，只升不降，在阴平、阳平或上声之前都变为中升调 34，在去声之前变为中升调 35；上声在后一个音节时，在阴平、阳平、上声之后，只降不升，变为半高降调 42；上声在去声之后是一个完美的上声，调值为 453。

（4）双音节中，去声在前一个音节时，在阴平、阳平或上声之前都变为低平调 32，在去声之前仍是一个标准的去声调 313；去声在后一个音节时，在阴平、阳平或上声之后变化不大，仍是中降升调 314，但在去声之后，调形后半段高升明显，调值为 324。

正是这种四声的组合、聚合搭配形成了傣族汉话声调的突出特征，变调很多，几乎每调都在变。

根据以上音高的显示和分析，芒冷新寨傣族汉话的声调音位的条件变体可以列表如下：

表 5–4　芒冷新寨傣族汉话声调音位条件变体表

调位	条件变体	出现条件	调位	条件变体	出现条件
阴平	[42]	33_	阳平	[53]	_51，_454，313_
	[32]	51_		[54]	_313
	[22]	454_		[41]	_51
	[44]	313_		[31]	51_
上声	[34]	_33，_51，_454	去声	[32]	_33，_51，_454
	[35]	_313		[324]	313_
	[42]	33_，51_，454_			

总之，从以上音高实验数据中我们可以看到，芒冷新寨傣族汉话的声调系统既不同于普通话，也不同于当地或附近地区的任何汉语方言，正是这些单音节、双音节声调的不同的调位变体，构成了独具特色的芒冷新寨傣族汉话“傣腔傣调”的语音特征。

第六章　盏西芒冷新寨傣族汉话声调模式的共时比较

傣族主要居住在云南依山傍水的坝区，在第一章，我们知道现在盏西坝区的人口是1958年的2.53倍，但是汉族与少数民族的人口比例几乎没有变化。就整个盏西地区的坝区来看，近六十年来，傣族的人口比例数据没有较大的变化，83%的比例远高于德宏傣族景颇族自治州的大部分地区，这说明，在盏西，傣族仍是大多数，傣语仍处于相当强势的地位。盏西坝区傣族的分布和人口比例的稳定从客观外界环境说明，对盏西地区傣族汉话的研究具有稳定的代表性。那么，从傣族汉话的分布来看，盏西汉话的声调模式是否也具有德宏傣族汉话的典型代表性呢？本章拟通过将其与其他区域的傣族汉话的共时比较，分析各地傣族汉话声调模式的异同，讨论盏西芒冷新寨傣族汉话声调模式的代表性问题。

第一节　盏西芒冷新寨傣族汉话与盈江盏达（平原）傣族汉话声调系统模式的比较

盈江坝子以大盈江两岸为中心展开，坝区面积为516.13平方千米，含平原、弄章、太平、新城、旧城五个乡镇，占全县国土面积的11.66%，是德宏傣族景颇族州最大的坝子，也是云南西部少有的大坝子，盈江县人民政府驻地在盏达的平原镇，位于盈江坝子的中部。坝区农村是盈江傣族的主要聚居区。盏西傣族汉话声调系统的模式与盈江盏达傣族声调系统的模式是否一样呢？

一、盈江盏达（平原）傣族汉话声调系统的模式

在对多位盈江傣族调查对象进行听辨对比后，我们确定盈江盏达傣族汉话的发音合作人为景明团。景明团，女，傣族，时年 26 岁，家住盈江平原镇，时为盈江太平镇小学教师。下面是景明团的傣族汉话单音节音高模式的波形图、音高图和窄带语图。

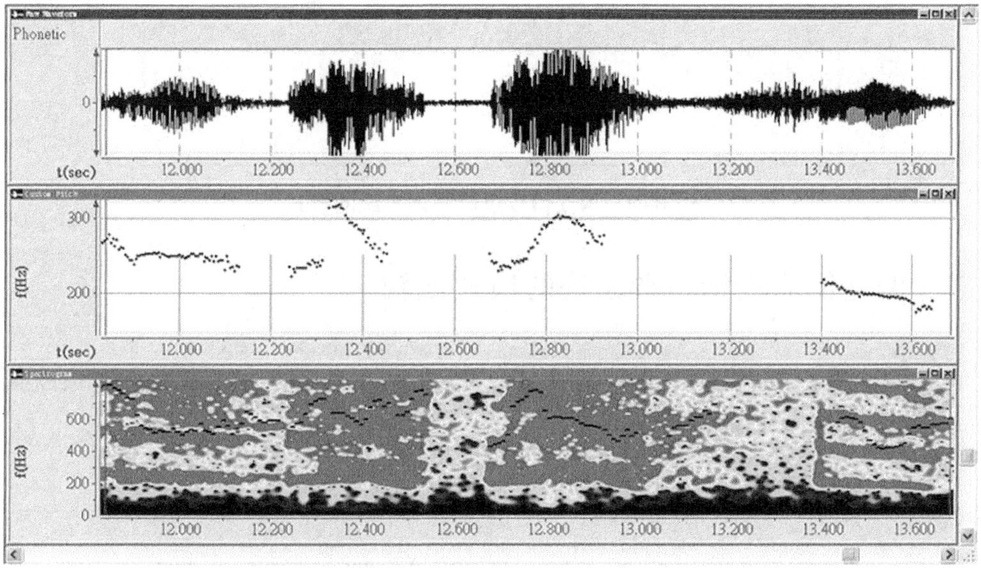

西　　　　琴　　　　每　　　　世

图 6–1　盈江平原傣族汉话阴平、阳平、上声、去声的波形图、音高图和窄带语图

根据图 6–1，我们可以将盈江平原傣族汉话的阴平调值定为 33，阳平调值定为 52，上声调值定为 454，去声调值定为 31。根据这些数据，盈江傣族汉话声调系统可以确定为图 6-2 的模式。

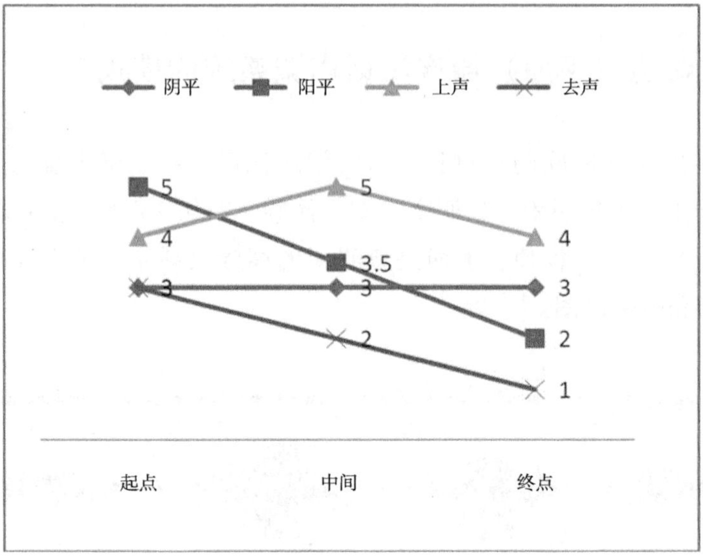

图 6-2　盈江傣族汉话声调系统的模式

二、两地傣族汉话声调系统的模式比较

根据盈江傣族汉话声调系统的模式，我们可以将其与盏西芒冷新寨傣族汉话声调系统的模式进行比较。

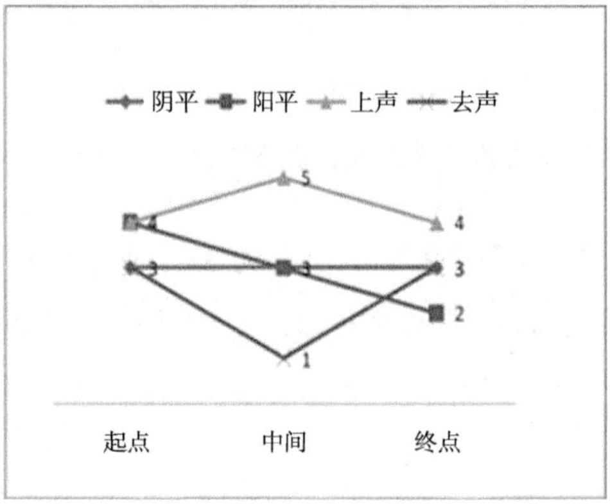

图 6-3　芒冷新寨傣族汉话声调系统的模式

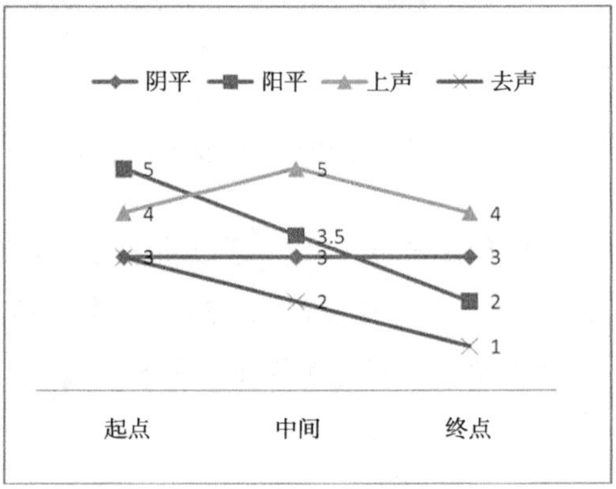

图 6-4　盈江傣族汉话声调系统的模式

从图 6-3、6-4 可以看出，这是两个极为相似的模式。

二者完全相同的地方在于：它们的阴平都在整个模式的中平区域，它们的上声都是个独特的中升降调，都位于模式的半高音与中音区域。

二者略有区别的地方在于：新寨傣族汉话阳平降调的起点虽然比盈江傣族汉话阳平降调的起点略低，但是仍处于同一调位自由变体的范围内，音高变化从高音到半低音，覆盖了模式的大部分区域。新寨傣族汉话去声是个中降升调，位于模式的中音与低音区域，盈江傣族汉话的去声是个中降调，只有新寨傣族汉话的前半部分，同样属于同一音位的自由变体。

另外，从模式的直观可视性来看，新寨傣族汉话声调调值分布更为均匀，更能体现傣族汉话的平衡性特征，所以，盏西芒冷新寨傣族汉话的声调系统模式受外界的影响较少，更能够代表整个盈江傣族汉话声调系统的模式。

第二节 盏西芒冷新寨傣族汉话与芒市傣族汉话声调系统模式的比较

芒市是德宏傣族景颇族自治州的首府，坝子宽阔，交通发达，人员来往便利。芒市坝子既分布着傣族村寨，也分布着大大小小的农场、企事业单位。芒市镇是芒市镇人民政府驻地，也是芒市人民政府驻地，更重要的是德宏傣族景颇族自治州人民政府驻地。在芒市，汉族相对较多。在芒市街上，可以听到各种汉话。这里既有傣族和汉族交际的傣族汉话，更有当地汉族自己使用的当地汉话、汉语腾冲话、汉语昆明话、农场的湖南普通话、外地普通话等。即便是傣族，有的还可以憋出几句傣语，有的年轻人竟已不会说傣语。即便是会说傣语的傣族，他们的傣族汉话也各不相同，规律性特征不明显。

一、单音节声调音高模式的分析与比较

在对芒市傣族汉话的调查对象做了仔细听辨对比后，我们挑选了肖岩保林作为发音合作人。肖岩保林，男，傣族，18 岁，时为芒市第一中学学生。图 6-5 是芒市肖岩保林的傣族汉话单音节音高模式的音强图、音高图和窄带语图。

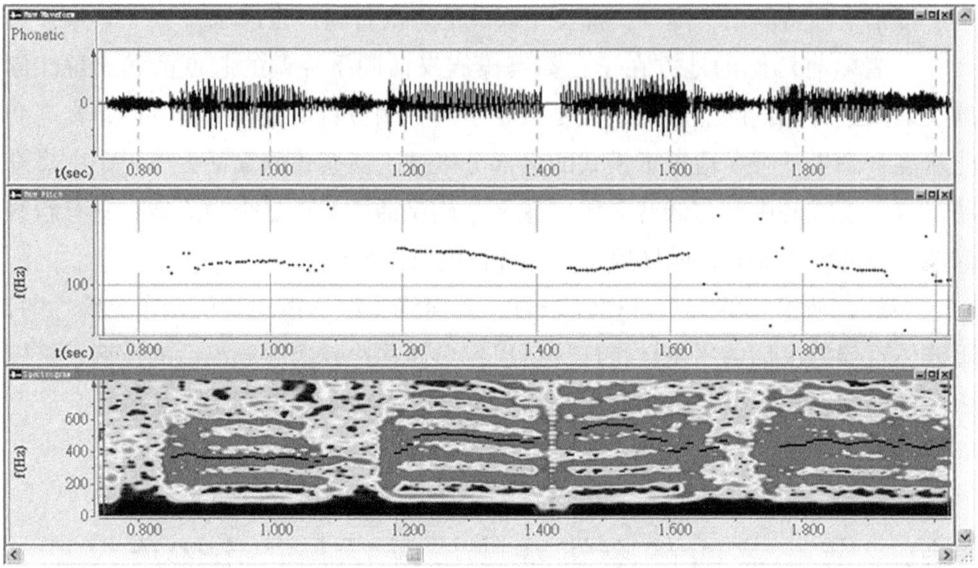

西　　　　琴　　　　每　　　　世

图 6–5　芒市傣族汉话阴平、阳平、上声、去声的波形图、音高图和窄带语图（男）

从音强来看，单音节“西、琴、每、世”中最强的是“西、美”，中等的是“琴”，最弱的是“世”，这是由元音的不同决定的。从基频数据来看，阴平“西”的基频起点略升，中段、尾段趋平，但高低频差不超过 4Hz，其调形起点、终点数据为 118—114Hz，基本属于平调；阳平“琴”的基频起点很高，顺势下降到 113Hz，频差为 135-113=22Hz，是一个较高的降调；上声“每”的基频从 114Hz 开始明显上升，一直升到较高点 130Hz，频差为 16Hz，是一个中升调；去声“世”的基频从 117Hz 开始下降，降到最低点 102Hz，下降频差为 15Hz，基频变化模式为 117—102Hz，是一个中降调。

根据调值确定的原则和方法，肖岩保林的傣族汉话的最高音点在阳平的起点，为 135Hz；最低音点在去声的末段，为 102Hz。故调值可以定为：阴平 33、阳平 53、上声 34、去声 31。肖岩保林的傣族汉话单音节声调音高模式为：阴平为中平调、阳平为高降调、上声为中升调、去声为中降调。

通过对“西、琴、每、世”单音节声调音高模式的分析，可以将芒市傣族汉话的阴平、阳平、上声、去声四个调类的音高声学特征列表如下。

表 6-1　芒市傣族汉话四声音高声学特征表

调类	阴平	阳平	上声	去声
例字	西	琴	每	世
基频（Hz）	118—114	135—113	114—130	117—102
频差（Hz）	4	22	16	15
音长（ms）	500	600	600	400
调形	中平	高降	中升	中降
近似调值	33	53	34	31
调域（Hz）	135-102=33			

如前所述，芒市当地傣族汉话声调多变，音位的自由变体较多，这里再列出一位发音合作人的四声波形图、音高图和窄带语图，见图 6-6。发音合作人方团焕，女，时年 21 岁，傣族，为芒市一小教师。

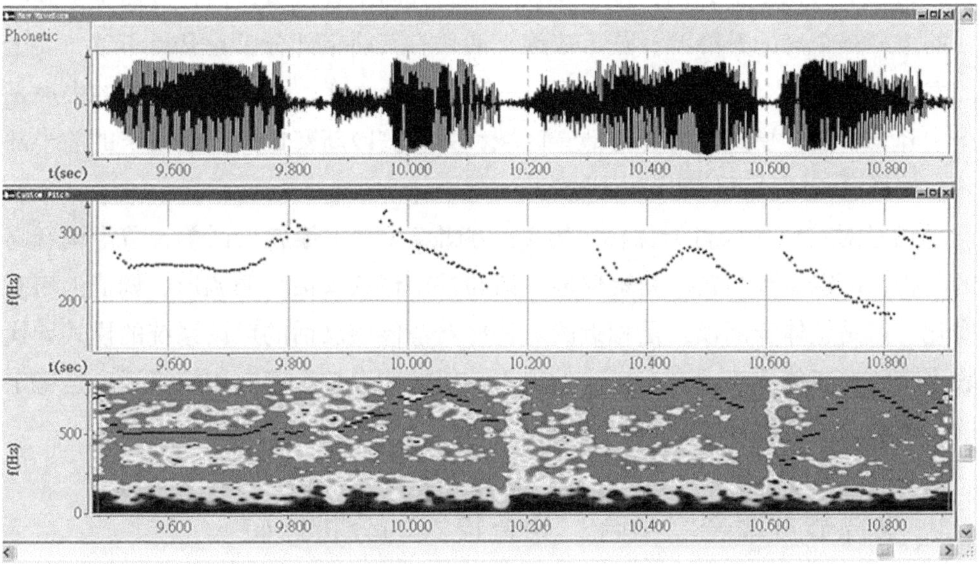

私（33）　　平（53）　　草（343）　　用（31）

图 6-6　芒市傣族汉话阴平、阳平、上声、去声的波形图、音高图和窄带语图（女）

尽管芒市傣族汉话各声调有一些自由变体，但是声调调形的总体趋势不变。芒冷新寨傣族汉话声调系统的模式与芒市傣族汉话声调系统的模式比较如下。

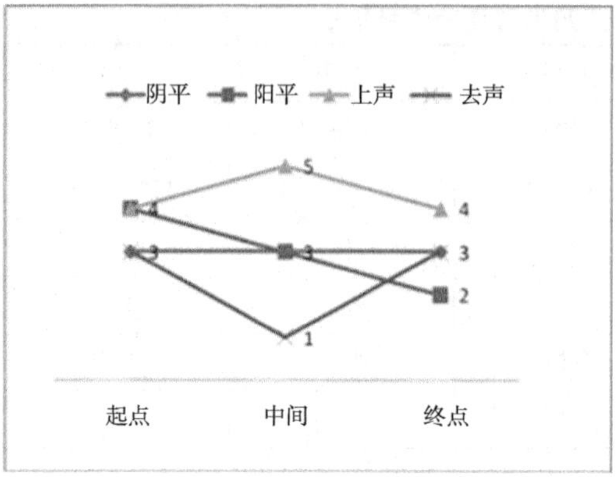

图 6–7　芒冷新寨傣族汉话声调系统的模式

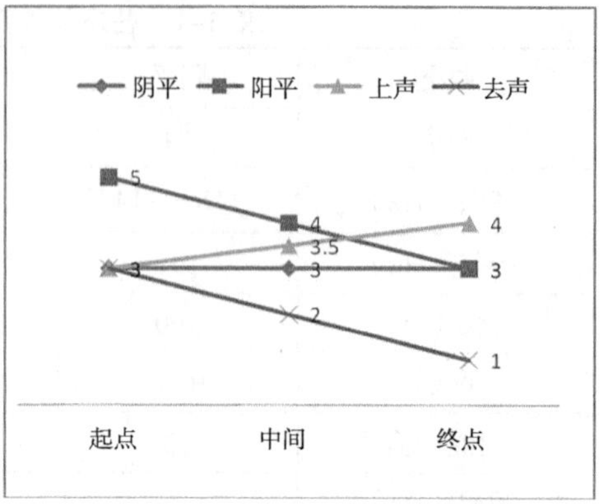

图 6–8　芒市傣族汉话声调系统的模式

从图 6–7、6–8 可以看出芒市傣族汉话阴平在整体模式的中平区域，与芒冷新寨傣族汉话的阴平一致。芒市傣族汉话阳平降调横跨了模式从高音到中音的整个区域，比芒冷新寨傣族汉话的阳平高 1 度，调形降的趋势不变。芒市傣族汉话的上声是个中升调，位于模式的半高音与中音区域，而芒冷新寨傣族汉话的上声是个高的升降调，芒市傣族汉话只有其前半部分，且升得不够，女士的发音则为 343，与芒冷的发音调形一致，仅低 1 度。芒市傣族汉话的去声是个中降调，位于模式的中音与低音区域，只有芒冷新寨傣族汉话去声的前半部分，同样属于同一音位的自由变体。

通过对芒市傣族肖岩保林（男）、方团焕（女）傣族汉话单音节声调音高的分析，可以看到与芒冷新寨傣族汉话与芒市傣族汉话声调调形、调值上略有变化，但是整体音高模式是相近的。芒冷新寨傣族汉话的声调系统的模式如代表多变的芒市傣族汉话会有一定的出入，但如代表整个德宏傣族汉话还是稳定的、均衡的，是可行的。

二、双音节声调音高组合、聚合模式的分析比较

芒市傣族汉话双音节四声组合的音高变化见图 6-9。

从这个组合的音高图来看，芒市傣族汉话双音节声调音高的特征有两个。

其一，双音节中，阴平在前一个音节时，声调调值、调形整体模式略有起伏，但不超过 1 度，基本不变；阳平在前一个音节时，声调调值、调形整体模

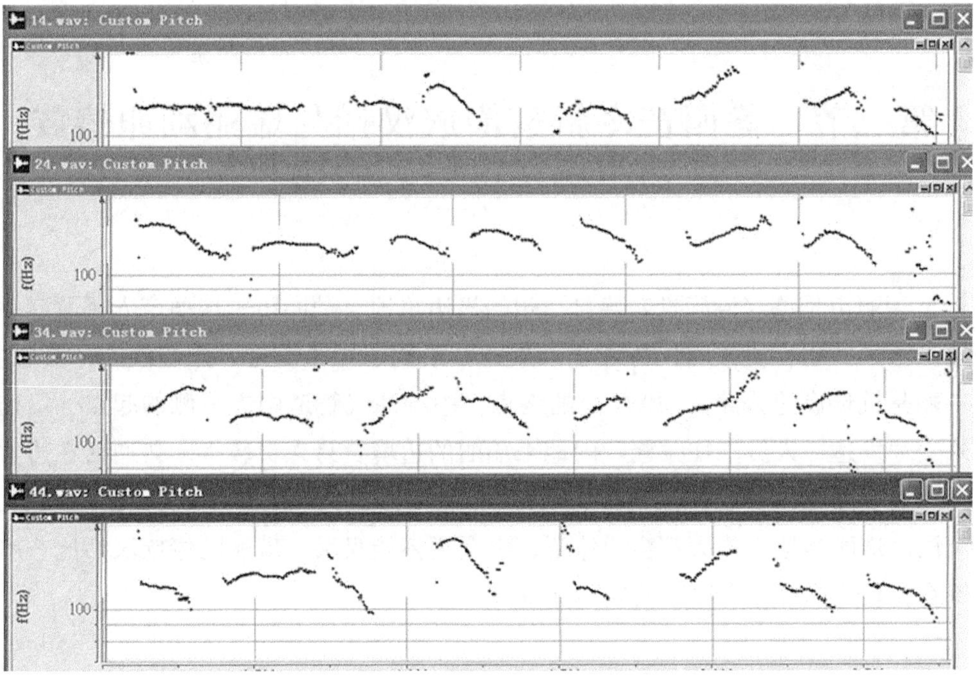

图 6–9　芒市傣族汉话双音节四声组合的音高图

式也基本不变，但在与去声组合时末尾顺势降得略低些；上声在前一个音节时，声调基频起点略有不同，但不超过 1 度，升的整体模式不变；去声在前一个音节时，声调基频起点、终点略有不同，但不超过 1 度，降的整体模式也不变。

其二，双音节中，阴平在后一个音节时，声调中平的整体模式保持不变；阳平在后一个音节时，声调调高降的整体模式也基本不变，当“阳平 + 阳平”时，前一个阳平低 1 度，后一个阳平高 1 度，两个高降的阳平相组合，前一个略低是为了后一个的高降趋势；上声在后一个音节时，声调中升的整体模式基本不变，但在上声与上声组合中，后一个上声略高于前一个上声；去声在后一个音节时，声调中降的整体模式保持不变，当前接去声时，后一个去声略低于前一个去声。

芒冷傣族汉话双音节四声组合的音高图（图 5–8）与芒市傣族汉话双音节四声组合的音高图（图 6–9）相比较，可以看出二者音高变化有很强的一致性。

第三节　盏西芒冷新寨傣族汉话与瑞丽勐卯傣族汉话声调系统模式的比较

瑞丽市是德宏傣族景颇族自治州的极边之地，勐卯镇是瑞丽市人民政府驻地。市区的姐告直接与国界相连。瑞丽江沿瑞丽坝子流过，国境线犬牙交错。瑞丽是杭瑞高速公路、320 国道的终点，中缅油气管道中方一侧的起点。境内外交通发达，人员来往频繁。内地来瑞丽的边境贸易人员较多，普通话在边贸中占有一席之地。在瑞丽街上，可以听到各种汉话，更可以听到傣语、缅语、英语。瑞丽当地傣族大都会说傣语，也会说傣族汉话。瑞丽的傣族汉话比芒市保存得较为完好，有一定的规律性特征。

一、单音节声调音高模式的分析与比较

在对瑞丽傣族汉话的调查对象做了仔细听辨对比后，我们选取了瑞丽勐卯的傣族女学生应作为傣族汉话的发音合作人。应，女，傣族，22 岁，时为云南师范大学文理学院学生。应，还没有姓氏，根据她的名字就可以判定是地道的傣族。下面是瑞丽应的傣族汉话单音节音高模式的音强图、音高图和窄带语图。

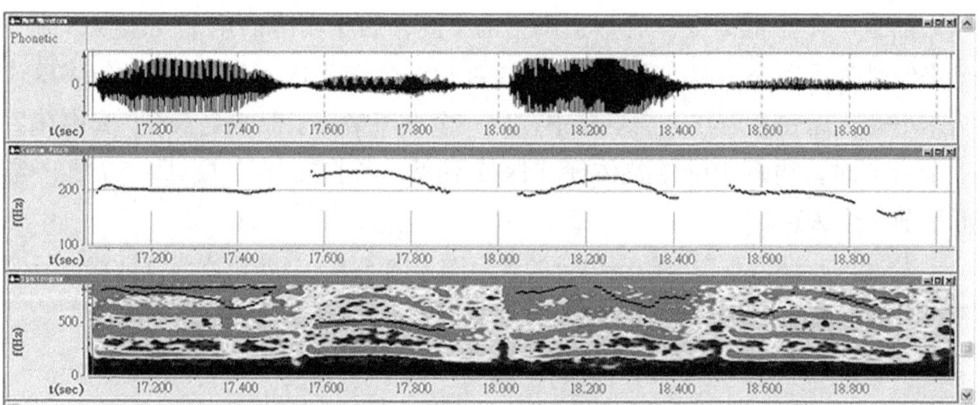

波　　　　　云　　　　　耳　　　　　怒

图 6–10　瑞丽傣族汉话阴平、阳平、上声、去声音高图

从音强来看，单音节“波、云、耳、怒”中最强的是“波、耳”，中等的是“云”，最弱的是“怒”。从基频数据来看，阴平“波”的基频起点略升，中段略降，最后趋平，但高低频差不超过为5Hz，其调形起点、终点数据为202—197Hz，基本属于平调；阳平“云”的基频起点略升，最高点为250Hz，后明显下降到194Hz，频差为250-194=56Hz，是典型的降调，为了达到高的起点，基频开始升；上声“耳”基频从195Hz开始明显上升，升到较高点236Hz后明显下降到187Hz。上升段频差为41Hz，下降段频差为49Hz，基频变化模式为195—236—187Hz，是一个较高的先升后降的曲折调；去声“怒”基频从196Hz开始下降，降到最低点170Hz，下降频差为26Hz，基频变化模式为196Hz–170Hz，是一个中降调。

根据调值确定的原则和方法，应的傣族汉话的最高音点在阳平的中段，为250Hz；最低音点在去声的末段，为170Hz。故调值可以定为：阴平33、阳平53、上声343、去声31。应的傣族汉话单音节声调音高模式：阴平为中平调、阳平为高降调、上声为中升降调、去声为中降调。

通过对“波、云、耳、怒”单音节声调音高模式的分析，可以将瑞丽傣族汉话的阴平、阳平、上声、去声四个调类的音高声学特征列表如下。

表6–2　瑞丽傣族汉语四声音高声学特征表

调类	阴平	阳平	上声	去声
例字	波	云	耳	怒
基频（Hz）	202—197	250—194	195—236—187	196—170
频差（Hz）	5	56	41–49	26
音长（ms）	600	500	600	500
调形	中平	高降	中曲	中降
近似调值	33	53	343	31
调域（Hz）	250–170=80			

尽管瑞丽傣族汉话各声调还有一些自由变体，但是声调调形的总体趋势不变。盈江芒冷新寨傣族汉话声调系统的模式与瑞丽傣族汉话声调系统的模式比较如下。

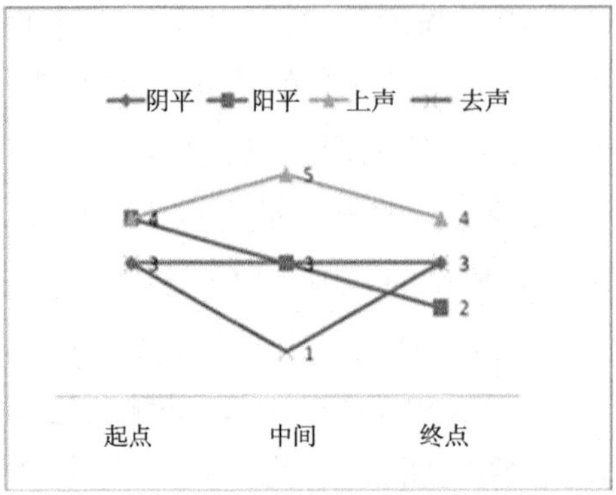

图 6-11 芒冷新寨傣族汉话声调系统的模式

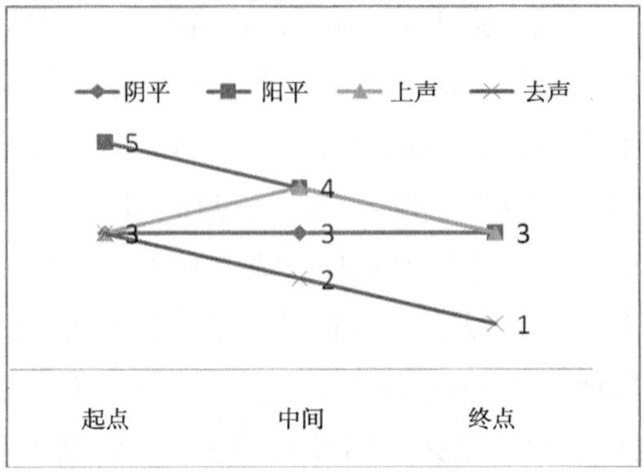

图 6-12 瑞丽傣族汉话声调系统的模式

从图中可以看出瑞丽傣族汉话阴平在整体模式的中平区域；阳平降调横跨了模式从高音到中音的整个区域；上声是个独特的中升降调，位于模式的半高音与中音区域；去声是个中降调，位于模式的中音与低音区域。瑞丽傣族汉话的声调模式与图 6-8 芒市方团焕女士的更为接近，可以以此推断这个模式更接近或更能代表德宏傣族汉话的声调系统的模式。通过对瑞丽傣族汉话单音节声调音高的分析，可以看到与芒冷新寨傣族汉话相比，瑞丽傣族汉话除声调调形、调值上略有变化外，整体音高模式是相近的。该模式与芒冷傣族汉话的区别仅在于上声调值低 1 度，去声只有降的前半部分，没有升的后半部分。

二、双音节声调音高组合、聚合模式的分析比较

瑞丽傣族汉话双音节四声组合的音高变化见图 6-13。

从这个组合的音高图来看，瑞丽傣族汉话双音节声调音高的特征有两个。

其一，双音节中，阴平在前一个音节时，声调调值、调形整体模式基本不变，当后接阳平时调形略有抬升；阳平在前一个音节时，声调调值、调形整体模式也基本不变，当后接上声或去声时调形略低；上声在前一个音节时，声调只有前段 34 调值，没有后段 43 调值；去声在前一个音节时，声调调值、调形整体模式也基本不变，当后接上声时调形略低。

其二，双音节中，阴平在后一个音节时，声调整体模式保持不变，只是“阴平 + 阴平”时，后一个阴平的末尾自然下降；阳平在后一个音节时，声调调值、调形整体模式也基本不变，当前接阳平时，后一个阳平顺势下降，基频的起点和终点都明显低于前一个阳平；上声在后一个音节时，前接阴平、阳平

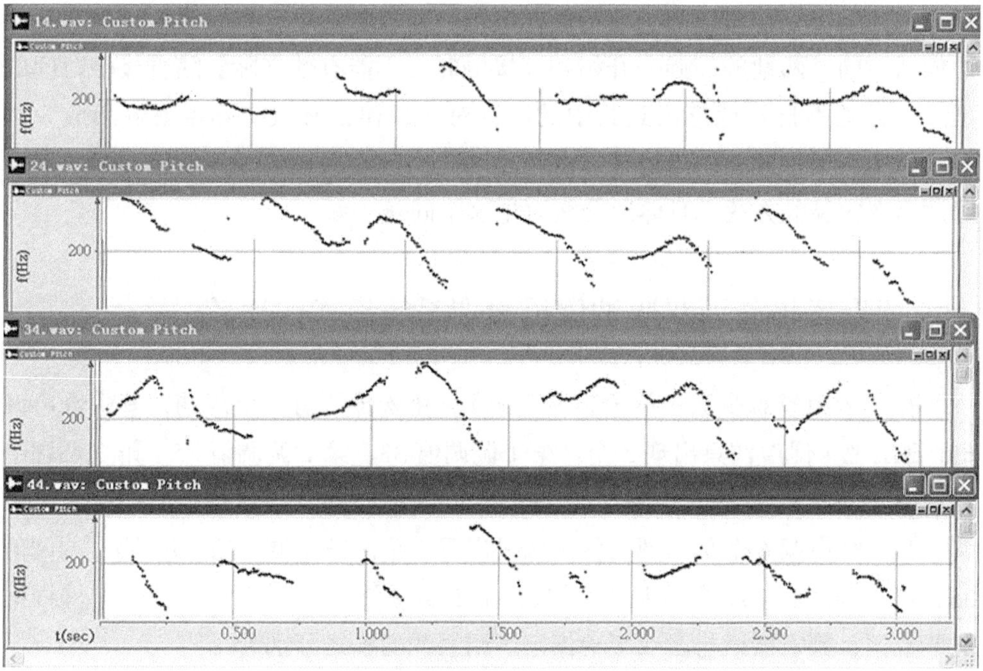

图 6–13　瑞丽傣族汉话双音节四声组合的音高图

或上声时，呈现出较完整的中升降调 343，前接去声时，上声只有前段 34 调；去声在后一个音节时，声调整体模式保持不变，当前接去声时，后一个去声在调值和调形上表现出顺势下降的趋势。

与图 6–9 芒市傣族汉话双音节四声组合的音高图相比，图 6–13 瑞丽傣族汉话双音节四声组合的音高图，更接近图 5–8 芒冷新寨傣族汉话双音节四声组合的音高图。除去声后半部分略升外，二者几乎一致。从比较中可以看出，芒冷傣族汉话、瑞丽傣族汉话比芒市傣族汉话更具德宏傣族汉话的代表性。

第四节　盏西芒冷新寨傣族汉话与西双版纳傣族汉话声调系统模式的比较

西双版纳傣族自治州是云南省又一重要的傣族聚居区。西双版纳与德宏两州的傣族人口数量接近，政治、经济、文化实力大体相当，两地的傣语方言各具特色。德宏以芒市话为当地傣族标准语，西双版纳以允景洪话为标准语。两地傣话不同，两地的傣族一开始相互接触时，不能有效交际。随着接触时间的延长，自觉不自觉地感悟到其中的语音对应规律，有效交际也就逐渐成为可能。两地傣话如此，两地的傣族汉话是否也有一些共同的规律性特点呢？下面通过语音实验的方法，具体地分析讨论这个问题。

一、德宏傣语与西双版纳傣语声调系统模式的比较

据《云南省志少数民族语言文字志》，德宏傣语有 6 个声调，其中舒声调 6 个都出现，促声调只出现 3 个。第 1 调调值 33，第 2 调调值 55，第 3 调调值 11，第 4 调调值 31，第 5 调调值 53，第 6 调调值 35。西双版纳傣语有 6 个声调，其中舒声调 6 个都出现，促声调只出现 3 个。第 1 调调值 55，第 2 调调值 35，第 3 调调值 13，第 4 调调值 41，第 5 调调值 33，第六调调值 11。[①] 根据这些数据，德宏傣语与西双版纳傣语声调系统的模式分别为：

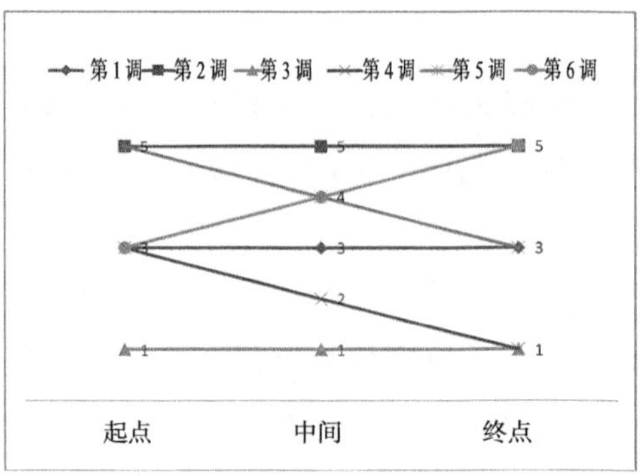

图 6–14　德宏傣语声调系统模式

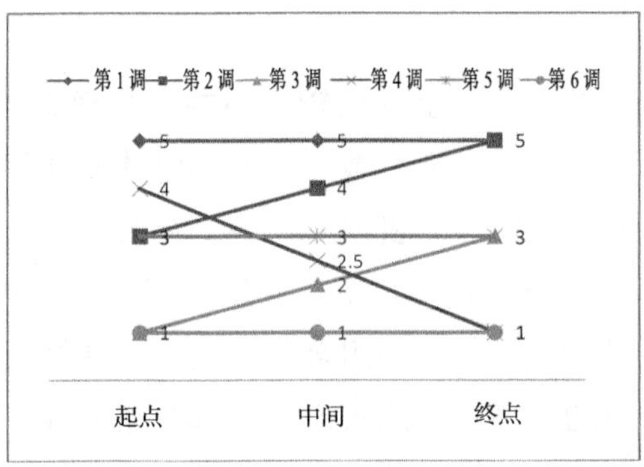

图 6–15　西双版纳傣语声调系统的模式

德宏傣语的模式充分体现了傣语声调高低升降分布均匀、平衡对称的特点，西双版纳傣语的模式也同样具有这些特点，当然，如果第 4 调的 41 变 31 或 51、53，将更加符合分布均匀、平衡对称的特点。从调形来看，德傣是三平二降一升，西傣是三平二升一降，两个模式极为接近，但调类有所不同。相比之下，西双版纳傣语更为动听，因为有两个升调。

① 云南省少数民族语文指导工作委员会：《云南省志少数民族语言文字志》，124 页，昆明，云南人民出版社，1998。

二、两地傣族汉话单音节声调音高模式的分析与比较

在对西双版纳傣族汉话的调查对象做了仔细听辨对比后，我们挑选了勐腊傣族女教师依拉甩作为当地傣族汉话的发音合作人。依拉甩，女，傣族，38岁，时为勐捧镇勐哈小学教师。下面是依拉甩的傣族汉话单音节音高模式的音强图、音高图和窄带语图。

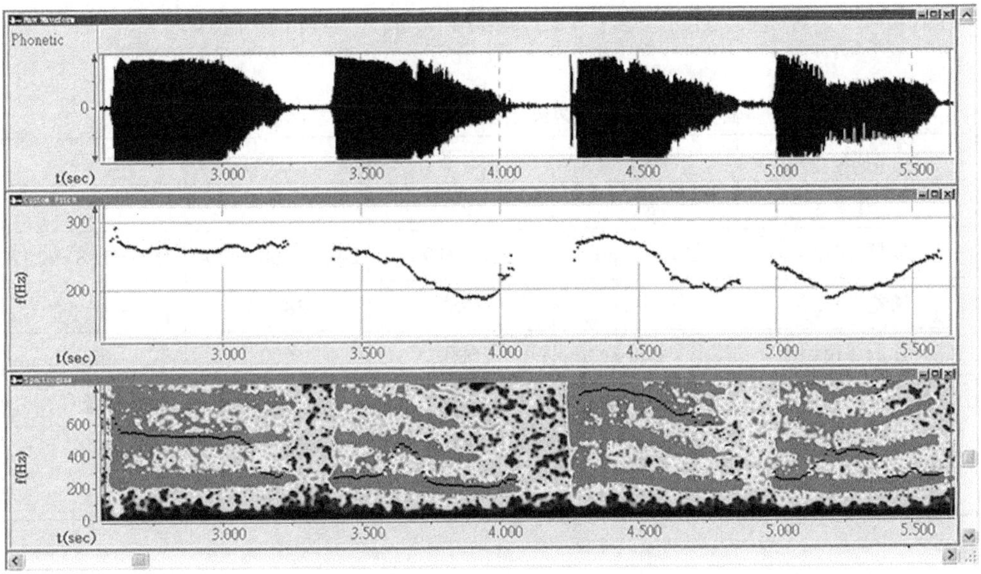

波　　　　云　　　　耳　　　　怒

图 6–16　西双版纳傣族汉话阴平、阳平、上声、去声音高图

从音强来看，单音节“波、云、耳、怒”中最强的是“波、云、耳”，中等的是“怒”。从基频数据来看，阴平“波”的基频起点略降，中段略升，最后趋平，但高低频差不超过 1Hz，其调形起点、终点数据为 261—260Hz，基本属于平调；阳平“云”的基频起点较高，开始略降，后明显下降，一直降到 190Hz，频差为 258-190=68Hz，是典型的降调；上声“耳”基频从 240Hz 开始略升，缓慢升到最高点 268Hz 后陡然下降至 204Hz。上升段频差为 28Hz，下降段频差为 64Hz，基频变化模式为 240—268—204Hz，是一个较高的先升后降的曲折调；去声“怒”基频从 230Hz 开始下降，降到最低点 188Hz 后明显

上升，一直上升到237Hz，降、升的频差为42Hz和49Hz，基频变化模式为230—188—237Hz，是一个中降升调。

根据调值确定的原则和方法，西双版纳傣族汉话的最高音点在阴平的起点261Hz，阳平的起点在252Hz以及上声的中段，为268Hz；最低音点在阳平的末段190Hz，去声的中段188Hz。故调值可以定为：阴平55、阳平51、上声452、去声313。依拉甩的傣族汉话单音节声调音高模式为：阴平为高平调、阳平为高降调、上声为半高升降调、去声为中降升调。

通过对“波、云、耳、怒”单音节声调音高模式的分析，可以将版纳傣族汉话的阴平、阳平、上声、去声四个调类的音高声学特征列表如下：

表6–3　西双版纳傣族汉语四声音高声学特征表

调类	阴平	阳平	上声	去声
例字	波	云	耳	怒
基频（Hz）	261—260	258—190	240—268—204	230—188—237
频差（Hz）	1	68	28–64	42—49
音长（ms）	600	600	600	600
调形	高平	高降	半高升降	中降升
近似调值	55	51	452	313
调域（Hz）	268–188=80			

尽管西双版纳傣族汉话各声调有一些自由变体，但是声调调形的总体趋势不变。盈江芒冷新寨傣族汉话声调系统的模式与西双版纳傣族汉话声调系统的模式比较如图6–17、6–18。

从图6–17、6–18可以看出西双版纳傣族汉话阴平在整体模式的高平区域；阳平降调横跨了模式从高音到低音的整个区域；上声是个独特的半高升降调，位于模式的半高音、高音、半低音的区域；去声是个中降升调，位于模式的半高音、低音和中音的区域。与芒冷新寨傣族汉话相比，西双版纳傣族汉话声调调形、调值上略有变化，但整体音高模式是相近的。该模式的去声与芒冷傣族汉话的去声完全一致。区别在于阴平调值高2度，阳平51比42头尾各多了1度，但与芒冷傣族汉话阳平的变体吻合，上声终点低了1度。总的来看，二者的相似度很大。可以说，芒冷新寨傣族汉话，不仅是德宏傣族汉话的代表，同时也与西双版纳傣族汉话相当一致。

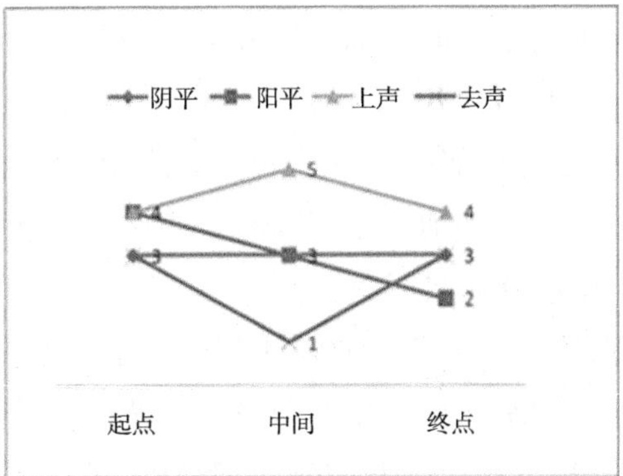

图 6–17　芒冷新寨傣族汉话声调系统的模式

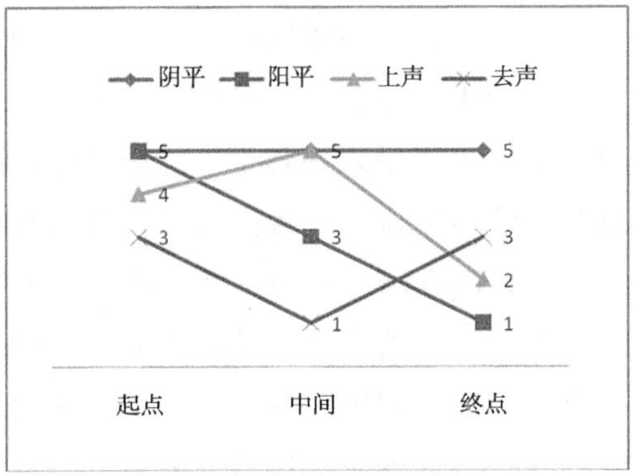

图 6–18　西双版纳傣族汉话声调系统的模式

三、两地傣族汉话双音节声调音高组合、聚合模式的分析比较

西双版纳依拉甩的傣族汉话双音节组合为，“阴平 + 四声”：例如，天边、非常、身体、经济；“阳平 + 四声”：例如国家、国防、国土、劳动；“上声 + 四声”：例如，指挥、手球、手表、主动；去声 + 四声：例如，后天、大学、并且、现在。这些双音节四声组合、聚合搭配的特征见图 6–19。

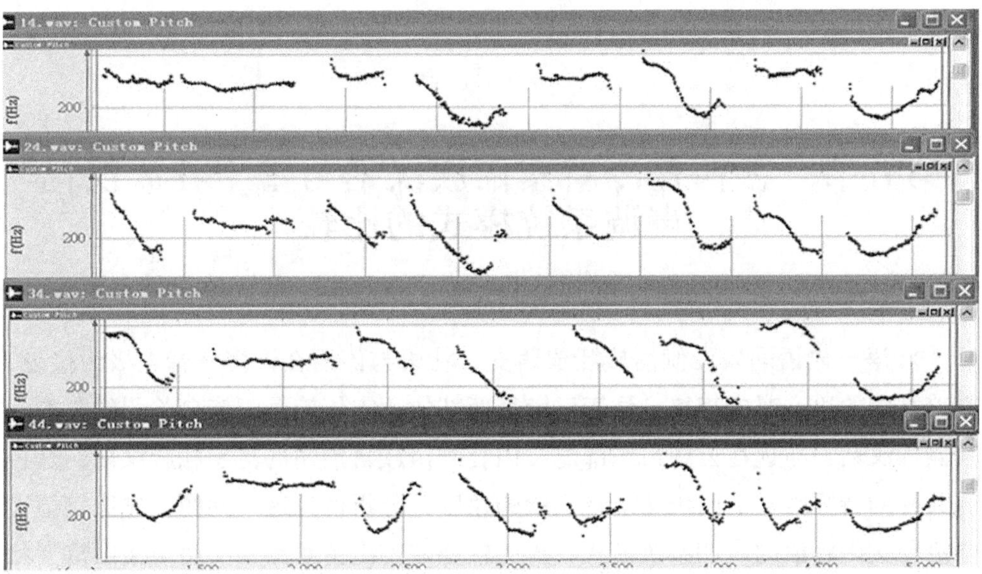

图 6–19　西双版纳傣族汉话双音节四声组合的音高图

从音高来看，西双版纳傣族汉话双音节声调音高的特征有两个。

其一，双音节中，阴平在前一个音节时，声调调值、调形整体模式基本不变，明显呈现高平调的趋势，但当“阴平＋阴平”时，前一个阴平略高于后一个阴平；阳平在前一个音节时，高降的整体模式保持不变，但当“阳平＋阳平”时，前一个阳平末尾比后一个阳平要高；上声在前一个音节时，前段 45 的半高升趋势不明显，在后接去声时较为突出；去声在前一个音节时，声调基频起点和终点高低略有不同，但中降升的整体模式也基本不变。

其二，双音节中，阴平在后一个音节时，声调高平的整体模式基本不变，只是“阴平＋阴平”时，后一个阴平略低；阳平在后一个音节时，声调高降的整体模式基本不变，只是“阳平＋阳平”时，后一个阳平略低，顺势下降的趋势更明显；上声在后一个音节时，呈现较完整的半高升降调 452；去声在后一个音节时，声调中降升的整体模式保持不变，只是“去声＋去声”时，后一个去声在调值和调形上表现出略低的趋势。

与图 6–9 芒市傣族汉话双音节四声组合的音高图相比，与图 6–13 瑞丽傣族汉话双音节四声组合的音高图相比，图 6–19 西双版纳傣族汉话双音节四声组合的音高图更接近图 5–8 芒冷新寨傣族汉话双音节四声组合的音高图。区别仅在于芒冷傣族汉话的上声在前一个音节时，只升不降，西双版纳傣族汉话上声在前一个音节时仍保持上声的原调值 452。从比较中可以看出，芒冷新寨傣族汉话不仅具有德宏傣族汉话的代表性，同时也具有西双版纳傣族汉话的代表性。

第五节　盏西芒冷新寨傣族汉话与富宁壮族汉话声调系统模式的比较

壮语与傣语同属壮侗语族壮傣语支，壮语与傣语在许多发音上极为接近，有着共同的语音对应规律。位于云南最西部的德宏傣族景颇族自治州的芒冷新寨傣族汉话，与远在云南最东部的文山壮族苗族自治州的富宁壮族汉话，是否有共同的特征呢？下面仍从语音实验的角度，分析讨论这个问题。先比较德宏傣语与文山壮语的声调系统模式，再比较德宏芒冷新寨傣族汉话与文山富宁壮族汉话的声调系统模式。

一、德宏傣语与文山壮语声调系统模式的比较

据《云南省志少数民族语言文字志》记载，文山壮语有 6 个声调，其中舒声调 6 个都出现，促声调只出现 2 个。第 1 调的调值为 44，第 2 调的调值为 35，第 3 调的调值为 55，第 4 调的调值为 33，第 5 调的调值为 11，第 6 调的调值为 31。①

根据这些数据，德宏傣语与文山壮语声调系统的模式分别为：

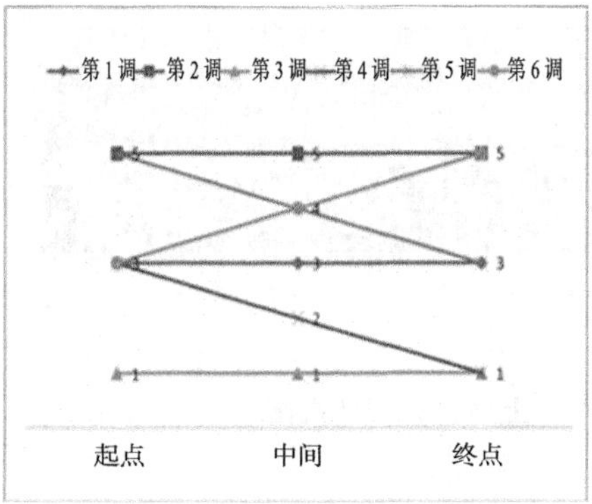

图 6-20　德宏傣语声调系统模式

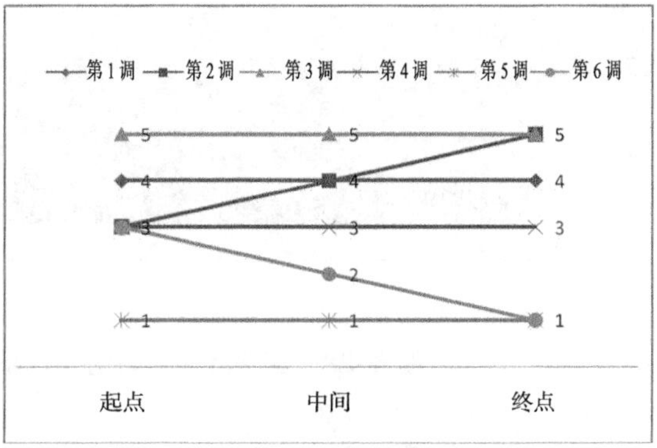

图 6-21　文山壮语声调系统的模式

德宏傣语的模式，充分体现了傣语声调高低升降分布均匀、平衡对称的特点，文山壮语的模式也与德宏傣语有着异曲同工之处。从调形来看，德宏傣语是三平二降一升，文山壮语是四平一升一降，两种模式极为接近，如将德宏傣语的 53 调整为 44，或将文山壮语 44 调整为 53，两种模式就完全一样了。相比之下，文山壮语更为动听，更像唱歌，因为有 4 个平调。

二、芒冷新寨傣族汉话与富宁壮族汉话单音节声调音高模式的分析与比较

在对富宁壮族汉话的调查对象做了仔细听辨后，我们挑选了富宁县归朝镇陆妹报作为壮族汉话的发音合作人。陆妹报，女，壮族，时年 34 岁，在富宁县归朝镇务农。陆妹报刚进入中年，发音相对稳定。下面是陆妹报壮族汉话单

① 云南省少数民族语文指导工作委员会：《云南省志少数民族语言文字志》，169 页，昆明，云南人民出版社，1998。

音节音高的音强图、音高图和窄带语图。

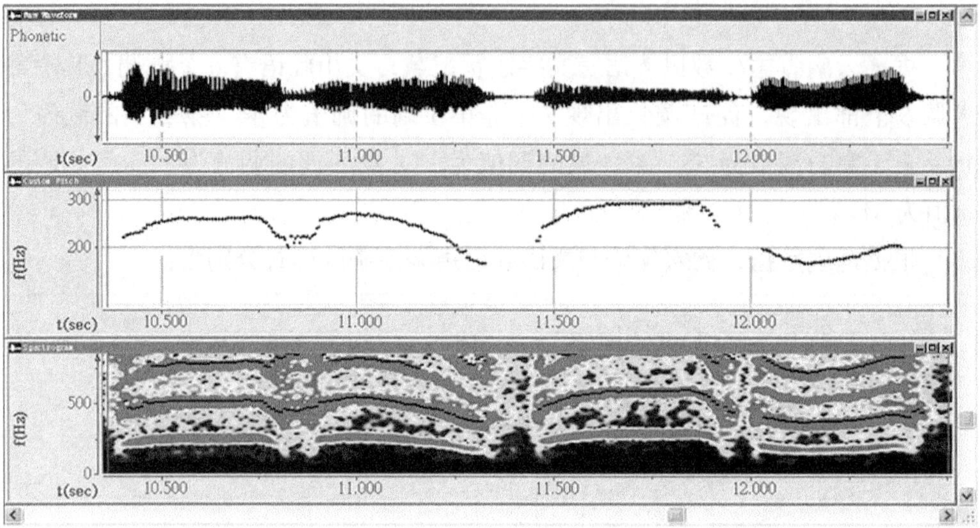

乌　　　　无　　　　五　　　　务

图 6–22　富宁壮族汉话阴平、阳平、上声、去声音高图

从音强来看，单音节“乌、无、五、务”中最强的是“乌、务”，中等的是“无”，最弱的是“五”。从基频数据来看，阴平“乌”的基频起点略升，中段趋平，尾段略升，但高低频差不超过 8Hz，其调形起点、终点数据为 242—250Hz，基本属于平调；阳平“无”的基频起点很高，为 253Hz，顺势下降到 174Hz，频差为 253–174=79Hz，是一个较高的降调；上声“五”基频从较高点 248Hz 开始明显上升，一直升到最高点 290Hz 后又下降到 247Hz，上升段频差为 42Hz，下降段频差为 43Hz，基频变化模式为 248—290—247Hz，是一个较高的先升后降的曲折调；去声“务”基频从 198Hz 开始下降，降到最低点 174Hz 后又上升到 204Hz，下降和上升的频差分别是 24Hz、30Hz，基频变化模式为 198—174—204Hz，是一个中降升调。

根据调值确定的原则和方法，陆妹报的壮族汉话的最高音点在上声的中段，为 290Hz；最低音点在阳平的末端和去声的中段，都为 174Hz。故调值可以定为：阴平 44、阳平 41、上声 454、去声 313。陆妹报的壮族汉话单音节声调音高模式为：阴平为半高平调、阳平为半高降调、上声为半高升降调、去声为中降升调。

通过对“乌、无、五、务”单音节声调音高模式的分析，可以将富宁壮族汉话的阴平、阳平、上声、去声四个调类的音高声学特征列表如下：

表 6-4　富宁壮族汉语四声音高声学特征表

调类	阴平	阳平	上声	去声
例字	乌	无	五	务
基频（Hz）	242—250	253—174	248—290—247	198—174—204
频差（Hz）	8	79	42-43	24—30
音长（ms）	600	600	600	500
调形	半高平	半高降	半高升降	中降升
近似调值	44	41	454	313
调域（Hz）	290-174=116			

尽管富宁壮族汉话各声调有一些自由变体，但是声调调形的总体趋势不变。盈江芒冷新寨傣族汉话声调系统的模式与富宁壮族汉话声调系统的模式比较如下。

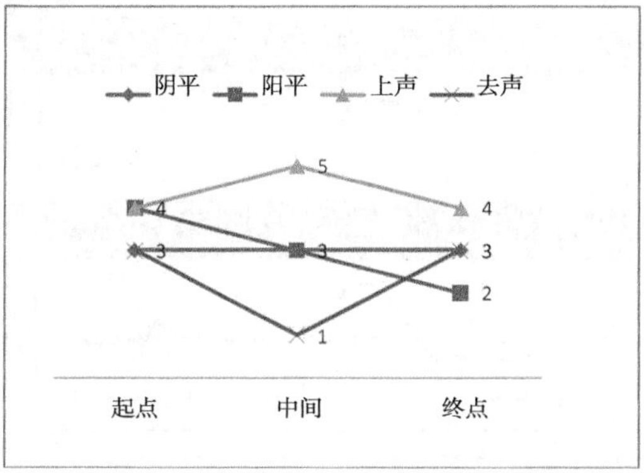

图 6-23　芒冷新寨傣族汉话声调系统的模式

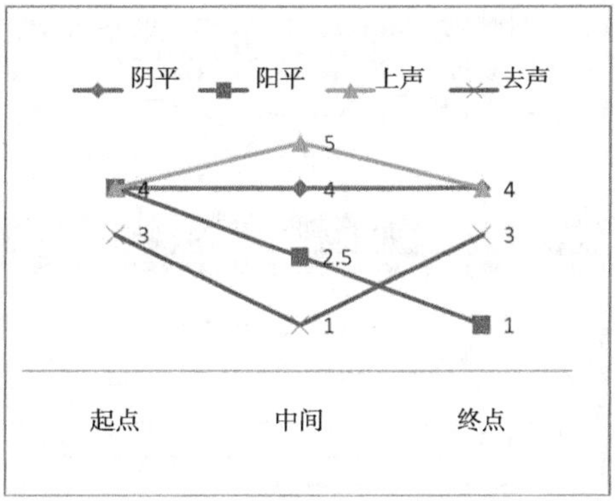

图 6-24　富宁壮族汉话声调系统的模式

从图 6-23、6-24 中可以看出富宁壮族汉话阴平在整体模式的半高平区域；阳平降调横跨了模式从半高音到低音的整个区域；上声是个半高升降调，位于模式的半高音与高音区域；去声是个中降升调，位于模式的中音与低音区域。这两个图让我们感到震惊。与芒冷新寨傣族汉话相比，富宁壮族汉话声调调形基本相同，仅调值上略有 1 度的变化。在本章所有的比较中，富宁壮族汉话的声调模式是与德宏芒冷新寨傣族汉话最接近的声调模式，几乎一致。

三、芒冷傣族汉话与富宁壮族汉话双音节声调音高组合、聚合模式的分析比较

富宁壮族陆妹报的壮族汉话双音节组合为，“阴平 + 四声”：例如，参加、身材、生产、经济；“阳平 + 四声”：例如，国家、国防、成果、国际；“上声 + 四声”：例如，手机、主席、采取、主动；“去声 + 四声”：例如，大家、大学、地理、社会。这些双音节四声组合、聚合搭配的特征见下图。

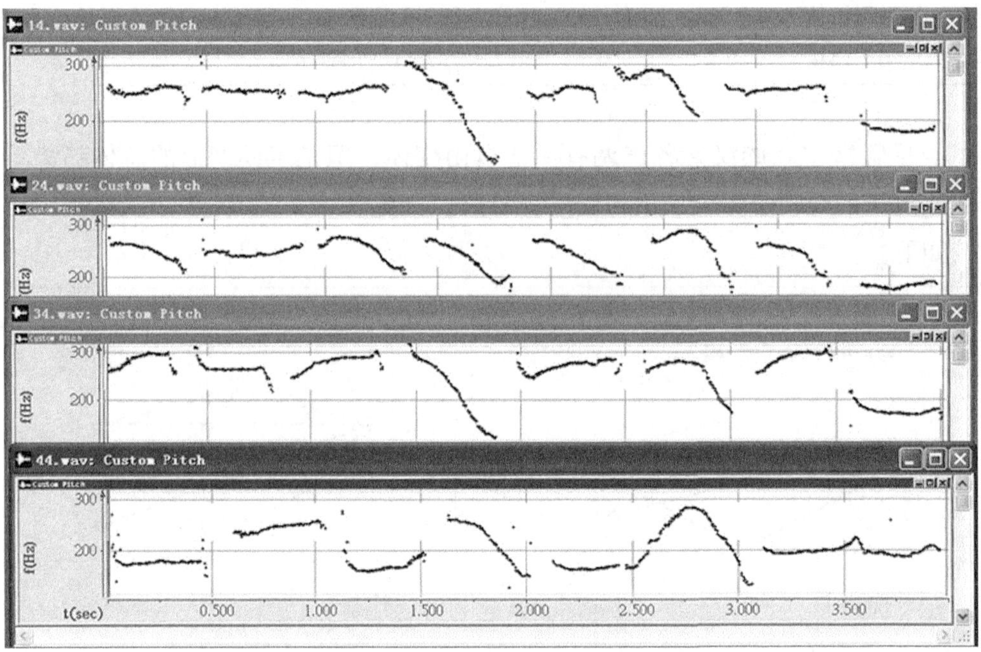

图 6–25　富宁壮族汉话双音节四声组合的音高图

从图 6–25 这个组合的双音节音高图来看，富宁壮族汉话双音节声调音高的特征有两个。

其一，双音节中，阴平在前一个音节时，半高平调的整体模式基本不变；阳平在前一个音节时，半高降调的整体模式也基本不变；上声在前一个音节时，半高升降调变为半高升调，声调只有前段 45 调值，没有后段 54 调值；去声在

前一个音节时，声调基频起点、终点略有不同，前段、中段和末端基频值略有不同，但不超过 1 度，中降升调整体模式基本不变，但当后接去声时，前一个去声略高于后一个去声。

其二，双音节中，阴平在后一个音节时，调形起伏略有不同，但声调平的整体模式保持不变；阳平在后一个音节时，半高降的趋势不变，有调值为 42 的自由变体，当"阳平 + 阳平"时，前一个阳平基频起点略高，后一个阳平基频起点和终点都略低于前一个阳平；上声在后一个音节时，半高升降的声调整体模式基本不变，虽然半高升的前段 45 升的程度略有不同，但是半高降的后段 54 下降调形非常明显；去声在后一个音节时，声调中降升的整体模式保持不变。

从图 6–25 双音节组合的音高图来看，富宁壮族汉话双音节声调音高的特征和音高模式与图 5–8 芒冷新寨傣族汉话双音节四声组合的音高图几乎一致。从比较中可以看出，芒冷傣族汉话的声调模式不仅可以代表德宏傣族汉话，同时也完全可以代表文山壮族汉话，代表汉藏语系壮侗语族壮傣语支民族的汉话。

第六节　与缅甸八莫掸族汉话声调系统模式的比较

傣族是跨境民族，在缅甸有分布。缅甸直接与我国瑞丽市接壤的有木姐市、南坎市，数十千米外有大盈江与伊洛瓦底江汇合处的八莫市。八莫市缅族较少，居民基本是当地的掸（傣）族、汉族、克钦（景颇）族。

根据缅甸八莫佛经学校中国汉语教师提供的材料，我们选取了李芝星作为境外傣族汉话的发音合作人，进行境内外傣（掸）族汉话声调模式的比较。李芝星，女，时年 18 岁，缅甸掸（傣）族，缅甸八莫人，洋人街出生，八莫大学学生。李芝星的爸爸妈妈都是掸（傣）族，在家用傣语交流，对外多用傣族汉话交流。

图 6–26 是李芝星的掸（傣）族汉话阴平、阳平、上声、去声音高图。

根据调值确定的原则和方法，八莫掸（傣）族汉话的调值可以定为：阴平 33、阳平 53、上声 34、去声 313。

从图 6–26 我们可以看到，八莫掸（傣）族汉话阴平在整体模式的中平区

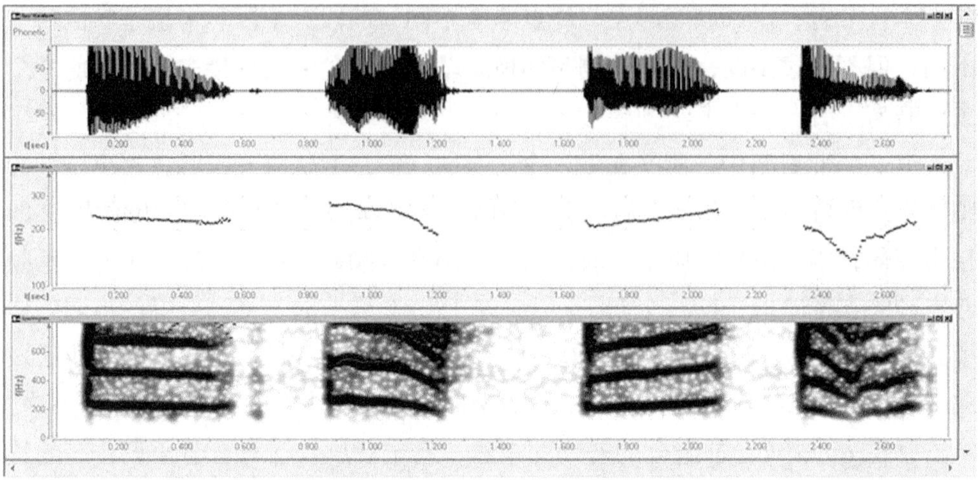

巴　　　　别　　　　把　　　　办

图 6–26　缅甸八莫掸（傣）族汉话阴平、阳平、上声、去声音高图

域，与芒冷新寨傣族汉话的阴平几乎一致；阳平降调从高音到中音，与芒冷新寨傣族汉话的阳平相比，略高 1 度；上声是个半高升降调，与芒冷新寨傣族汉话的上声相比，低了 1 度，且只有升的前半段；去声与芒冷新寨傣族汉话的去声完全一致。八莫掸（傣）族汉话的整个声调系统模式与芒冷新寨傣族汉话声调系统的模式是极其相似的，区别仅差 1 度。缅甸八莫掸（傣）族汉话的声调模式比芒市傣族汉话、瑞丽傣族汉话更接近芒冷新寨傣族汉话的声调模式。从这一点来看，芒冷新寨傣族汉话声调系统的模式，不仅代表了德宏傣族汉话声调系统的模式，对境外掸（傣）族汉话也具有代表性。

总之，通过以上声调模式的共时比较，可以得出盏西傣族汉话声调系统的模式与盈江、芒市、瑞丽、西双版纳傣族汉话声调系统的模式是一致的。芒冷新寨傣族汉话声调系统的模式不仅具有德宏傣族汉话的代表性，同时也具有西双版纳傣族汉话的代表性；芒冷新寨傣族汉话的声调模式不仅可以代表云南傣族汉话，同时也完全可以代表文山壮族汉话。芒冷新寨傣族汉话的声调模式不仅在境内具有代表性，在境外也具有代表性。这种代表性是由各种因素综合决定的，如傣语、壮语声调模式的高度一致，无论傣族汉话还是壮族汉话的发音都是来自傣语、壮语中汉语借词的语音系统，德宏盏西坝区傣族高度集中又相对偏僻，傣语和傣族汉话稳定性相对较强。

第七章　芒冷新寨傣族汉话声调模式的来源

如此精彩的芒冷新寨傣族汉话声调系统的模式是从哪里来的？本章探讨芒冷新寨傣族汉话声调模式的来源。首先把芒冷新寨傣族汉话的声调模式与当地腾冲汉话的声调模式进行比较，然后分别与普通话、汉语昆明话、傣语中汉语借词的声调模式进行比较，观察它们之间的异同，以此确认这些模式之间有无直接的渊源关系，最后得出芒冷新寨傣族汉话声调模式的源头，并分析产生这种现象的社会历史原因。

第一节　芒冷新寨傣族汉话声调模式与腾冲汉话声调模式的比较

在靠近汉族区域或与汉族杂居的少数民族汉话，一般都是以当地汉话为目的语的，其声调模式也是以当地汉话的声调模式为基础。盏西芒冷新寨历史上就隶属于腾冲，观其周边区域，首先最可能产生影响的是腾冲汉话。腾冲汉话会不会是芒冷新寨汉话声调模式的源头呢？具体分析比较如下。

一、腾冲汉话声调系统的模式

一般认为，腾冲汉话属于汉语西南官话，其声调的类型特点是平分阴阳，全浊上声变去声，古入声归入阳平，有阴平、阳平、上声、去声四个声调，其调值为：阴平 55，阳平 31，上声 42，去声 213。[①] 这四个声调的相对音高，构

① 云南省语言学会：《云南省志汉语方言志》，118 页，昆明，云南人民出版社，1989。

成了腾冲汉话声调系统的模式。

二、腾冲汉话声调音高实验分析

腾冲汉话声调的发音合作人是盛世萍，腾冲五中的语文老师，女，时年 33 岁，腾冲腾越镇本地人。盛世萍的声调波形图、音高图和窄带语如图 7–1。

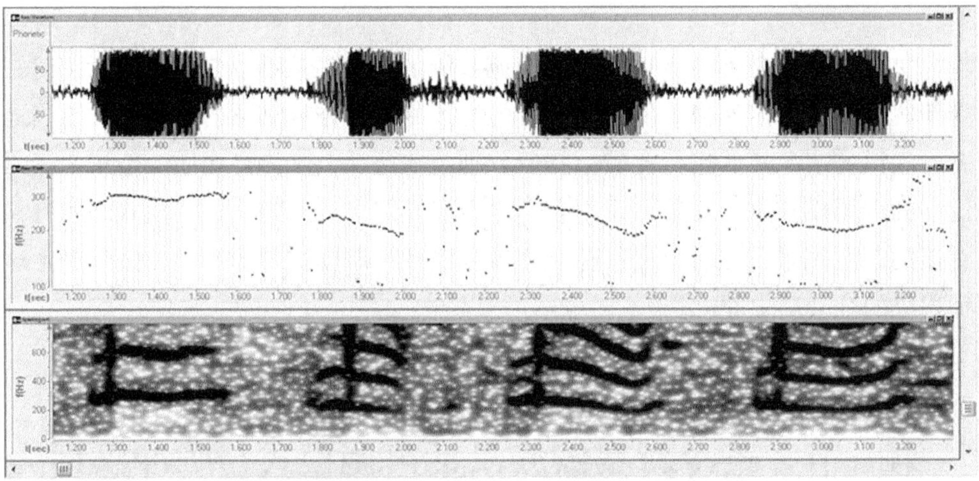

妈　　　　麻　　　　马　　　　骂

图 7–1　腾冲汉话阴平、阳平、上声、去声音高图

根据图 7–1，我们可以确定腾冲汉话四声的调值为：阴平 55、阳平 31、上声 42、去声 323。与传统语音学的标调情况相比，主要是去声略高一些。

腾冲汉话声调变化较多，因发音人的不同，声调还有一些自由变体。下面是几幅不同发音人具体的音高图及其调值。其中吴顺祥、吴元磊是盏西附近腾冲中和（缅箐）镇的汉族父子，闫其胜、戈宗岳是芒冷寨的腾冲汉族。

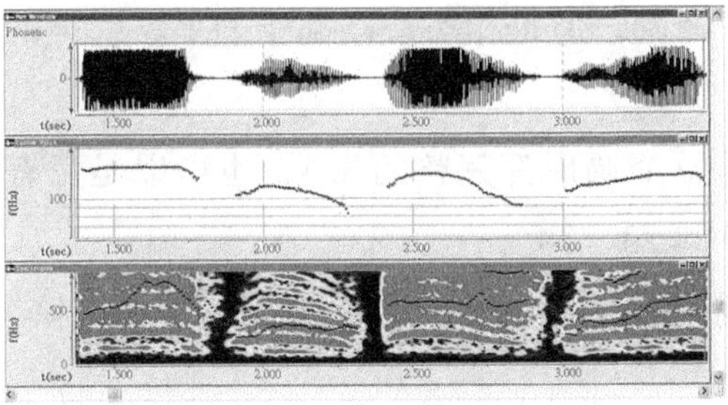

波（55）云（31）耳（342）怒（34）

图 7–2　腾冲中和吴顺祥汉话四声音高图

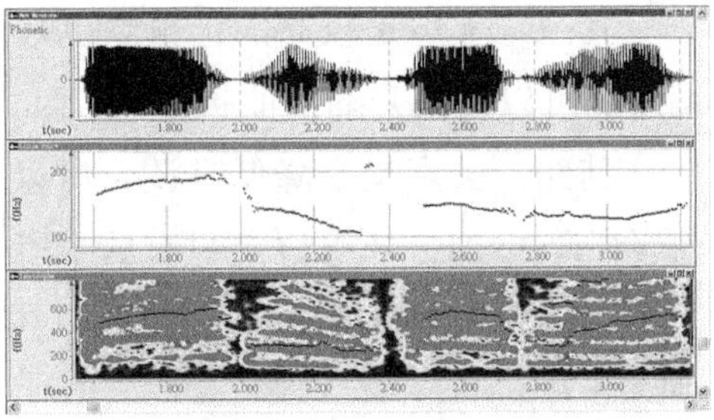

波（45）云（31）耳（32）怒（23）

图 7–3　腾冲中和吴元磊汉话四声音高图

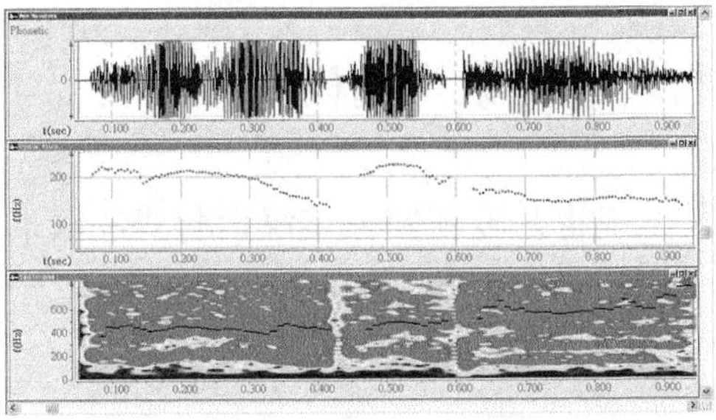

昆（55）明（52）你（454）社（21）

图 7–4　芒冷闫其胜腾冲汉话四声音高图

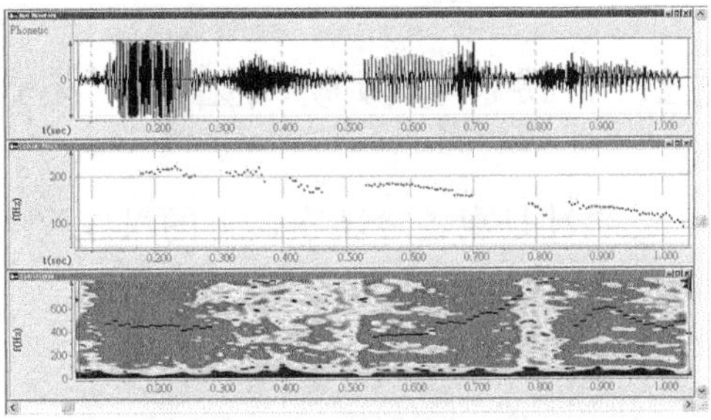

戈（55）其（53）武（32）政（21）

图 7–5　芒冷戈宗岳腾冲汉话四声音高图

根据以上音高的显示和分析，腾冲汉话各声调音位的自由变体较多，腾冲汉话声调音位的自由变体可以列表如下：

表 7–1　腾冲汉话的声调音位自由变体表

调位	调位变体
阴平	[55][45]
阳平	[31][53][52]
上声	[42][32][454][342]
去声	[323][34][23][21]

尽管腾冲汉话各声调的自由变体较多，但是我们还是可以从中看出腾冲汉话声调调形的总体模式具有这样一些特征：

其一，阴平是高而平的，这是腾冲汉话最显著的特征。

其二，阳平是中降的，尽管有的变体也可能高一些，但是降的调形不变。

其三，上声是较高的，虽然也是个降调，但是相对音高高于阳平。上声的调形还可以是高升降的曲折调。

其四，去声是个降低升调，可以是整个调形都完整的323，也可以是只有前半段降的21，还可以是只有后半段升的23、34。

总之，腾冲汉话声调音位的总体特点是阴平高平，阳平低降，上声高降，去声低升。

从以上分析可以看到，语音实验得出的腾冲汉话声调系统的模式与传统语音分析法得出的腾冲汉话声调系统的模式基本一致，只是更为精确了。

三、芒冷新寨傣族汉话声调模式与腾冲汉话声调模式的比较

腾冲是离芒冷新寨最近的汉族聚居区，现将芒冷新寨傣族汉话与腾冲汉话声调系统的模式比较如下。

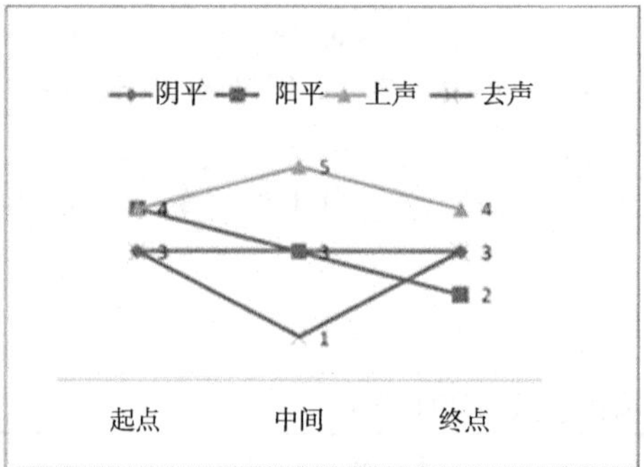

图 7–6　芒冷新寨傣族汉话声调系统的模式

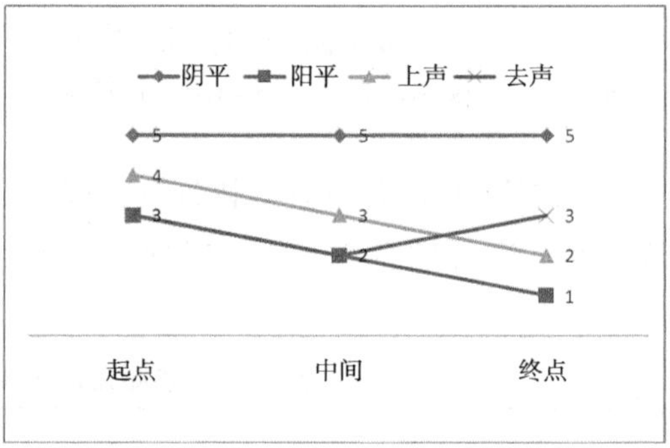

图 7–7　腾冲汉话声调系统的模式

从图7–6、图7–7可以看出新寨傣族汉话阴平在整体模式的中平区域，腾冲汉话阴平在整体模式的高平区域。新寨傣族汉话的阳平降调处在从半高音到半低音的中间区域，腾冲汉话阳平降调只横扫了模式的低音区域。新寨傣族汉话的上声是个独特的高曲调，位于模式的高音区域，腾冲汉话上声是个中降调，位于模式的中间区域。新寨傣族汉话的去声是个低降升调，位于模式的低音区域。腾冲汉话去声是个中曲调，位于模式的中间区域。二者的区别是明显的。正因为有这样一些特点，新寨傣族汉话听起来高低音起伏较大，响亮动听。腾冲汉话多位于高音段，听起来一直像在唱高音，起伏不大。

从上面比较可以看出，芒冷新寨的傣族汉话声调的模式并没有向腾冲汉话靠拢，腾冲汉话的声调模式与新寨傣族汉话的声调模式相差较大，不大可能是新寨傣族汉话声调模式的源头。

第二节　芒冷新寨傣族汉话声调模式与普通话声调模式的比较

一、普通话声调系统的模式

普通话声调系统的模式有的也称为声调格局，很多语音学论著都有涉及，我们觉得称为模式更为妥当，同时也易于理解。一般认为普通话的声调分为阴平、阳平、上声、去声四个声调，其调值为：阴平 55、阳平 35、上声 214、去声 51。这个看法成为汉语教学和汉语研究的经典，其声调模式为：

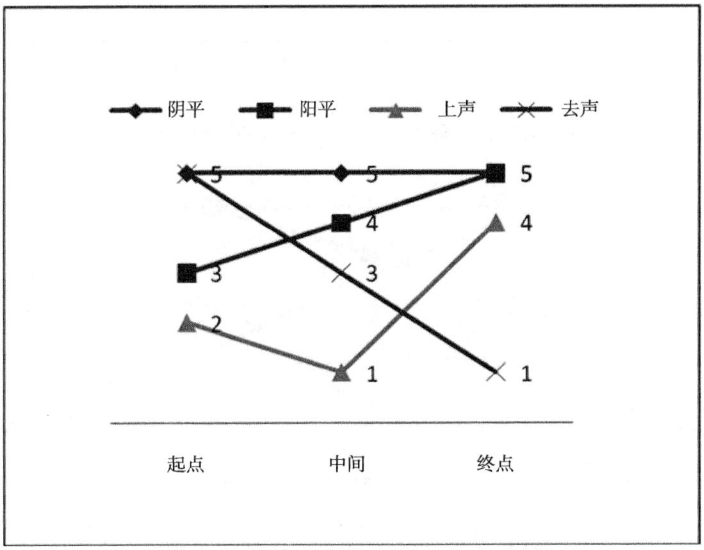

图 7–8　普通话声调系统的经典模式

对普通话四个声调进行语音实验的结果证实，这个经典模式的数据需要做适当的修正。下面是这个模式的音高图。

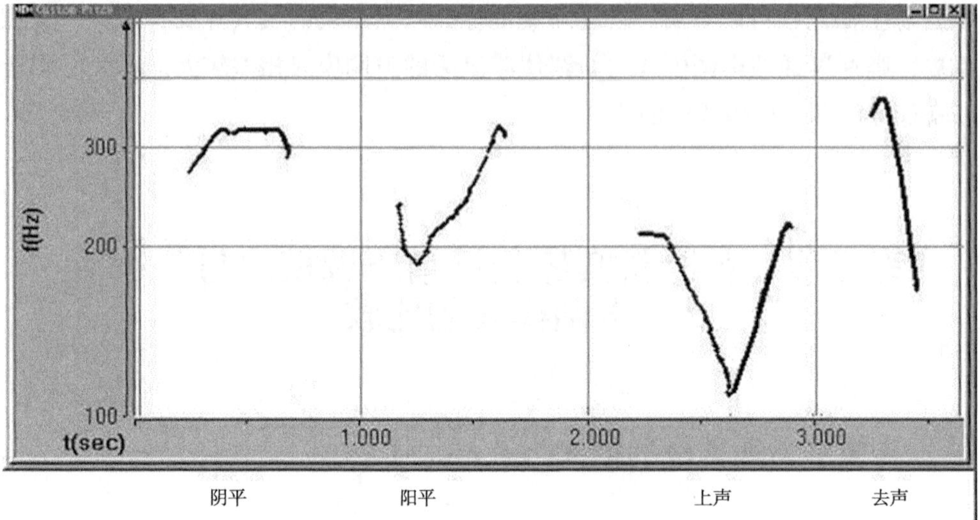

图 7–9　普通话声调系统的音高图

根据这个音高图，普通话声调系统的阴平是 55、阳平 53、上声 313、去声 52。原来的普通话的经典模式可以修正为以下模式：

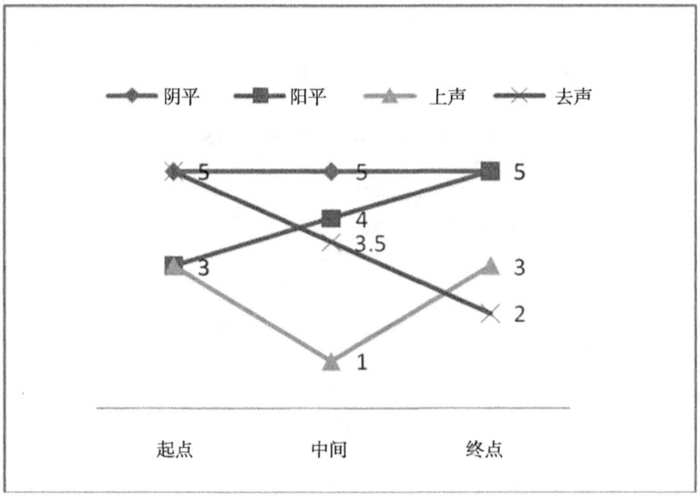

图 7–10　普通话声调系统的修正模式

从修正的模式可以看出，这样显示出的普通话声调系统模式，更加符合声调模式相互对立、分布均衡的原则，更加科学、准确、清晰，同时并没有改变经典模式的总体布局，二者是一致的。

二、芒冷新寨傣族汉话声调模式与普通话声调系统修正模式的比较

普通话是现代汉族共同语，也是全国各民族相互交际的语言。学校一般都采用普通话教学。从前面章节的语音实验分析中，我们已经看到，新寨傣族汉话的声母系统、韵母系统与普通话已经极为接近，那么芒冷新寨傣族汉话声调模式是否来源于普通话的声调模式呢？下面我们将芒冷新寨傣族汉话声调模式与普通话声调系统修正模式进行比较。

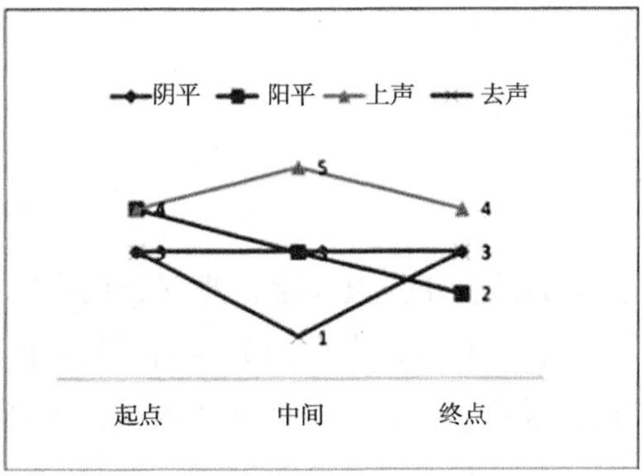

图 7-11 芒冷新寨傣族汉话声调系统的模式

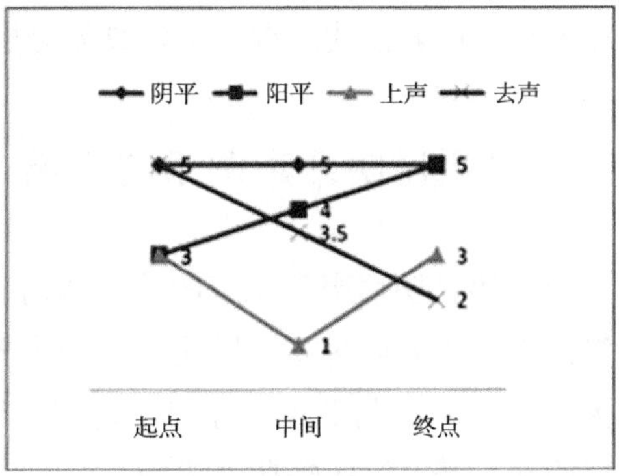

图 7-12 普通话声调系统的修正模式

从图 7-11、图 7-12 的比较中我们看到，芒冷新寨傣族汉话声调模式与普通话声调的修正模式有非常大的不同，具体分析如下。

新寨傣族汉话阴平在整体模式的中平区域，普通话阴平在整体模式的高平区域。新寨傣族汉话的阳平是个降调，处在从半高音到半低音的中间区域，普通话的阳平是个升调，分布在模式从中音到高音的区域。新寨傣族汉话的上声是个独特的高曲调，位于模式的高音区域，普通话上声是个中降升调，位于模式的低音区域。新寨傣族汉话的去声是个低降升调，位于模式的低音区域。普通话的去声是个高降调，分布在从高音到半低音的大部分区域。二者均符合声调系统模式相互对立、分布均衡的原则。但就其对称性而言，新寨傣族汉话的声调模式优于普通话。新寨傣族汉话声调和普通话声调都具有高低音起伏较大，响亮动听的特点。但是，除阴平外，二者各声调调形高低归属的调类是截

然不同的。因此，新寨傣族汉话的声调模式不可能来源于普通话的声调模式。

第三节　芒冷新寨傣族汉话声调模式与汉语昆明话声调模式的比较

昆明是云南省政治、经济、文化中心，周边许多少数民族汉话都有向昆明话靠拢的趋势，或者直接源于昆明方言。昆明离盈江盏西直线距离超过千里，中间且有重重高山、数条大河阻隔，汉语昆明话的声调模式会不会是芒冷新寨傣族汉话声调模式的源头呢？具体分析如下。

一、汉语昆明话声调系统的模式

汉语昆明话声调系统的模式如何，相关的语音学论著不多。据《云南省志汉语方言志》认为汉语昆明话分为阴平、阳平、上声、去声四个声调，其调值为：阴平 44、阳平 31、上声 53、去声 212，没有入声。[①]根据这些数据，汉语昆明话声调系统的经典模式为：

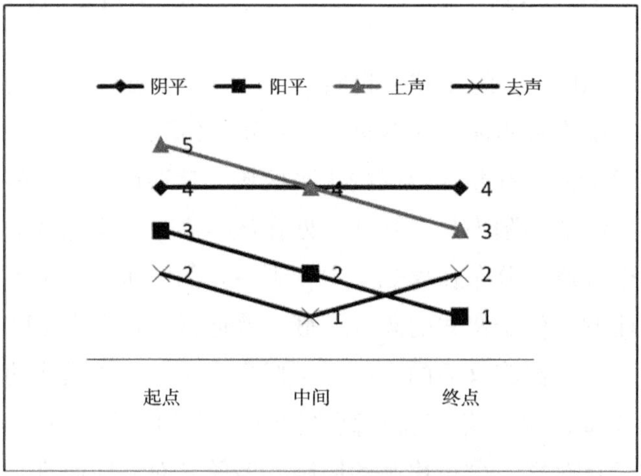

图 7–13　汉语昆明话声调系统的经典模式

① 云南省语言学会:《云南省志汉语方言志》，20 页，昆明，云南人民出版社，1989。

对汉语昆明话四个声调进行语音实验的结果证实，昆明话声调的各个音位，实际有多个变体，阴平视不同的环境可以有升调的变体，去声也可以只降不升。图 7–14 是语音实验得出的昆明话四声的音高图。

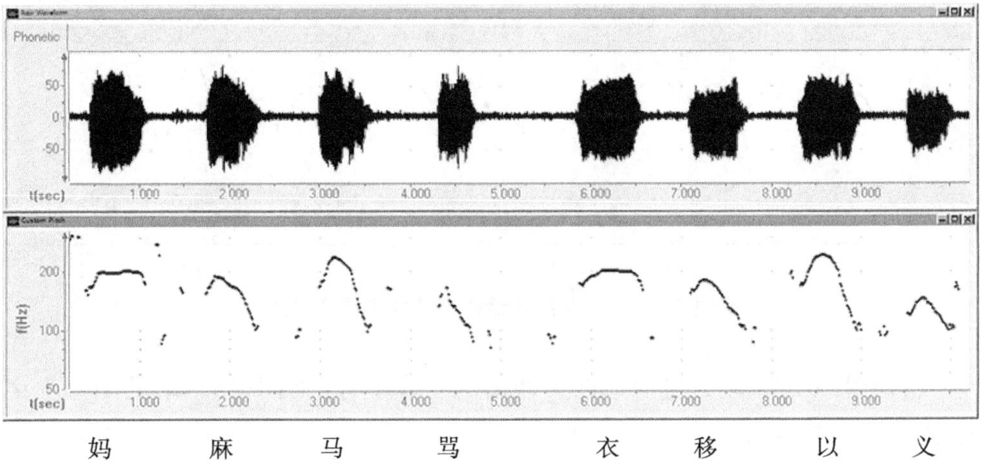

图 7–14　汉语昆明话四声音高图

从图中不难看出，昆明话四声的准确调值应该是：阴平 44、阳平 42、上声 53、去声 31。

昆明话降调太多，影响了语音的悦耳性，从听感的平衡来看，需要有上升的调值，故昆明话的阴平和去声的实际读音出现了上扬的变体。昆明话的阴平只有在单念时才读半高平 44，当其后有不同的声调时，其调形往往都读为升调，升的幅度往往视后面的声调而定。昆明话的去声调尾可升可不升。不升为 31，升的可为 213。调查显示，有的人升，有的人不升。有人有时升，有时不升，可视为同一调位的自由变体。

图 7–15 为实测的昆明话四声的变体情况。

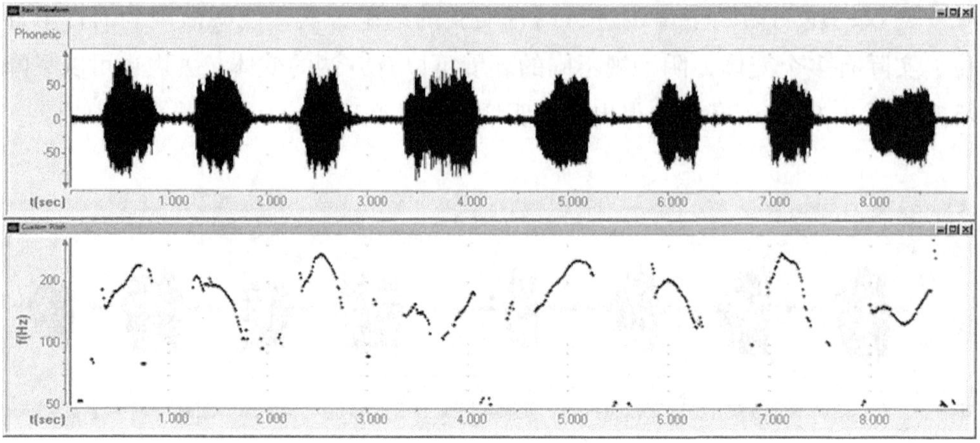

图 7–15　汉语昆明话四声调位变体音高图

从图中不难看出，昆明话四声调值的变体还有：阴平 35、阳平 41、上声 53 或 52、去声 213。

根据昆明话四声音高图、昆明话四声变体音高图，汉语昆明话声调系统的修正模式和汉语昆明话声调系统音位变体模式如图 7-16、图 7-17。

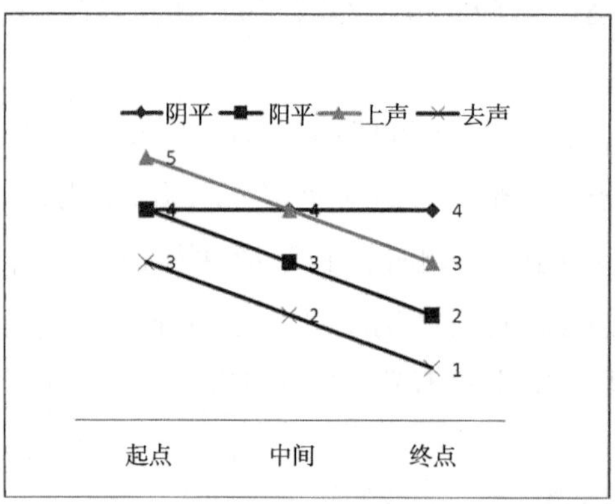

图 7–16　汉语昆明话声调系统的修正模式

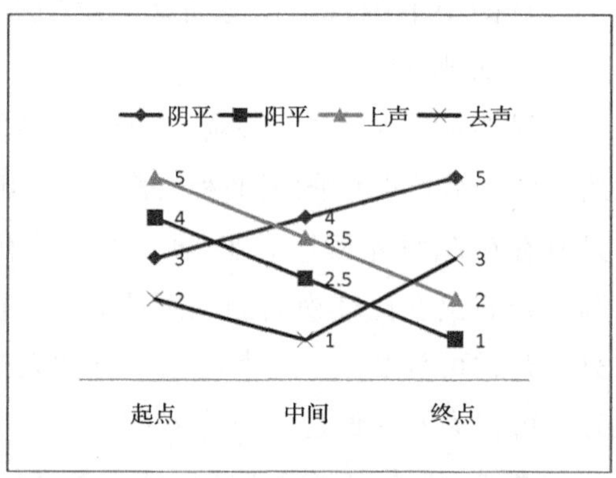

图 7–17　汉语昆明话声调音位的变体模式

昆明话声调的修正模式比昆明话声调的经典模式更加合乎声调系统模式相互对立、分布均衡的原则，更加科学、准确、清晰，规律性更强，特征更为明显。但三个降调的集中出现，使昆明话听起来较为低沉，不够悦耳。昆明话在使用中自然产生的调位变体，弥补了昆明话这方面的不足。从昆明话声调音位变体模式图可以看出，这个变体模式分布更为均匀，平衡性更强，同时也没有改变昆明话经典模式、修正模式的总体布局。昆明话声调系统的经典模式、修正模式和变体模式，都没有改变昆明话声调模式的总体布局，都符合相互对立、分布均衡的原则，都是昆明话声调系统的模式。

二、芒冷新寨傣族汉话声调模式与汉语昆明话声调系统修正模式的比较

在现代汉语的发展演变过程中，一个不争的事实是，各地汉语方言有向普通话靠拢的趋势，一个省内部的汉语方言也有向本省政治、经济、文化中心城市的汉语方言靠拢的趋势。这是由首都、省城的强势的政治、经济、文化地位决定的。芒冷新寨傣族汉话声调模式是否来源于汉语昆明话声调的修正模式呢？下面我们将芒冷新寨傣族汉话声调模式与汉语昆明话声调系统的修正模式进行比较。

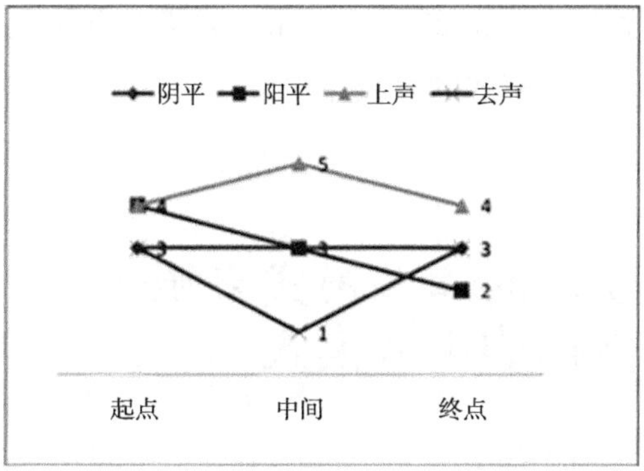

图 7-18　芒冷新寨傣族汉话声调系统的模式

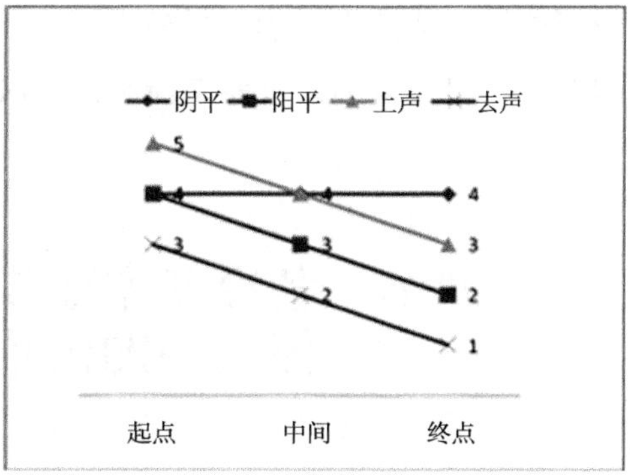

图 7-19　汉语昆明话声调系统的修正模式

从图 7-18、7-19 的比较中我们看到，芒冷新寨的傣族汉话声调模式与汉语昆明话声调的修正模式有一些相同的地方，也有一些不同的地方，具体分析如下。

新寨傣族汉话阴平在整体模式的中平位置，汉语昆明话阴平在整体模式的半高平位置。新寨傣族汉话的阳平降调与汉语昆明话阳平降调虽然调值均为42，但是从它们的音高图上看，新寨傣族汉话的阳平调高于昆明话的阳平调。

新寨傣族汉话的上声是个独特的高曲调，位于模式的高音区域，汉语昆明话上声是个高降调，位于模式的从高音到中音的上半部分区域。新寨傣族汉话的去声是个低降升调，位于模式从中音到低音又到中音的下半部分区域。汉语昆明话的去声是个中降调，位于模式从中音到低音的下半部分区域。

二者的相同之处在阴平、阳平、去声。阴平、阳平调形相同，区别在于高低略有不同（仅差 1 度）。去声调形也相似，但昆明话只有降的前半部分，如考虑各自的变体模式，二者几乎相同。二者的不同之处在上声。新寨傣族汉话上声的高曲调形是独特的，汉语昆明话上声的调形是高降的。上声调形和分布位置的特征是区分芒冷新寨傣族汉话与汉语昆明话的根本特征。

正因为有这样的特征，新寨傣族汉话的四个声调音位为一中平、一中降、一高升降、一低降升，在整个模式中分布均匀，平衡对称性很强，听起来高低音升降起伏较大，响亮动听。汉语昆明话四个声调音位，一平三降，尽管三个降调相互间保持了平行下行，合乎相互区别的原则，但是降调太多，确实不够悦耳，听起来较为低沉。二者各声调调形高低归属的调类是基本相同的，但上声明显不同，改变了各声调音位分布的格局。这说明汉语昆明话的声调模式与新寨傣族汉话的声调模式虽然是有一定关系的，但是一平三降，听感上有较大的差异，因而也不大可能是新寨傣族汉话声调模式的直接来源。

第四节　芒冷新寨傣族汉话的声调模式来源于傣语中的汉语借词的声调模式

在分析了汉语腾冲话、普通话、汉语昆明话都不是芒冷新寨傣族汉话声调模式的来源后，我们把研究的目光重新投向芒冷新寨的傣语，投向傣语中的汉语借词。

词汇反映客观事物的名称、性质、特征和相互关系。不同民族在交往过程中，凡遇到本民族语里没有或是无法表达的新事物、新概念时，总是会借用其他语言的词汇来扩充自己的词汇系统，顺利实现表达和交际。借词是语言接触中一种最常见的现象。由于汉族的经济文化水平相对较高，产生新事物、新概念的速度较快，少数民族语言要表达新事物、新概念，直接借用汉语的词汇是最好的方法。在表达人名、地名时，借词更是不可缺少的，这样在傣语中就出现了汉语借词。傣语中早期的汉语借词，主要是表达数量和农作物的词语。中华人民共和国成立后，云南傣族社会发生了巨大的变化，许多表达政治、经济、文化的词语进入了傣语之中，如电脑、电话、手机、政策、温饱、中国移动等词语直接借到了当地傣话中。当地傣话中的汉语借词的声调，会不会就是当地傣族汉话声调的源头？为了弄清芒冷新寨傣族汉话与当地傣话中的汉语借词的关系，我们采用在傣话的语流中实时录音的方法，从中截取汉语借词的发音来进行比较。

一、德宏傣语声调系统的模式

在前面的章节中，我们曾列出德宏傣语声调系统的模式，以便与西双版纳傣语声调系统模式相比较。这里我们再次列出德宏傣语声调系统的模式，为的是与德宏傣语中汉语借词的声调系统模式、与德宏芒冷新寨傣族汉话的声调系统的模式比较。

据《云南省志少数民族语言文字志》，德宏傣语有 6 个声调，其中舒声调 6 个都出现，促声调只出现 3 个。第 1 调调值 33，第 2 调调值 55，第 3 调调值 11，第 4 调调值 31，第 5 调调值 53，第 6 调调值 35。① 根据这些数据，德宏傣语声调系统的模式为：

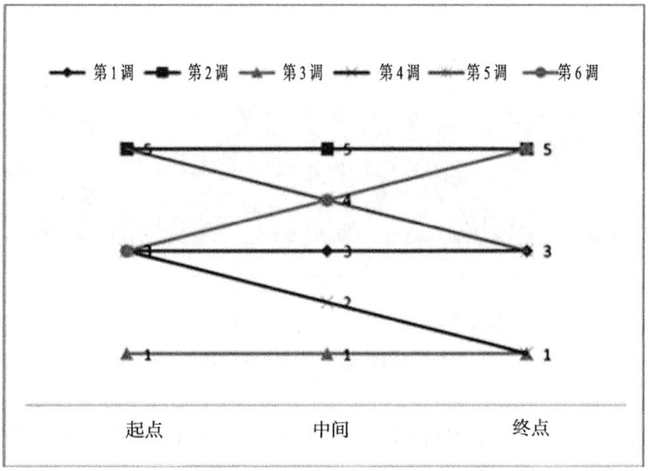

图 7–20　德宏傣语声调系统模式

① 云南省少数民族语文指导工作委员会：《云南省志少数民族语言文字志》，124 页，昆明，云南人民出版社，1998。

德宏傣语的这个模式，充分体现了傣语声调高低升降分布均匀，平衡对称的特点，以致有的人认为傣族人说话就像在唱歌。

二、芒冷新寨傣话中汉语借词声调系统的模式

傣族汉话的声调模式前边已经多次比较过，现在需要研究的是，傣语中汉语借词的声调模式。

据《壮侗语族语言简志》① 德傣的现代汉语借词有 5 个声调，汉语阴平是中平调 33，汉语阳平是高降调 53，汉语上声是高平调 55，汉语去声借入后是低平调 11，汉语古入声借入后是低降调 31。

在对当地傣话谈话语流的实时录音中，我们截取了汉语借词四声的发音进行比较。语音实验的音高图和调值如下。

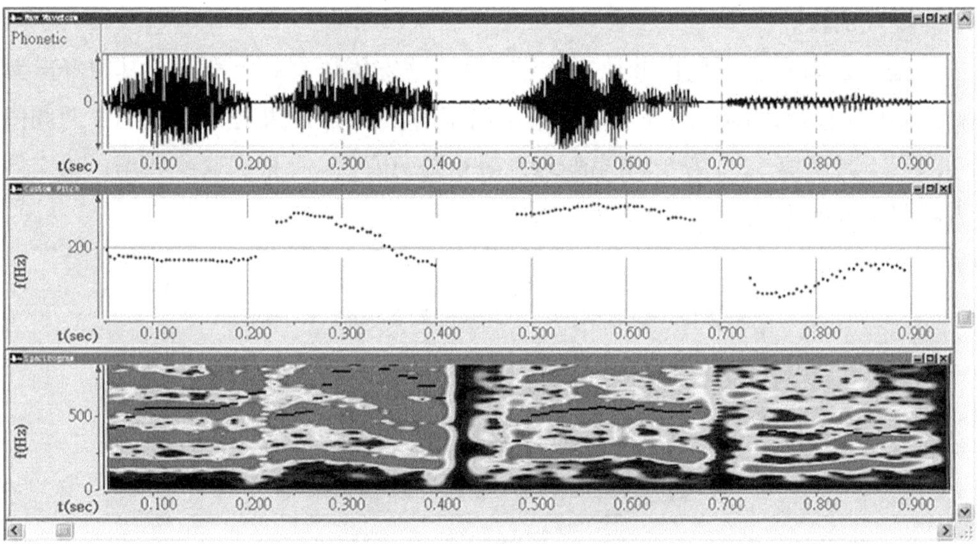

光（33）　王（53）　点（454）　四（13）

图 7–21　新寨傣话汉语借词的音高图

根据图 7–21，芒冷新寨傣话的汉语借词的声调调值为：阴平 33（光）、阳平 53（王）、上声 454（点）、去声 13（四）。根据实验数据得出的调值，与《壮侗语族语言简志》中的描述略有差异，但是这些借词所归的调类是清

① 王均等编著：《壮侗语族语言简志》，228 页，北京，民族出版社，1984。

晰的。根据这些实验数据，我们可以得出下面芒冷新寨傣话中汉语借词声调系统的模式。

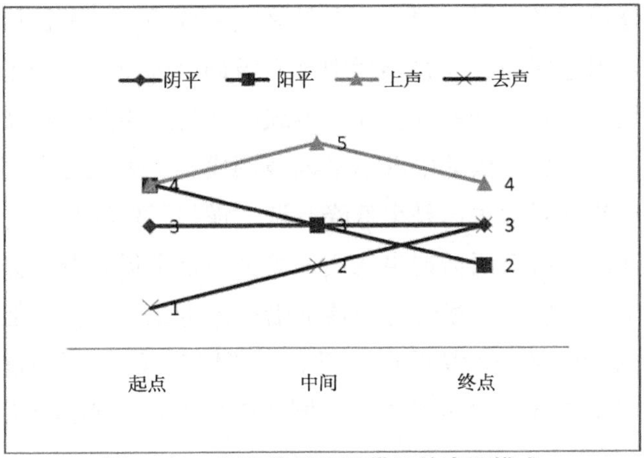

图 7-22　新寨傣话汉语借词的声调模式

从图 7-22 可以看出，芒冷新寨傣话中汉语借词声调系统的模式就其均匀性、平衡性而言虽然不如傣语本身，但是强于汉语腾冲话、汉语昆明话。

三、芒冷新寨傣族汉话声调模式与芒冷新寨傣话中汉语借词声调模式的比较

芒冷新寨傣族汉话声调模式是否来源于芒冷新寨傣话中汉语借词的声调模式呢？下面我们再将芒冷新寨傣族汉话声调模式与新寨傣话中汉语借词的声调模式进行比较。

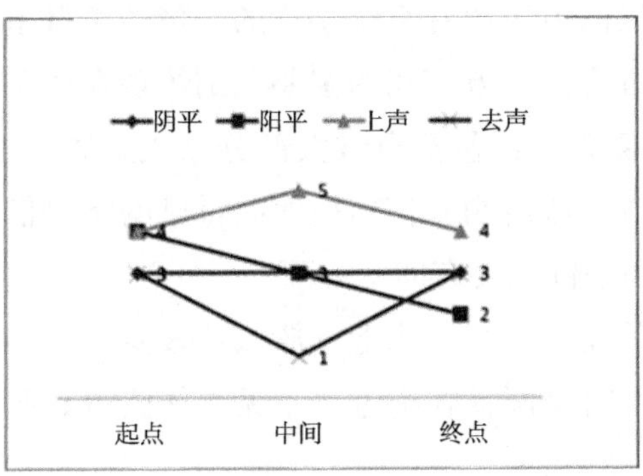

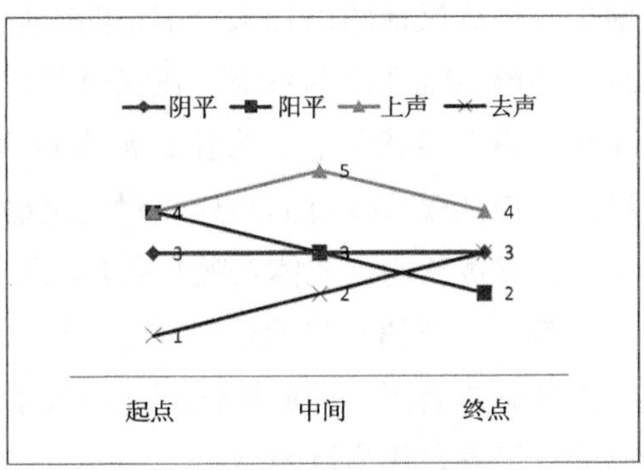

图 7-23　芒冷新寨傣族汉话声调系统的模式 图 7-24　芒冷新寨傣话中汉语借词的声调模式

从图 7–23、7–24 的比较中我们看到，芒冷新寨的傣族汉话声调模式与芒冷新寨傣话中汉语借词的声调模式极为接近。具体分析如下：

新寨傣族汉话阴平在整体模式的中平位置，新寨傣话中汉语借词声调模式的阴平也在整体模式的中平位置，二者是完全一致的。新寨傣族汉话的阳平降调位于模式中音附近区域，新寨傣话中汉语借词声调模式的阳平降调也位于模式中音附近区域，二者完全一致。新寨傣族汉话的上声是个独特的高曲调，位于模式的高音区域，新寨傣话中汉语借词声调模式上声也是个高曲调，二者完全一致。新寨傣族汉话的去声是个低降升调，横扫了模式从中音到低音的下半部分区域。新寨傣话中汉语借词声调模式的去声是个低升调，分布在模式从低音到中音的下半部分区域。尽管这个傣话借词去声是个升调，但是它体现的是傣族汉话去声的后半部分。从前边分析的新寨傣族汉话声调的音位变体来看，二者的区别仅在于是同一去声音位的不同的自由变体，调值无论是 313，还是 31、13 都是可以的。

通过图 7-23、图 7-24 的对比分析，我们可以看到，傣语中汉语借词的声调系统是芒冷新寨傣族汉话声调系统的实际来源，芒冷新寨傣族汉话的声调系统来源于新寨傣话中汉语借词的声调系统。芒冷新寨傣话中汉语借词的声调系统的模式是芒冷新寨傣族汉话的声调系统模式的直接来源。

四、芒冷新寨傣族汉话的声调模式来源于傣语中汉语借词声调模式的原因探析

一般情况下，少数民族使用的汉话，都是以附近汉语方言为目的语的，这些少数民族汉话的语音系统都是向附近汉语方言语音系统靠拢的，包括声母系统、韵母系统和声调系统。在汉语北方方言区，方言间的主要区别体现在声调系统（声调模式）上。为什么芒冷新寨傣族（也包括全省大部分傣族聚居区）汉话的声调模式没有向当地或附近汉语方言或昆明方言靠拢而向自己的汉语借词系统靠拢从而自成体系呢？究其原因和条件主要有四个方面：

第一，傣语在当地处于强势地位，使用人口多，当地汉族人口较少，汉语方言的影响有限。傣族即便要使用汉语方言交际，在附近也不见得能找得到明确的汉语方言作为目的语。

第二，在找不到明确的汉语方言作为目的语时，选择本民族语言中汉语借

词的声调系统无疑是最方便、最快捷的表达方法，因为本民族语言在本民族内部大家都会说，这当然也就包含会说本民族语中的汉语借词，选择这个与本民族语一致的声调体系来说汉话，几乎没有任何困难。

第三，采用本民族语中的汉语借词说汉话，这要求汉语借词必须有一定的数量，且在其中已经形成了相对稳定的声调体系。

第四，这一最方便、最快捷的汉话声调体系并不与其他汉语声调体系对立，可以与其他汉语声调体系并存，它们之间存在着规则的语音对应关系。在使用汉语交际时，可根据交际环境的不同，选用不同的体系。

芒冷新寨傣族汉话完全具备这些条件，当地的傣族民众，在与汉族和其他民族的交往中，自然而然地选择了这一类型的汉话作为交际工具，这是当地社会交际的必然结果。在芒冷新寨我们也看到，部分傣族在熟悉这一体系后，不仅可以使用当地傣族汉话进行交际，同时也能够使用汉语腾冲话进行交际，部分学习较好的学生还能使用较为标准的普通话进行交际。这类现象产生的原因也很简单：这些汉话的不同，实际主要是声调模式的不同，但这些不同是有语音对应规律的，只要自觉或不自觉地掌握了这些规律，相互转换是很容易的。

从以上分析，我们看到傣族汉话自成体系的声调系统模式，既不来源于当地汉语腾冲话，也不来源于普通话、汉语昆明话。傣语中汉语借词的声调系统模式是芒冷新寨傣族汉话声调系统模式的直接源头。傣族汉话、壮族汉话的发音都来自傣语、壮语中汉语借词的语音系统。傣族汉话的声调系统来源于傣语中汉语借词的声调系统是由德宏盏西坝区傣族高度集中又相对偏僻、傣语处于强势地位、傣语和傣语的借词系统稳定性相对较强、傣语的汉语借词可以与汉语无障碍过渡等各种因素综合决定的。傣族选择这个与本民族母语一致的声调系统模式来说汉话，几乎没有困难。

第八章　芒冷新寨傣族汉话的使用与习得

在对芒冷新寨傣族汉话的语音系统进行详尽的分析以后，本章我们从语言接触的角度，进一步分析讨论芒冷新寨傣族汉话使用与习得的地理环境、社会环境和家庭环境，特别是使用人口的数量、年龄、性别等方面的特点。

第一节　芒冷新寨傣族汉话的使用层级与习得途径

一、芒冷新寨傣族汉话的使用层级

语言是人类最重要的交际工具，只有在具体使用中，语言才能真正实现其价值，起到表情达意和交流思想的作用。云南复杂的民族分布和自然地理环境，构成了云南语言使用的多类型、多层级模式。德宏盏西芒冷新寨傣族需要与附近关上街的汉族交际，这就是芒冷新寨傣族汉话产生的客观环境。交际的类型和交际的深度广度不同，也就形成了芒冷新寨傣族汉话使用的多层级模式。

根据实地调查，芒冷新寨傣族汉话的语言使用能力可以划分为以下四个层级：不会、初步、一般和熟练。这四个层级的具体划分标准是：

其一，“不会”指的是母语为傣语，听不懂也不会说任何一种类型汉语的情况。这个层级的人群以学龄前儿童、老年人，尤其是老年妇女居多。

其二，“初步”指的是能听懂一些关上街当地汉族的汉话，能说一点非常简单的汉语，如打招呼、问候等。具体标志为：只能部分听懂，基本不能说。低年级的傣族小学生和中年妇女一般属于这个层级。

其三，“一般”指的是已经基本掌握了汉话，具体标志为：能听懂汉族汉话，能说傣族汉话，能够与汉族进行日常的交际，说话口音带有“傣腔傣调”的特色。处于这个层级的傣族个体以高年级小学生和中年男性居多。

其四，“熟练”指的是能熟练使用傣族汉话，能熟练听说当地腾冲汉语方言。具体标志为：能够听说并区分傣族汉语当地话与汉族汉语当地话。这些傣族个体大都受过系统的学校教育，以当地傣族教师、青壮年、中学生为主。

位于“不会”层级上的傣族个体，完全不能使用汉语与人交流。到“初步”层级，只能听，不能说，能基本交流、沟通感情，但思想交流障碍较大，无法实现顺畅的交流。“一般”层级上的傣族个体，能够有效地进行感情交流和思想交流，虽然有些人的汉语不流利，但是都能够顺利地用傣族汉话与外界交流。“熟练”层级上的傣族个体，既能说地道的傣族汉语当地话，又能说地道的腾冲汉族汉语当地话。在用汉语表达时，他们思路清晰，语言顺畅。他们能在汉族汉语当地话与傣族汉话之间，根据需要自如地进行转换而不出错。熟练的傣族汉话离普通话只有一步之遥了——换个腔调说汉话。芒冷新寨傣族汉话使用的层级可用表 8–1 表示。

表 8–1　芒冷新寨傣族汉话使用层级表

使用层级	主要标志	交际效果	主要人群
不会	听不懂，不会说	必须借助其他方式才能交流	傣族学龄前儿童、老年个体
初步	能部分听懂，基本不能说	能进行感情交流	傣族小学低年级学生、中年女性个体
一般	能听会说傣族汉话	能进行一般的思想感情交流	傣族小学高年级学生、中年男性个体
熟练	能听会说傣族汉话，腾冲汉语方言	能熟练地进行思想感情交流	傣族中学生、干部、教师、青壮年

二、芒冷新寨傣族汉话的习得途径

芒冷新寨傣族汉话的习得与芒冷新寨傣族汉话的使用密切相关。由于习得环境、习得途径和习得时间顺序的不同，形成了不同使用层级的芒冷新寨傣族汉话。芒冷新寨傣族汉话是客观存在于盈江盏西社会实际交际之中的汉话。它的习得与它的交际环境密切相关。在盈江盏西，傣族汉话被当地傣族广泛地使用着，用于与汉族、景颇族、傈僳族的日常生活交际。

语言习得是指一个人获得语言的能力，这个能力是通过语言使用获得的，是在日常生活中通过大量的话语的输入不知不觉获得的。语言习得区分母语习得、第一语言的习得和第二语言的习得。母语一般指本民族习得使用的语言。第一语言是指首先习得使用的语言，第二语言是指在第一语言的基础上习得使用的其他语言。一般情况而言，母语与第一语言是一致的。

语言习得理论区分“语言习得”与“语言学习”。“语言习得”是在自然的语言环境中，通过言语交际活动，不知不觉（潜意识）地获得的一种语言，一般是母语。而“语言学习”更强调教学的系统性，一般为第二语言的掌握过程。其实学习和习得这两种获得语言的途径，并非完全不同，而是相互交叉、相互影响的。

盏西芒冷傣族的傣语习得是母语习得。母语的习得是指在特定的社会环境中通过交际自然而然获得的语言能力，其特点是情境化、生活化、个性化、有意无意地自然学习。其习得的方法是刺激体验、经验生成、模仿和运用、语感和理解等多种方式的交织结合。母语习得相对于第二语言习得较为容易，因为它是在与他人的交际时通过自身的体验而自然获得的，是积极的、主动的。母语习得是儿童的语言习得，是从发音到与意义相联系，从单词句到双词句，从简单句到复杂句的过程，其中还包括文化等因素的问题。

盏西芒冷新寨傣族汉话的习得并不是完全的第二语言的习得。第二语言习得是指在第一语言的基础上进行有意识的对比教学，通过学校教学的方式习得的。芒冷新寨傣族汉话有学校教学的重要因素，但更有当地实际交际使用的社会因素——与关上街的汉族交际，与附近山上小龙潭、白石头、象鼻岭、杨柳坪来赶街的汉族交际。

双语习得顺序是指少数民族个体按照一定的顺序，先后习得不同的语言。顺序习得是语言习得的一般规律。大部分傣族个体都是先学会母语——本民族语言，然后在母语的基础上再习得其他民族语言。根据盏西傣族个体所处的语言环境，他们的按顺序习得是先学会傣语，后学会汉语，即“先民后汉”型。对于语言习得者而言，他们清晰地知道自己是先学会什么语言，后学会什么语言的。我们在新寨调查的每一个傣族个体都说他们是先会说傣语，后会说汉语的。

在云南傣族聚居区，“先民后汉”型是绝大多数傣族个体典型的语言习得的顺序。他们的生活交际环境决定了他们首先习得傣话。随着年龄的增长、交际范围的扩大，他们进入学校上学，逐步习得、掌握了汉语。缺少社会交际的傣族个体，他们的汉语习得基本上是在学校习得的，有的是在小学高年级，有的是在初中，他们的傣族汉话才比较流利。

芒冷新寨傣族汉话的习得受到各种因素的影响，包括习得年龄的大小、习得时间的长短、习得的途径和环境等。语言的习得途径可以有日常生活习得、学校习得、对外交际习得、影视广播习得等。语言习得可以通过一种途径实现，也可以通过多种途径实现。但不管是一种途径习得还是几种途径同时习得，语言习得的最终目的都是语言使用。语言的使用与语言的习得有着最为密切的关系，语言使用的频度不仅影响语言使用的熟练程度，还影响语言习得的效果。

第二节　芒冷新寨傣族汉话习得使用的地理环境和社会环境

语言习得的途径主要是指语言习得的环境问题，当然还有具体的方法等问题。语言环境可以分为大环境和小环境。大环境一般是指一定时代及这个时代的社会背景，包括社会制度、社会观念、社会信仰以及人们的人生观、世界观、价值观和语言观等，不同的时代背景下的语言习得具有不同的时代特点。随着社会的发展、历史的变迁以及人们的价值取向的改变，对语言的选择与重视程度也会有所改变。小环境是指个人习得语言的日常生活环境、学习环境、工作环境及成长的过程和社会经历等。语言习得是在大环境和小环境的共同作用下完成的。

一、芒冷新寨的自然地理环境

云南独特的自然地理环境对云南境内各傣族汉话的习得和使用有着巨大的影响。云南地处青藏高原的南部边缘区，整个云南处于从低海拔的河谷到高海拔的青藏高原隆起的斜面上，海拔高差异常悬殊。云南所处的这个巨大的地理阶梯斜面，是历史上许多民族迁徙、移居的大通道，是形成云南民族多样性的重要的自然地理条件。

云南各民族的分布与云南的地形地势、山区坝区、江河流域、海拔高度有着密切的关系。云南山脉与山间盆地、谷地、河流相间分布，坝子边缘清晰明显。这些清晰的边缘，形成了一个个以坝子为中心相对独立的社会交际区域。这是云南少数民族分布“大杂居，小聚居”的地理基础。云南是一个多山的省份，山区、半山区约占全省总面积的94%。全省散布着许多大小不等的河谷盆地，称为坝子。坝区占全省总面积的6%，是云南主要的农业经济区，也是云南大部分城镇的所在地。整个德宏地区，脉状山地与宽谷相间，构成高山与宽谷盆地、中山与宽谷盆地，低山与宽谷盆地交错地貌，坝区与山区的区分十分明显。坝区占全州总面积的17.1%，远高于全省6%的平均值。

同一坝区及其附近山区形成的社会交际区域，交际语言大体相同。不同坝区山区的社会交际区域、交际语言就有变化。同一交际区域的不同民族相互来往较多，不同交际区域的同一民族相互往来较少。盏西地区的盏西坝子、支那坝子是傣族聚居区。在坝区没有强势的汉语腾冲方言的存在，盏西坝区的傣族大多使用傣语。他们大多又需要与附近的汉族交际，他们习得使用的汉话并不以汉语腾冲方言为目的语。如前面分析的那样，他们的汉话带有鲜明的本民族语言特征，是自成体系的傣族汉话。在盏西坝区附近的半山区、山区，居住的是景颇族、傈僳族、汉族。盏西的景颇族属载佤支系，使用载佤语。由于载佤语、傈僳语在当地不是强势语言，当地景颇族、傈僳族在与汉族交际时，习得使用的是景颇汉话、傈僳汉话，其中傈僳汉话腾冲汉语方言的特色很浓。

从行政区域来看，云南的绝大多数坝子，相互间被群山阻隔，形成了一个个相对完整的语言习得使用的交际环境。

较大的坝子一般是省、州、市、县人民政府驻地，这些城区主要使用当地汉语方言。少数民族语言保持完好的坝区，无疑对当地行政中心的城区有着重要的影响。相关的县级人民政府驻地，大都是双语使用区。这里的少数民族使用的汉话是具有本民族语言特色的汉话——少数民族汉话。在德宏，州、县级人民政府驻地的芒市镇，县级人民政府驻地的瑞丽市的勐卯镇、陇川县的章凤镇、盈江县的平原镇和梁河县的遮岛镇，都是傣汉双语使用的地区。

乡镇一级的人民政府驻地，地形多样，地势复杂，有的是在一个小坝子上，有的是在大坝子中，有的靠近山脚，有的就在山上。这些地方是云南典型的双语习得使用区，对云南双语的使用范围有着举足轻重的影响，正是这些乡镇级行政单位决定了有关州市双语使用区的地位。云南有三个阿昌族乡，都在德宏。陇川县户撒阿昌族乡的阿昌族居住在户撒坝及其附近山区，交通相对不便，形成了一个相对独立的社会交际区域，阿昌语保存得较好。梁河县九保阿昌族乡、曩宋阿昌族乡的阿昌族，居住在梁河的坝区和半山区，又与汉族、傣族杂居，靠近腾冲，居住地域交通便利。他们有的已经发生了语言转用，只会说汉语腾冲方言，有的正在从语言兼用向语言转用过渡。芒市江东乡高埂田的阿昌族，聚居在芒市的江东山区，阿昌语受外界影响较小，但附近有较为强势的腾龙汉语方言，他们处于语言兼用阶段，他们说的汉话接近腾龙汉语方言。盏西地区的盏西镇关上行政村、支那乡支那行政村、芒章乡芒章行政村是盏西镇、支那乡、芒章乡人民政府驻地，这些行政村的乡镇集市就是云南典型的双语习得使用区。

在行政村以下的具体村寨，即自然村，不论是山区还是坝区，习得使用什么样的语言视本村寨人口的民族构成而定。在少数民族聚居村寨，各村寨内部交际一般使用本民族语言，在与相同民族的其他村寨交际时，也使用本民族语言。只有外人来时，才使用不太流利的汉话与之交流。这些村寨是云南典型的少数民族语言使用区。芒冷新寨隶属于盏西镇关上行政村。村民在寨子里一般都使用傣语相互交际，在与附近傣族村寨（芒布、芒幌、姐坎、旧城、弄冒、团坡）的村民交际时，也使用傣语。又由于这些村寨靠近盏西镇的关上街，上学、赶街等与汉族交往较多，也大多使用傣族汉话交际，是双语使用区。

芒冷新寨位于槟榔江东岸，寨子东靠盏西坝子东边的山岭——象鼻岭，寨田从象鼻岭山脚一直延伸到槟榔江边，处于盏西坝子的中心区域。盏西坝子平均海拔 1000 米，年平均气温 20℃，年均降水量约 1500 毫米。盏西坝子为群山环绕，西边的山峰官众梁子，海拔 2638 米，离芒冷寨直线距离仅 11 千米。芒冷寨子东边象鼻岭后的山峰补锅垴，海拔 2524 米，离芒冷寨直线距离仅 12 千米，是盏西与腾冲的分界，海拔高差竟达 1500 多米。由于当地生态植被保存完好，芒冷新寨从未发生过山洪、泥石流现象。

关上行政村下辖芒冷、关上、旧城、弄冒、中益、芒尖、广么7个自然村。

芒冷新寨的自然地理环境与同行政村其他村寨的自然地理环境比较如表8-2。①

表8-2 关上各自然村自然地理环境比较表

自然村名称	国土面积（平方千米）	耕地总面积（亩）	水田面积（亩）	旱地面积（亩）	林地面积（亩）	有效灌溉面积（亩）	人均耕地面积（亩）	备注
芒冷	5.93	2810	1500	1310	4324	2674	1.8	
关上	1.7	1102	1002	100	800	2122	1.2	
旧城	3.81	1470	810	660	2900	1328	1.8	
弄冒	2.78	990	580	410	2300	888	1.8	
中益	0.88	370	270	100	600	284	2.0	
芒尖	1.87	670	210	460	1500	441	2.8	
广么	0.89	314	58	256	700	88	6.0	
合计	17.86	7726	4430	3296	13124	7825	2.5	

从表8-2可以看出，芒冷新寨的国土面积在全行政村最大，这在坝区寨子是较为难得的。可以说，芒冷新寨自然地理环境的总体情况代表了全行政村的情况。

交通条件主要影响交际的便利性，对傣族汉话的使用至关重要。便利的交通条件对于语言之间的影响是很大的。以前很多少数民族地区和汉族地区之间没有公路相通，马帮成为交际贸易的主要形式。在这些地区，大多数人不会说汉话，少数民族语言是最为重要的语言，汉语是一种很次要的语言。当地少数民族群众的生活贫困而简单。

中华人民共和国成立之后，为了发展少数民族地区的经济和便于管理，人民政府修建从村里面到乡上和县上的公路，打开了各民族交往的大门。盏西地区因特殊的自然地理环境所限，走小路翻山到腾冲县城要一天，走大路坐客车绕道到腾冲县城也要一天。去直线距离较远的盈江县城还相对方便。近年来，进出盏西道路的改建，槟榔江上多座大桥的建成，极大地改善了盏西地区的交

① 根据云南数字乡村——新农村建设信息网数据整理，数据来源：盏西镇人民政府办公室：《自然资源》，载云南省数字乡村网，www.ynszxc.gov.cn，2014。

通状况，各民族交往更加方便。关上行政村已经实现了公路村村通，家家户户都至少有一辆摩托车。在芒冷新寨，有十多户人家已经有了小轿车。芒冷新寨与关上街虽然直线距离很近，但是中间隔着槟榔江，原有的砂石木桥，经常被槟榔江水冲毁，很多情况下靠摆渡过江，交通不便。故历史上一直归同岸 3 千米外的姐坎管辖。随着经济的发展，交通的便利，芒冷新寨自然村的行政归属也发生了一些变化。槟榔江钢混水泥大桥建成后，芒冷新寨划归关上行政村，成为关上行政村唯一槟榔江东岸的自然村，不再隶属姐坎行政村。

在盏西地区，交通的便利极大地拓展了傣族汉话的使用范围。当然，盏西地区是同一条道路进出的“死胡同”的交通状况还没有得到根本的转变。笔者调研时已经修通了盏西到腾冲的毛路，这条道路的正式修通将彻底改变盏西道路不能与外界循环互通的状况，对盏西地区社会经济的发展，对盏西地区与外界的交流将产生极大的影响。

二、芒冷新寨的社会环境

芒冷新寨傣族汉话的使用与习得，不仅与地理环境有关，更与社会环境有着密切的关系。社会是以共同的物质生产活动为基础而相互联系的人类生活共同体。语言与社会相互依存，涉及社会生活的所有领域。

语言的习得途径是多样的，从社会环境的角度看，可以有村寨社区习得、集市街子习得、学校习得、对外交际习得、影视广播习得等。这些习得途径和使用环境构成了语言习得使用的社会环境。

（一）村寨习得

村寨是有着一定地域的以共同物质生产活动为基础的社会的基本单位。村寨由若干个家庭和基层的管理机构组成。村寨的人口构成和分布是云南少数民族大杂居小聚居的具体体现。村寨民族人口的构成比例，决定了村民们习得使用的语言。

村寨是少数民族个体交流交际、习得语言的最重要的场所，对少数民族个体语言的习得与使用极为重要，其重要性远远超过家庭。村寨是双语区，少数民族个体就习得、使用双语；村寨是单语区，少数民族个体就习得、使用单语。较大的少数民族聚居村寨，常设有初级小学，但学校对少数民族个体的影响远没有村寨的影响大，尤其是学龄前儿童。在少数民族聚居村寨，即便是入学的儿童，他们的汉语水平也要在小学三、四年级后才能有明显的提高。

村寨语言的使用在母语的习得中起着举足轻重的作用。村寨语言是人们出家门时使用的语言，是村寨全体成员进行公共活动时使用的共同语言。为了达到有效交流的目的，一般会选择使用频率较高、使用人数较多的语言。家庭使用的语言与村寨使用的语言一致，语言习得效果就起叠加效应。家庭使用的语言与村寨使用的语言不一致，大多数情况下，为了达到有效交际的目的，家庭语言就服从于村寨语言。在云南各民族大杂居、小聚居的环境下，村寨语言大多使用民汉双语，具体的使用场合视交际内容和使用人口而定。村寨使用单一语言，少数民族个体就习得单一的语言；村寨使用民汉双语，少数民族个体就同时习得民汉双语。习得的水平视各语言使用的频率而定。就芒冷新寨而言，由于全寨都是傣族，他们日常生活习得的是傣语，村寨语言不是傣汉双语，而是傣语单语，至今仍有部分老年妇女不会汉语。

从关上行政村内部各村寨人口的构成来看（参见表 1–10 关上行政村各自然村各民族人口统计表），全村下辖芒冷、关上、旧城、弄冒、中益、芒尖、广么 7 个自然村。

芒冷新寨和关上街是两个旗鼓相当的大寨子，两个寨子相距仅隔一条槟榔江，但汉族人口与傣族人口比例恰恰相反。关上街是盏西镇人民政府驻地，清代就有汉族居住，形成街子，当时又归腾冲管辖，汉族理所当然地成为大多数。一江之隔的芒冷新寨，产生了恰恰相反的情况。芒冷新寨为全行政村人口最多自然村，傣族人口在芒冷占绝大多数，达到 96.92%，傣语在芒冷寨理所当然地成为最主要的村寨语言。

（二）集市（街子）习得

外出交际习得主要有乡镇集市习得、外出学习、工作习得等。这里主要分析集市习得。除了家庭、村寨、学校以外，集市也是语言习得的一个重要途径。

集市是人们生活不可缺少的一部分，人口流动性很大。随着商品经济的发展，云南各少数民族和汉族发生了前所未有的双向流动，许多汉族进入少数民族聚居区工作、生活。他们做工、务农、经商、教学。受当地语言环境的影响，一些汉族或多或少地学会了当地的少数民族语言。有些经商者长期居住在少数民族聚居区，已经能用少数民族语言进行对话，在集市，经常会听到一些外来经营者用很不地道的少数民族语言与当地民族做买卖，但双方都能听懂。外来经营者在集市学到少数民族语言，而很多少数民族个体也在集市上学到了汉语。特别是生活在山上的少数民族个体，他们经常到附近集市赶集，从原来不会说一句汉语，到后来能逐步熟练地使用汉语。芒冷新寨附近的关上街，即关上自然村，是盏西镇的主要集市，主要人口由腾冲汉族组成，在街子上使用腾冲汉语方言。芒冷新寨傣族的汉话有很大部分是在关上街的买卖过程中习得的。

集市是商品、农副产品交易的主要场所。集市不单是各民族之间产品交换的场所，更是各民族语言、文化相互交流碰撞的地点。云南汉语方言把集市叫做“街子 [$kɛ^{44}tsɿ^{51}$]”，街子不是天天有，云南很多地方按十二生肖属相来排“街天”，赶集叫“赶街 [$kan^{53}kɛ^{44}$]”。集市的人口流动性很大，常常聚集了不同民族的买卖者，使用不同民族的语言。乡镇政府驻地肯定有集市。村委会驻地、较大的自然村组，只要有需要和条件，都会形成大小不等的集市。达成有效交易，是交易双方的主要目的。交易双方使用何种语言方式进行交际，都是为这个目的服务的。为达到这个目的，集市的语言使用是很灵活、很开放的。盏西关上街子是盏西镇最大的集市。每逢街天，坝区的傣族、山区的景颇族、傈僳族和汉族把自己种的蔬菜和各种山货拿到街子上出售，然后再买回自己需要的各种日用品。当地腾冲汉语方言、外地汉语方言、普通话、傣族汉话、傣语、景颇族汉话、景颇族载佤语，甚至手势辅助语等都会在集市上出现。盏西集市的经营者主要由当地人和外地人组成。当地人主要经营蔬菜、日用小百货、当地土特产、餐饮、旅社、交通等。这些当地人有腾冲汉族、当地傣族，也出现了一家当地山上景颇族开的商店，售卖景颇族的特色日用商品。近年来，关上街也开了两家中型超市，并有专业的摩托车、家电售卖商店。售卖者一般都会使用双语，视购买者的不同而采用相应的语言。外地人多是内地来的汉族，一般以保山人、四川人为多，没有内地常见的江浙一带的人员。这些外地人一般经营粮油、服装、家电、摩托车、建材等，他们有时使用不太标准的外地普通话，有时也模仿当地汉话。

在集市交易时，至少在讨价还价时，交易双方语言中使用的数量词语是要首先学会的，云南少数民族语言的数词常常出现借用汉语的情况。傣语的数词系统借用的是汉语。掌握这些借用汉语的数词，为交际双方在集市上的有效交际提供了极大的方便。在一家傣族人开的小吃店，先来了个关上街的汉族女士说了句“饵丝两碗”，老板娘马上煮了两碗饵丝端出，请女士自配佐料后享用。

不一会儿，来了位傣族大爹，说了句“毫甩（饵丝）万（碗）楞（一）”，老板娘又马上煮了碗饵丝端上。

盏西关上街的集市是典型的双语使用区。

芒冷新寨与关上街隔江相望的地理位置优势，使得芒冷新寨傣族到关上赶街购物、上网娱乐成为常态。芒冷新寨的中青年傣族个体，不论男女至少都上过小学。在学校教育和社会交往中，自然而然地习得了汉语，当然他们说的是傣族汉话。常到街子上做买卖的傣族，都能熟练使用傣族汉话和汉族交流。若是遇到其他傣族村寨来的傣族，他们就用傣语和对方交流。

芒冷新寨是个典型的傣族大寨子，村中的主要道路通往山上的汉族寨子（白石头、小龙塘、象鼻岭、杨柳坪等）和傈僳族寨子（刺竹坝、小麻园）。村头是一个汉族大庙——关帝庙。据说该庙的关圣较为灵验，因而香火较旺，来许愿还愿的人不少。这些人多是汉族和傣族，不仅有盏西的当地人，还有来自盈江、腾冲、保山的。在寨中这条道路两旁，开了几家傣族小卖店，本寨村民也在这里卖水豆腐、凉粉、豌豆粉等傣族小吃，自然而然地形成了一个小街子。下山、上山的汉族、傈僳族，常在这歇脚，买点香烟、小食品。买卖过程中，汉语和傣语、傣族汉话经常交替出现，交际双方基本上听得懂对方的语言，因而没有影响买卖双方的沟通和交易。

距离关上街很近，寨子中有小学校，马帮路通往山上的要道，寨子中有关帝庙，多种因素的叠加使得芒冷新寨正在从傣族单语地区向傣汉双语地区转化。

（三）学校习得

学校是使用傣族汉话的重要场所。

学校本身也是一个小的社会环境，对少数民族个体双语的习得有着重要的作用。在云南少数民族聚居区，少数民族个体汉语的习得绝大多数是来自学校。芒冷新寨是傣族聚居区，在调查时，该寨的傣族个体都说，他们的汉话是上了芒冷小学以后才会说的。

在多民族的杂居地区，学校也是习得其他民族语言的环境。在学校，老师主要用汉语授课，同时用少数民族语言辅助教学，同学之间用少数民族语言交流的时间较多，时间久了不同民族的个体既学会说汉语又会说其他民族的语言。他们的汉语是在语言教学的方式下习得的，他们的民族语是与同学交际在自然状态下习得的。盏西中学虽然地处盏西坝区核心区域，但整个盏西属于多民族杂居地区，盏西中学除招收傣族、汉族学生外，主要还招收附近山上的景颇族、傈僳族学生。课下，这些学生相互之间也习得了一些其他民族的语言。学校中有景颇族、傈僳族的学生用本民族语言进行交际，很多傣族、汉族学生就可能自然习得景颇族载佤语及傈僳族傈僳语，当然，更多的情况是景颇族、傈僳族的学生自然习得了傣语。

在云南少数民族聚居区已基本建立了较为完善的九年义务教育体系，包括学前教育、小学教育、中学教育。一般来说，村寨有初小，村委会有完小，乡镇有初中，县城和大一些的乡镇有高中。芒冷新寨是全行政村最大的傣族村寨，全村 394 户 1815 人（2014 年），理所当然地有一个完全小学——芒冷小学。据芒冷小学老教师介绍在 1998 年芒冷小学的学生人数曾达到 358 名。当时每年都毕业 2 个班 100 多名学生。现在随着计划生育的推行，学生人数明显减少。2015 年有教师 10 位，其中傣族 8 位、汉族 2 位；有学生 128 名，其中一年级 31 名、二年级 15 名、三年级 30 名、四年级 18 名、五年级 15 名、六年级 19 名。学生中 98% 是傣族，2% 是汉族。学前班、一年级曾进行过傣语傣文的教学。芒冷小学的学习成绩在盏西镇旧城、关上、团坡、遮坎、芒冷五大完小中，一般排第二名、第三名。

芒冷是傣族聚居的村寨，寨子里的傣族儿童首先习得的是傣语。绝大多数学龄前儿童入学前几乎没有接触过任何类型的汉语，他们使用的是当地傣语。上小学前汉语水平十分有限，一点儿也不会的是大多数，如果直接用普通话教学会有难度。小学低年级老师（包括学前班、幼儿园）的教学语言首先必须是当地傣语。芒冷小学根据学生的情况，在低年级阶段安排傣族教师给学生授课，教师上课采用少数民族语辅助普通话教学的方法，一般是先用普通话讲，再用少数民族语言翻译，或者普通话讲不明白的地方，用少数民族语言来解释，这样学生理解起来就会较快。随着学生活动范围的扩大，在本村傣族汉话、老师教授的普通话、当地关上街腾冲汉语方言、广播影视媒介的普通话等多重语言环境的影响下，他们首先习得并掌握了的是当地傣族汉话，然后再逐步习得掌握普通话。在他们从当地傣语向普通话过渡的过程中，村寨的傣族汉话是他们不可绕过的一个重要环节。芒冷新寨有的傣族村民为了让子女尽快掌握普通话，孩子从小就被送到关上街的幼儿园、学前班，以后就在关上小学上学。由于普通话一般只在学校的环境中使用，这些孩子的普通话并不令人满意。与此相反的是，当地土生土长的傣族汉话，由于其易学易用、方便交际，孩子们都能很快掌握。在调查中，很多傣族孩子都说，他们在三年级、四年级汉话（傣族汉话）就已经说得很好了。傣族小学生到了三四年级，基本能够适应普通话教学并能用普通话回答问题，但是他们的普通话即便是到小学毕业也只是说得一般。

盏西中学，即盈江县第六初级中学，设在盏西镇关上街的狮子山脚下。据盏西中学老师介绍盏西中学在校学生有 840 多名，其中汉族约占 30%，傣族约占 30%，景颇族主要是载瓦（小山）支系，约占 30%，傈僳族占 10%—15%。汉族的人口比例在盏西地区仅为 19.1%，盏西中学汉族学生比例偏大的原因主要是关上街的外来汉族的子女。盏西中学傣族、景颇族、傈僳族学生的人口比例与盏西地区的总人口比例大体一致（参见表 1-6 盏西地区各民族人口统计表），但就具体班级而言，会有较大出入。据 2015 年盏西中学毕业的芒冷傣族学生寸德龙（时年 15 岁）说，他们全班有 46 人，班上的傣族学生有 20 多个，景颇族学生有 10 多个，傈僳族学生五六个，汉族学生四五个，汉族学生最少。盏西中学有 64 位老师，景颇族老师有 2 位，傣族老师有 8 位，其余的都是汉族老师。盏西中学没有傈僳族老师，但附近小学有傈僳族老师。盏西中学的汉族老师中，有 2 位来自曲靖，本地的有 5 位，其他的来自腾冲。这些汉族老师大都会说初步的傣语日常用语，主要是招呼语、问候语。傣族、景颇族老师都会说本民族语言。在上课时，有些傣族、景颇族学生理解不了的内容，老师就用傣语、景颇载瓦语解释。少数民族学生与少数民族老师在相互交际时，都使用本民族语言。

盏西中学初中生入学时，有的汉话讲得很不清楚，有的只会听，不会说。上课时，使用民族特色很浓的汉话。景颇族学生、傈僳族学生尤其突出。学生们在说汉话的时候，老师很容易分辨出他们的傣族口音、景颇族口音、傈僳族口音和汉族口音。有的学生不会写复杂的汉字。如“鼎”字是画着写，不是一笔一画地写。学生入学时，景颇族学生不会说普通话，大部分傣族学生的普通话也说不好。

盏西中学的老师上课时使用普通话，教学语言三步走：普通话—方言—民族语言。有的学生听不懂普通话，下课辅导的时候老师就用当地汉话辅导，个别的学生还不懂，老师就用民族话辅导。以前小学升初中是考试，考不过，还可复读一年。现在“普九”以后，所有的学生都免试上中学。盏西中学的老师都持证上岗，都说普通话。老师上课说普通话，下课说各自的汉话。傣族老师遇着傣族学生，讲讲傣话，感到很亲热。景颇族也是这样。学生课后讲什么话视具体环境而定。相同民族的学生在一起，肯定是用本民族语言。不同民族的学生在一起，就使用汉话。盏西中学的一位傣族老师岳虎谈到，初中教学，有地方读本，涉及民族语言，但老师不好找。山上小学撤校并校，景颇族的小学生下山后，三下两下就学会了其他民族的语言。关上中心校，一个学生会当地四种话的都有。在盏西中学，不同民族的学生相处时间长了，都会讲一点儿对方的语言。景颇族会讲傣话，傣族会讲景颇话。由于有语言环境，岳老师建议，开个语言兴趣班，以兴趣引导，当地其他民族的话学生很快都能学会。

盏西中学同关上街一样是一个各种语言习得使用的语言交汇区。

在大量的调查中我们看到，不管主观意愿如何，绝大多数少数民族个体习得汉语的过程是：首先先习得汉语当地话（这个汉语当地话可以是少数民族汉话，也可以是当地汉语方言），这一过程在小学三年级或四年级就能完成；接着再习得普通话，这一过程一般在小学五年级、六年级，或在初中才能完成，有的甚至一直未能掌握普通话。在少数民族语言占优势的地区，虽然可以直接实施普通话的教学，但是少数民族孩子到了乡镇或县城以后，汉语当地话的影响必然会出现。汉语当地话是少数民族个体学习汉语不可回避的一个重要环节。过于强调一入学就必须学习普通话，由于没有使用环境，结果是普通话没学好，汉语当地话也没说好。汉语使用与汉语教学的脱节，增加了国家通用语言文字学习的难度，延缓了少数民族个体掌握国家通用语言文字的过程。

第三节 芒冷新寨傣族汉话习得使用的家庭环境

家庭是社会的基本细胞，每一个人都在家庭的环境中诞生、成长、学习和生活，家庭中的相互交流是社会最基本的交际。家庭维护着法律和社会秩序，承担着各种社会责任，家庭除了抚养教育的作用外，还具有生产的职能。这种生产职能在相当长的一个历史时期是不会被社会所代替的。家庭环境对最初语言的习得和使用起着极为重要的作用。在一个家庭中总会有一种语言或一种以上的语言作为家庭内部语言。家庭使用语言的选择由多种因素决定，这包括家庭成员的民族构成、家庭成员的某一语言使用能力、家庭所在村寨使用的语言、语言通过多种渠道对家庭的影响等。

家庭对语言习得的重要作用仅次于村寨。母语的习得主要是通过家庭村寨的日常生活习得。就族内家庭而言，一般是受父母的影响最多。父母是汉族，说汉语，孩子的母语就是汉语；父母是少数民族，说少数民族语，孩子的母语大多就是少数民族语言。对于族际家庭而言，孩子的母语习得取决于父母使用何种语言的频率高低。

一、芒冷新寨傣族家庭对外交际时使用的语言

云南少数民族家庭（包括族内家庭和族际家庭）在家庭内和家庭外使用语言的情况并不一致。一般而言，家庭内使用的语言是相对稳定和固定的，家庭外即村寨社会使用的语言常因社会环境的不同而有差异。一般由交际对象和交际环境决定。基本原则是以达到有效交际为目的，见什么人说什么话。当不会说对方民族的话时，说汉话。这个汉话可能是当地汉话，也可能是少数民族汉话。芒冷新寨的傣族对外交际时，一般是见傣族说傣话，见汉族说傣族汉话，不知道对方民族时，为达到有效交际的目的，说傣族汉话。

在多语种家庭中，有一种语言是主要的。这种语言一般是与家庭主要民族相一致的本民族语言，有时也是汉语。家庭成员中，主要的多语人员一般是户主，他的主要责任是维护家庭对内对外的交际。家庭的其他成员，有的可能也是多语人员，有的可能只会本民族语或汉语。毫无例外的是，各个家庭对外使用的语言都有汉语。

二、族内家庭的语言使用与习得

族内家庭是指由同一民族组成的家庭。在云南少数民族聚居的村寨，如果均系同一民族则使用本民族语言。这时族内家庭使用的语言就是当地村寨的少数民族语言。如果家庭周围有多种语言环境存在，也可以有不同的语言使用情况。

据当地村干部介绍，2015 年芒冷新寨有 143 户傣族，140 户均属于傣族族内婚姻家庭，所占比例达 97.91%。[1] 在这样的环境下，家庭内部的全体成员均使用

① 外出打工在外组成家庭，外嫁内地的傣族，不在统计之列。

傣语。每一个傣族家庭的成员在成长过程中，都自然习得了傣语，都通过傣语接受长辈传授给的生产经验、生活常识。平时的聊天儿、谈话也都说的是傣语。新寨的年轻人不管是从外地打工回来的，还是嫁到外地回娘家的，在新寨也使用傣语向长辈或同辈们描述外面的世界和生活。随着经济的发展，通信的发达，电话、电视已经覆盖了整个盏西地区。那些外出的游子虽然在外地日常生活中已经没有使用傣语，但是在与家人的通话中，他们一个个却大声说着傣语。

芒冷新寨的傣族家庭，在家庭成员内部交际时并不使用傣族汉话，只是在与汉族等其他民族交际时，才使用傣族汉话。正因为如此，傣族儿童最初习得的语言是傣语。傣族汉话的习得是上小学以后的事。

三、族际家庭的语言使用与习得

族际家庭是指由两种或多民族组成的家庭。云南民族分布大杂居、小聚居的格局使得各民族相互交际、交流频繁。交际交流发展到一定的程度必然出现相互通婚的情况。云南民族较多，分布地域较广，所以族际婚姻家庭也较多。族际婚姻组成的家庭可以是汉族与少数民族组成的家庭或者是某一少数民族与另一少数民族组成的家庭。

芒冷新寨的族际婚姻家庭极少。2015 年芒冷新寨只有 3 户族际婚姻家庭，占总户数的 2.1%。其中傣族娶景颇族媳妇的家庭有 2 户，傣族娶汉族媳妇的 1 户。

寸代宽的家庭是傣族娶景颇族的族际家庭。寸代宽（也用“寸待宽”），傣族，1976 年出生，外出务工帮人砍甘蔗时，在陇川认识了景颇族（载瓦支系）姑娘张木噜。张木噜，1979 年出生，景颇族，家在陇川县城子镇巴达村卡弄寨，离城子镇 20 千米。张木噜上过陇川清平乡初中，1998 年 19 岁时被寸代宽娶到芒冷新寨，与寸代宽育有两个孩子，姐姐寸丽芳，弟弟寸丽阳。寸丽芳年幼时与外婆生活在一起，当时只会讲景颇话（载瓦语），后回到芒冷新寨读书上学。寸丽阳一直在芒冷新寨生活、读书上学。寸代宽家的语言使用情况是：寸代宽只能听懂一点儿景颇话，但无法交际，与张木噜只说汉话（傣族汉话），与寸丽芳、寸丽阳说傣话。张木噜会景颇话（载瓦语），但只与寸丽芳说，能够听懂部分傣话，但不会说，怕说不好被人笑，故与丈夫寸代宽、儿子寸丽阳交流时，说景颇族汉话。寸丽芳会用景颇话（载瓦语）与母亲交流，使用当地傣话与父亲、弟弟交流。寸丽阳与父亲、姐姐使用当地傣话交流，与母亲使用当地傣族汉话交流。对外交流时，全家都使用当地傣族汉话或景颇族汉话。寸代宽家庭内部语言使用情况如图 8-1。

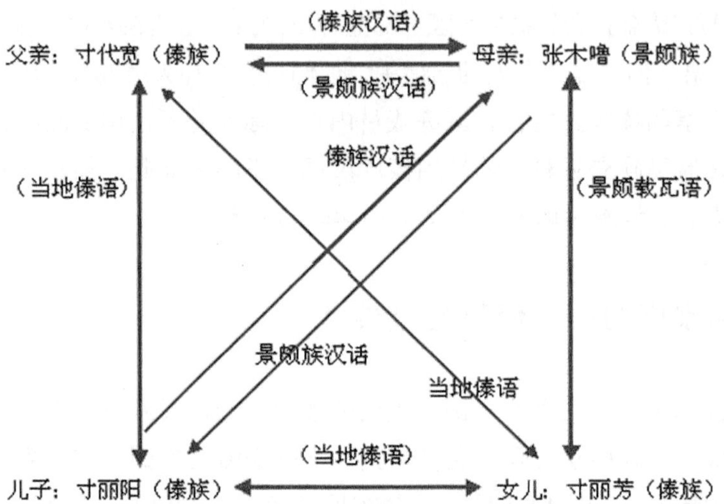

图 8–1　寸代宽家庭内部语言使用情况图

从图 8–1 可以看出，当不同民族语言不能交流时，傣族汉话、景颇族汉话就成了主要的交际工具。父亲寸代宽、儿子寸丽阳傣族汉话的声调模式与芒冷新寨傣族汉话的声调模式相同，母亲、女儿的情况就不一样了。图 8-2、图 8-3 是张木噜的汉话和寸丽芳的汉话的四声音高图。

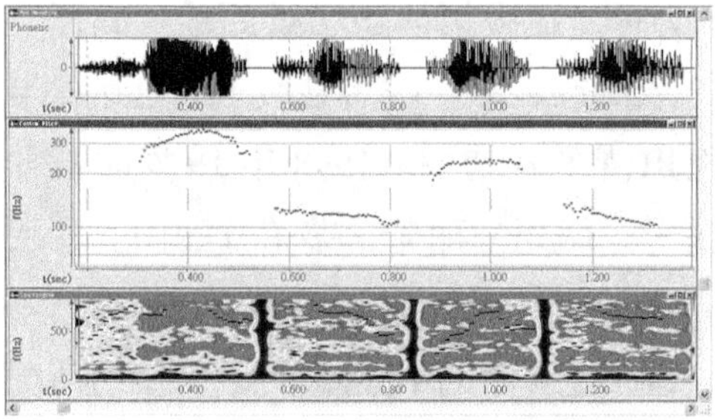

山　城　点　镇

图 8–2　张木噜（母亲）景颇族汉话四声音高图

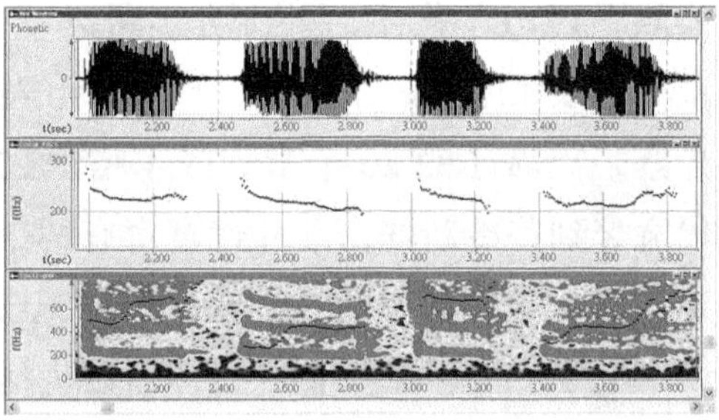

波　云　耳　怒

图 8–3　寸丽芳（女儿）傣族汉话四声音高图

从图 8–2、8–3 可以看出，女儿寸丽芳傣族汉话的声调已经发生了变异。母亲张木噜景颇族汉话的声调模式完全是另一个体系，与当地傣族汉话的声调体系截然不同。

芒冷新寨另一傣族与景颇族的族际家庭刚组成不久，是芒冷新寨的寸守会的儿子。他在普关景颇山寨当小学教师时，结识了当地普关李家山大田坝的景颇族姑娘，现有一个 1 岁左右的小孩。妻子能听懂一点儿当地傣话，与家人交际使用景颇族汉话。

在芒冷新寨，有一个汉族女子嫁到傣族家庭，但由于傣语在家庭内部是强势语言，所以汉族媳妇也学会了傣语，平时在家都是用傣语同家人交流，只有在使用傣语无法完整表达自己的想法时，汉族媳妇才会使用汉语来辅助表达。

芒冷新寨傣族娶汉族的是寸代国。寸代国，1973 年出生，傣族，盈江盏西糖厂职工。妻子张正英，1974 年出生，盈江新城的汉族，能讲傣话。儿子寸德龙，15 岁，盏西中学初中毕业，准备到县城上高中。寸代国与张正英说当地傣族汉话，与寸德龙说当地傣话；张正英与寸代国、寸德龙说当地傣族汉话；寸德龙与寸代国说当地傣话，与母亲说当地傣族汉话。由于母亲是汉族，寸德龙在上小学前已经会一点点汉话了。平时张正英对寸德龙汉话也说，傣话也讲，说不了傣话的，就用汉话代替。寸德龙认为母亲对别人可以用汉话，但应在家中说傣话，对自己讲傣话比较好。

四、一个族际家庭语言使用与习得的个案

一般来说，少数民族转用汉语的现象主要发生在散居内地的少数民族或长期在汉族聚居区工作的少数民族干部及其子女当中，特别是在汉族与少数民族组成的族际家庭中。由于与汉族的长期交往，他们已不在社会交际中使用少数民族语言，而改为使用汉语。在家庭中的使用则有各种不同的情况。一般说来，上辈还能使用一些少数民族语言，年轻的下一代可能只会听不会说，或者已完全不能用少数民族语言进行交际了。这种情况主要是由内地云南少数民族所处的社会环境条件和少数民族个体本人的意愿决定的。从使用层级来看，有的可能既会听又会说，有的可能说得已不熟练，有的可能只会说一些基本语

句，有的可能只会听不会说，有的可能既不会听也不会说。[①]

在芒冷戈家寨出现了一个汉族娶傣族的家庭。芒冷戈家寨汉族娶傣族的家庭是戈定邦家。戈家祖上在腾冲勐蚌，当时勐蚌也属于盏西地界。戈定邦娶了勐蚌的汉族樊凤银。在勐蚌结婚后搬到芒冷戈家寨，戈定邦和樊凤银均使用勐蚌腾冲汉话。中华人民共和国成立初期，戈定邦之子 8 岁的戈宗岳从勐蚌来到芒冷，在使用勐蚌腾冲话的同时，由于与傣族杂居，逐步学会了傣话，也会说傣族汉话。戈宗岳后娶了戈家寨的傣族雷咩氏，妻子不会讲腾冲汉话。戈宗岳与她都说傣族汉话。戈宗岳有三个儿子自幼均习得了当地傣话，也会说当地傣族汉话，而不再会说腾冲汉话。这些孩子后来也娶妻生子，妻子均为当地傣族，在各自的家庭中均使用当地傣话交际。戈定邦早已去世，现除戈宗岳继续使用勐蚌腾冲话外，三个儿子、儿媳妇、孙子女均使用当地傣话和当地傣族汉话，语言使用的情况与当地傣族没有什么区别。下面是戈宗岳家不同辈分语言使用情况表。

表 8–4　戈宗岳家不同辈分语言使用情况表

辈分	姓名	出生年份	民族	使用语言	妻子姓名	妻子民族	使用语言
祖辈	戈定邦	1911 年	汉族	腾冲汉话	樊凤银	汉族	腾冲汉话
父辈	戈宗岳	1941 年	汉族	腾冲汉话 傣族汉话	雷咩氏	傣族	当地傣话 傣族汉话
子辈	戈其政	1978 年	汉族	当地傣话 傣族汉话	寸守英	傣族	当地傣话 傣族汉话
孙辈	戈体传 戈金梅	2000 年 1999 年	傣族	当地傣话 傣族汉话	——	——	——

在 2015 年调查时，戈宗岳一直与我们说着腾冲汉话，而他的儿子、孙女一直与我们说着傣族汉话。从表 8–4 可以看到由于傣语环境的影响，只需两代就可以从来源地的汉话转换为少数民族语言，而且这还是发生在中华人民共和国成立后。我们看到，在这个转化过程中，一直存在着傣族汉话，可以说傣族汉话在戈家后人转用傣语的过程中起着关键性的过渡作用。下面是戈家祖孙三代汉话四声音高图。

① 王渝光、单春樱、崔梅：《汉傣语言文化论》，230 页，昆明，云南教育出版社，1997。

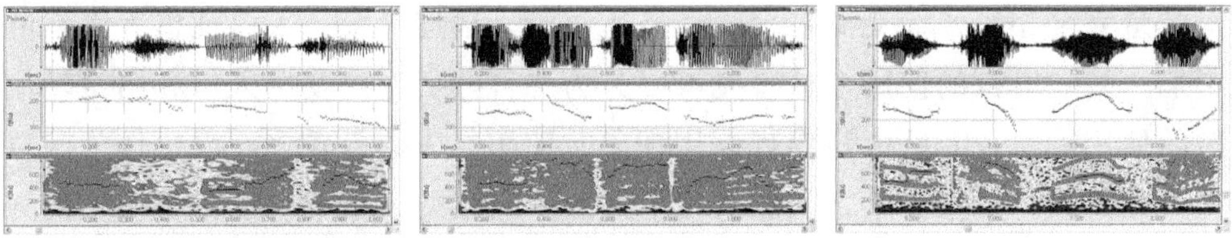

A. 戈　其　　武　　政　　B. 戈　其　　盏　　政　　C. 丢　　陈　　米　　吊

戈宗岳（时 74 岁）　　戈其政（时 37 岁）　　戈体传（时 15 岁）

图 8–4　戈家祖孙三代汉话四声音高图

从图 8–4 可以看出，戈宗岳还是腾冲汉话的音高模式，其子戈其政、其孙戈体传已经是典型的芒冷新寨傣族汉话的音高模式。在傣语处于强势地位的情况下，这种类型的汉语转用傣语，两代就可以完成。这主要表现在戈宗岳与戈其政之间。虽然戈其政自己认为还是汉族，但他与戈体传之间的语言使用，完全是傣族家庭内部的语言使用情况，已经没有腾冲汉话的痕迹了。就戈体传而言，他一开始接触的语言就是傣语，后学会了当地傣族汉话。虽然他能听懂爷爷的腾冲汉话，但绝对不会说。从语言学的角度看，这需要做整个声调模式的调换，难度较大。如果要换的话，还不如真的换成普通话来得容易。从戈家后人这个语言转用的特例我们看到，即便是在交流频繁、科技发达的现代，在少数民族语言强势的地区，当地汉族转用少数民族语言也是可能的。同时我们也看到，在语言兼用、语言转用的过程中，无论是谁转用谁，少数民族汉话都起着关键的桥梁作用，也就是中介作用。

第四节　芒冷新寨傣族汉话的使用人群

一、芒冷新寨傣族汉话使用的人口数量

一般来说，某一民族语言使用的人口数量应该与该民族的人口数量是一致的，一个民族有多少人口就应该有多少人会使用这种民族语言。但在实际使用中，一个民族的人口数不一定与使用这种民族语言的人数相对应，会有一定的甚至是较大的出入。某一民族语言使用的人口数量并不与该民族的人

口数量完全相等，会受到社会、经济、政治、地理环境、人口迁移等因素的影响。某一语言的使用人口首先可以分为语言兼用型的使用人口和语言转用型的使用人口。有些语言出现兼用现象，使用的人数就较多。汉语作为汉族与少数民族、少数民族之间的交际语，使用汉语的人数就明显多于汉族的人数。有些民族出现转用其他民族语言的现象，这些民族语言使用的人数就少于本民族的人数。

云南少数民族大多属于语言兼用型的使用人口，他们使用自己的民族语言与本民族的成员交流，使用汉语与汉族进行交流。造成双语现象最根本的原因还是语言接触和民族交流，双语是语言接触的结果。民族之间文化、政治、经济等方面的频繁往来要求相互交际，是产生双语现象的直接动因。

在盏西地区，虽然汉族人口的比例较低，但是会说汉话的人数远高于汉族人口的比例数。凡是上过小学的少数民族个体几乎会说汉话，虽然他们的汉话是傣族汉话、景颇族汉话或者傈僳族汉话。

民族杂居最容易形成双语使用。不同民族杂居在一起，客观上提供了互相学习对方语言的条件。不同民族之间的交往，必然需要学习对方的语言。云南各少数民族村寨，凡是跟其他民族杂居的，双语现象就比较普遍，双语程度就比较高。某一村寨如有不同的民族杂居且使用语言达到一定的人数，就会集体兼用一种或几种民族语言，村寨的个体也就具备了兼用一种或几种以上其他民族语言的能力。

在芒冷新寨的村寨内部，民族杂居的现象并不明显，傣族相互之间使用傣语交际是典型的傣语单语区。但从整个盏西地区的大范围来看，芒冷新寨又是典型的双语区。芒冷新寨的傣族到附近关上街赶街，或与进到村寨的外人说话，就使用傣族汉话。

教育的发展是形成双语现象出现的一个重要因素。芒冷本身有一个完全小学，早就完成了小学教育的普及工作，各傣族个体都具有使用当地傣话和傣族汉话的双语能力。整个盏西地区，正在完成普及九年义务教育的工作，这项工作的有效完成，将极大地提高盏西地区使用普通话的水平。从芒冷新寨来看，普及小学教育，解决了说傣族汉话的问题；普及初中教育，将解决说普通话的问题。

二、芒冷新寨不同年龄段傣族汉话的使用

寸德方的傣族汉话声调模式，是否是整个芒冷新寨的典型代表，这需要做历时的研究。不同代际傣族个体间的傣族汉语使用层级，存在着一定的差异。这种差异与这些傣族个体的受教育程度、活动区域、周边环境有着密切的关系。

中华人民共和国自成立后就非常重视少数民族地区的教育。当时的傣族小伙子现在也 80 多岁了。芒冷新寨与关上街距离相当近，这里同时又是象鼻岭、白石头、小龙潭、杨柳坪等汉族村寨的主要通道，这些环境都加强了芒冷傣族与汉族的交往。可以说，芒冷新寨的老年傣族男性，没有一个人是不会说傣族汉话的。尽管他们的发音不是很准确，但是进行交际是没有问题的。芒冷新寨的中年人大多完成了“普六”，部分完成了“普九”。“80 后”“90 后”“00 后”的年轻人，生长在改革开放时期，这些人大都能顺利地完成九年义务教育，很多人还升入高中、职高学习，有的进入大学学习。他们的傣族汉话声韵母的发音开始接近普通话。然而，尽管他们的声韵母的发音可以接近普通话而不是像老一辈那样接近腾冲话，但是老中青少傣族汉话的声调模式却是稳定的。图

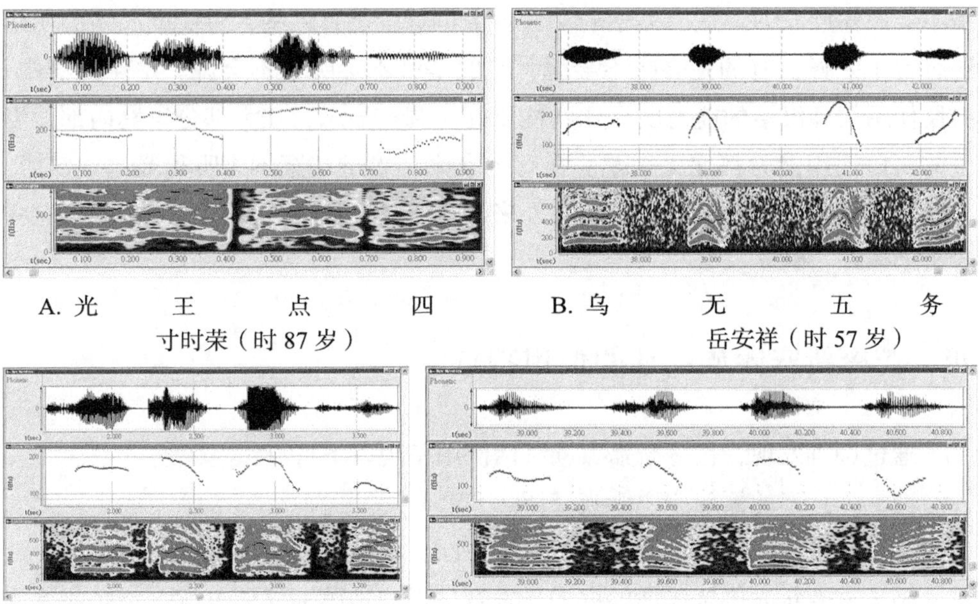

A. 光　王　点　四
寸时荣（时 87 岁）

B. 乌　无　五　务
岳安祥（时 57 岁）

C. 西　琴　每　世
岳虎（时 28 岁）

D. 家　峡　假　价
寸德方（时 15 岁）

图 8–5　芒冷新寨老中青少傣族汉话四声音高的比较图

8–5 为 2015 年芒冷新寨老中青少傣族汉话四声音高的比较图。

从该比较图可以看出，芒冷新寨傣族汉话的声调音高模式，即“傣腔傣调”的音高模式，80 年来一直没有根本的变化。这个模式是长期的、稳定的，是不受其他因素干扰的。这个稳定性也容易得到解释，因为这个模式的来源就是傣语中的汉语借词语音系统，只要傣语还在使用，傣族汉话的声调模式就将一直稳定地存在下去。

进入新世纪以来，新一代的青少年在小学毕业时已经熟练掌握了傣族汉话，初中毕业时，掌握了普通话。他们能熟练地在普通话和当地傣族汉话两个声调体系之间自如地变换，声韵母发音更加准确。他们的傣族汉话、普通话都说得较好。

三、芒冷新寨不同性别间傣族汉话的使用

在芒冷新寨，不同性别的傣族使用傣族汉话仍有一定的差别。其中有部分傣族中老年妇女，由于她们没有上过小学或小学上了不久就辍学了，再加上她们与汉族接触不多，所以使用汉语的概率较低，虽然自身的傣语说得较好，但是不会说傣族汉话。这一类型的女性各个年龄段都有一些，对傣族汉话的使用层级也不一样，有的是会听不会说，有的是既不会听也不会说。中年人群中，男性使用傣族汉语的能力明显比女性要好。调查显示，在大部分家庭内部，妻子的汉语使用能力都比丈夫差。在有的家庭，妻子甚至不太听得懂当地汉语，不能完整地用汉语回答问题。在与外来人交流时，往往需要丈夫或孩子坐在一旁帮助解释、翻译。

四、芒冷新寨傣族汉话的使用特点

通过调查发现，芒冷新寨傣族汉话使用呈现以下特点：

其一，全寨的傣族会说傣族汉话。

其二，男性说傣族汉话的能力强于女性。

其三，老年人傣族汉话的声韵母发音接近当地腾冲汉语方言，年轻人傣族汉话声韵母的发音更接近普通话。

其四，不论老年人还是年轻人，不论男性还是女性，他们使用傣族汉话的

声调系统的模式是一致的。正是这个一致的声调模式，充分彰显了傣族汉话语音系统的特点。这个声调模式的存在，使得傣族汉话一直清晰地区别于汉语腾冲话、汉语昆明话和普通话。

其五，部分傣族个体，特别是初中毕业的年轻学生，他们既能使用当地傣族汉话的语音系统表达意义，也能使用普通话的语音系统表达意义。这样，他们同时拥有不同的汉语声调模式，并视具体的交际环境选择某一种声调模式进行有效交际。

第九章　德宏傣族汉话的习得与普通话学习

通过以上分析，认清了傣族汉话使用和习得的特点，为更快、更好地习得汉语，我们有必要从更宏观的角度，把德宏傣族汉话的习得与普通话的学习做比较，以充分挖掘傣族汉话的语言价值，发挥傣族汉话的基础和桥梁作用，探寻当地的国家通用语言文字教学更加有效的模式，有效提高当地的教学效果和教育效益。

第一节　德宏傣族汉语教学的现状：汉语使用与汉语教学脱节

一、德宏傣族习得汉语的起点

云南少数民族习得汉语的起点，是指具体的少数民族个体是在什么样的语言环境下，以什么语言为基础开始学习获得汉语的。云南少数民族汉语习得的起点，一般分为以下四种类型。[①]

（一）汉语型

居住在内地交通较为方便或与汉族长期杂居的一些少数民族，或因人口较少，或因多年与汉族频繁交往，他们已不会说本民族语言，他们所说的汉语有

① 骆小所、王渝光、杨瑞鲲：《西南民族地区汉语教学研究》，载《云南师范大学学报》，2007（2），106—112 页。

的仍然带有浓厚的本民族语特点，有的与当地汉族汉语方言已相差无几。这部分人在本民族人口中所占的比例正在扩大。

（二）民语型

这一部分人只会说本民族语言，在少数民族人口中有一定的比例，但绝对数并不很高，主要居住在交通不便的本民族聚居地区。怒江傈僳族自治州的傈僳族、迪庆藏族自治州的藏族和地处山区腹地交通不便的彝族、拉祜族、哈尼族、佤族等少数民族，除了一些本民族干部、教师和学生外，大多数人不会说汉语。

（三）民汉兼用型

这一部分人在少数民族人口中所占比例较大。居住在交通便利的河谷平坝地区和民族杂居地区的少数民族，除使用本民族语言外，还有相当一部分人兼通汉语。居住在平坝地区的傣族、白族、纳西族、壮族、苗族大多兼通汉语，杂居或分片聚居于内地的彝族中也有相当一部分人兼通汉语，他们所说的汉语带有浓厚的本民族语特征，是典型的少数民族汉话。

（四）民民兼用型

这一部分人在少数民族人口中占比较小。居住在边疆山区人口较少的一些少数民族，他们除了使用本民族语言外，还有一部分人兼通本地区人口较多的另一少数民族的语言。德宏傣族景颇族自治州的阿昌族和德昂族，西双版纳、普洱和临沧等地的拉祜族、哈尼族、佤族和布朗族等少数民族都有一部分人兼通在这些地区占优势的傣语。怒江傈僳族自治州与傈僳族杂居的当地怒族、白族、藏族、独龙族等，为了与人口较多的傈僳族交际，会自然地习得和使用傈僳语。

就德宏傣族而言，他们的汉语习得的起点主要有傣语型、傣汉兼用型和汉语型。

在德宏广大坝区的傣族村寨，他们汉语习得的起点主要还是傣语型。在靠近乡镇驻地的村寨也存在傣汉兼用型。在从小就生长在芒市、瑞丽、畹町、陇川、盈江、梁河城区的傣族青少年当中，他们已经有一部分人不会说傣语，汉语习得的起点是汉语型，他们说的汉话是当地汉语方言，此情况在梁河较为突出。就盏西而言，由于交通相对封闭，真正汉语型的傣族青少年还没有出现，他们绝大多数还是傣语型个体，上小学后逐渐变为傣汉兼用型个体。对盏西靠近关上街的芒冷新寨而言，因为赶街购物的关系，很多傣族少年在入学前就已经会说一定的汉话了。当然，他们说傣语远比说傣族汉话自然流畅。他们是在家说傣话，在外见傣族说傣话，见汉族说傣族汉话。

二、德宏傣族习得汉语的终点

德宏傣族汉语习得的起点有不同的类型，德宏傣族汉语习得的终点——目的语，也有不同的类型。

对于起点为汉语型的傣族个体，他们只会说当地汉语方言。在德宏，当地汉语方言也有两套体系，一套为接近腾（冲）龙（陵）话的体系，另一套为接近昆明话的体系。两套体系的差别主要表现在声调模式上，前文已有论述。这些操着腾龙腔或昆明腔的傣族个体，他们的汉语习得终点无疑均是普通话。这与广大汉语方言区的人学习普通话没有什么不同。

对于起点为傣语型的傣族个体，他们汉语习得的目的首先是傣族汉话。在熟练掌握傣族汉话后，也可以向普通话过渡，将普通话作为目的语。

对于起点为傣汉兼用型的傣族个体，他们汉语习得的目的语可以有多个，首先是傣族汉话。他们已经会说一点傣族汉话，但说得还不够流利，词汇量还不够多，傣族汉话与傣语规律性的声调模式的对应归类还不是能很清晰地感知，他们需要而且能够在充分利用傣语与汉语借词在音节结构、声调模式的高度相关的基础上，迅速地掌握傣族汉话，实现有效交际的目的。有了这个基础，他们汉语习得的终点就可以自然而然地变为普通话，完成傣族汉话声调模式与普通话声调模式的相互调换。

三、德宏傣族习得汉语的性质

在弄清德宏傣族汉语习得的起点和终点后，傣族汉语习得的性质也就清晰地展现出来了。云南各少数民族汉语习得的性质，取决于他们汉语习得的起点和汉语习得的终点——目的语的类型。云南少数民族汉语习得的性质是中介语的习得，总的可以分为两大类：交际中介语和教学中介语。德宏傣族汉语习得的起点有汉语型、傣语型和傣汉兼用型。德宏傣族汉语习得的性质也可以分为交际中介语和教学中介语两大类型。

如前所述，德宏傣族汉话是交际中介语，普通话是教学中介语，两者的习得方式有很大的不同。交际中介语是在语言接触中为了有效交际而产生的，其习得方式多为日常交际的自然习得。教学中介语是以课堂教学为主的有意识的、有系统的学习方式，是通过学校课堂的教学习得的。教学中介语在学习过程中，不断地修正偏误形式、模仿目的语规范形式而不断地向目的语靠拢；而交际中介语主要在自然的状态中习得的，其特有形式只要不影响交际，就不会被有意识地修正，比教学中介语的偏误形式更为稳固。因而，交际中介语的稳定性要比教学中介语强，它在社会交往中处于一种相对的稳定状态，以适应社会交际的需要，变化速度远不如教学中介语。德宏傣族汉话就是这样一种交际中介语。

对于少数城镇汉语型的傣族个体而言，他们已不再使用本民族语言，他们不存在不会说汉语的问题。他们汉语习得的起点是当地汉语方言，他们的汉语习得的终点是普通话。他们的汉语习得的性质是教学中介语，是以当地汉语方言为基础的向汉语标准语——普通话靠拢的汉语教学。这种类型的汉语习得，无论在教学理论还是教学方法上，与现行广大汉族地区的汉语文教学大体上是一致的。

对于傣语型的傣族个体而言，他们不会说汉语，只会说傣语。他们的本民族语言习得大多是日常生活和社会交际，是自然习得。他们汉语习得的起点是傣语，他们的汉语习得的终点可以是傣族汉话，也可以是普通话。由于前面分析的原因，一般来说，是傣族汉话而不是普通话。如果是普通话，那么他们汉语习得的性质就是教学中介语，是以本民族语言为基础向汉语标准语——普通话靠拢的汉语教学。尽管这种类型的汉语习得的性质也是教学中介语，但其习得难度远大于上一种汉语型的教学难度，因为两者的习得起点不同。这种以普通话为目的汉语习得，在教学理论和教学方法上，很大程度上相当于第二语言教学，难度相当于汉族学生的外语教学。这类教学的基本理论大多是语言对比理论：将两种不同的语言进行对比分析，从中找出两者的相同点和不同点，认为不同点是语言教学的重点和难点。语言对比理论注重语言形式的对比分析，对语言的交际应用功能重视不够。从汉族学生学外语可以看到，按照这种模式教傣语型学生普通话，教学的难度是很大的。正因为如此，我们看到韵略易通的傣族汉话，几乎毫无例外地成为傣语型学生汉语习得的首选。德宏大多数傣语型的傣族个体，他们只要一上学，很快就成了傣汉兼用型的个体，他们最初汉语习得的目的语是傣族汉话，而不是普通话。

对于傣汉兼用型的傣族个体而言，他们在使用汉语的同时，也使用本民族语言。具体使用哪一种语言，往往是因人因地而异。在家说傣语，在外说汉语。对本民族的人说傣语，对其他民族的人说汉语，在校外说傣语，在校内说汉语。他们也不存在不会说汉语的问题。当然，他们所说的汉语既不是当地汉语方言，更不是普通话，而是傣族汉话。对于傣族汉话已经很熟练的傣族个体而言，他们汉语习得的起点是傣族汉话，他们的汉语习得的终点是普通话。他们的汉语习得的性质也属于教学中介语。对于才从傣语型转变为傣汉兼用型的绝大多数傣族青少年个体而言，他们刚会说一些简单的汉语，他们的傣族汉话并不熟练，他们首先需要解决的是尽快掌握傣族汉话，他们的汉语习得的性质主要还是交际中介语。当他们在熟练掌握了傣族汉话以后，进一步学习普通话时，他们的汉语习得才具有了教学中介语的成分。他们的汉语习得是分阶段的：先由傣语向傣族汉话逐渐过渡，再由傣族汉话向普通话逐渐过渡。这种类型的中介汉语的习得，在教学理论和教学方法上，与现行的汉族地区的汉语文教学很不相似，与有关的双语教育的语言对比的理论方法也不尽相同。这时，强调语言交际功能的交际中介语理论，强调中介汉语的中介功能，或许是民汉兼用型的少数民族个体汉语习得的基础理论和基本方法。

四、德宏傣族汉语教学的现行模式

在德宏民族聚居区，随着九年义务制教育的普及，已经基本建立了较为完善的九年义务制教育体系。在城镇，对汉语型的傣族个体而言，他们入学前已经会说汉语了，学校均采用普通话授课，整个汉语教学模式与汉族聚居区的模式基本是相同的。

在德宏农村傣族地区的小学，汉语教学模式与城镇的教学模式也差不多。但这些傣语型的傣族个体入学时的语言使用情况却与汉语型的傣族个体大不一样。傣族聚居村寨的傣族儿童首先习得的是傣语，绝大多数学龄前儿童入学前几乎没有接触过任何类型的汉语，他们使用的是当地傣语。有关部门要求教师用普通话授课，学校开设的课程都用汉语教学。由于绝大多数学生的第一语言是傣语，上小学前汉语水平十分有限，一点也不会的是大多数，如果直接用普通话教学会有难度。因而，小学低年级老师（包括学前班、幼儿园）的教学语言首先必须是当地傣语。故大多数小学会根据学生的情况，在低年级阶段安排傣族教师给学生授课，教师上课采用当地傣语辅助普通话教学的方法，一般都是先用普通话讲，再用傣语翻译，或者普通话讲不明白的地方，用傣语来解释，这样学生理解起来就会快点。傣族学生随着活动范围的扩大，汉语水平的提高，到小学高年级时就逐步过渡到了采用普通话教学。在初中阶段则完全采用普通话教学。

第二节　德宏傣族汉语教学的新思路：扬长避短，强化互动

一、充分认识傣族汉话的中介作用：傣语向普通话过渡的桥梁

要想有汉语教学的新思路，首先要提高对中介汉语——傣族汉话的认识，有了新认识，才有新思路。在前面，我们已经分析过，傣族汉话等少数民族汉话不是什么“不正常的现象”，不是“一种临时性的畸形语言现象”，不是“洋泾浜式的临时性的交际语”。它也没有“一段时间内在学校教学中使用，但效果不好，不利于语言教学和文化科技知识的传播，也不利于更大区域的语言交际”。只有尊重历史，尊重客观的语言事实，提高对傣族汉话这类的中介汉语的认识，才能纠正那些片面的看法，以利于少数民族的汉语习得。

在民族杂居区，何种语言能够成为人们相互间交际首选的语言，有两个最基本也是最简单的原则，这就是易学、易用，也就是韵略易通。要改进完善德宏傣族汉语习得的教学思路，首先应有韵略易通的思想认识，并以此来衡量我们的普通话教育政策、教学理论和教学方法。

韵略易通是明代云南著名音韵学家兰茂、本悟的重要思想。他们根据当时云南汉语使用的实际，提出并实践了这一思想。明代初期，针对刚到云南的各地汉族移民的汉语使用情况，嵩明人兰茂1442年撰写了《韵略易通》[①]，通过“早梅诗”和精心的体例编排，实施推广当时的通用官话。明代中期，与兰茂同是嵩明人的和尚本悟，深谙韵略易通的思想真谛，于1586年出版了同名的

① （明）兰茂：《韵略易通》，见《续修四库全书·二五九·经部·小学类》，上海，上海古籍出版社，2002。

《韵略易通》①。在该书中，本悟用“重韵”的方法，将韵略易通的思想本土化，构拟出了当时云南汉语方言的语音体系。五百多年过去了，韵略易通的思想仍然是我们研究语言使用、语言习得的指导思想。

既然傣族汉话有很强的易通性，好学好用，在当地广受欢迎，我们应该加以充分利用。要提高边疆民族聚居区国家通用语言文字教育教学的教育效益和教学效果，首先应该提高对傣族汉话这类中介汉语的认识。

二、充分发挥傣族汉话的中介作用：交际中介语与教学中介语互动

总结历史经验，寻找出一条少数民族学生较快完成在母语基础上习得普通话过程的有效途径是很重要的。提高云南各少数民族学生的普通话水平，让各民族语言生活更加和谐是云南各民族语言文字工作者和语文教育工作者的重要责任。在提高了对傣族汉话的认识之后，傣族汉语教学的新思路也就清晰了，这就是：以韵略易通的思想作为教学指导思想，在教学过程中，充分发挥傣族汉话交际中介语的基础作用，采用交际中介语与教学中介语互动的方法，扬长避短，尽量加快汉语习得的过程，达到傣族汉话和普通话的双赢的目的。

德宏傣族汉话是交际中介语。交际中介语和教学中介语都各有自己的优势和不足。一方面，我们应强调交际中介语其易学易用的特点，充分发挥其有效交际的作用；另一方面，我们也要看到教学中介语的作用和学习价值，进一步促进交际中介语与教学中介语的彼此互动、彼此提高。在认清德宏傣族汉话是基础后，我们可以首先强化傣族汉话的教学，打牢傣族学生傣族汉话的基础。在此之后，就可以在易学易用的傣族汉话的基础上，根据当地的具体特点，将教学中介语与交际中介语有机地结合成一个整体，扬长避短，有针对性地进行普通话的教学。傣族学生在很轻松地掌握了傣族汉话后，向普通话迈进，也就是水到渠成的必然结果了。他们需要解决的问题主要是，也仅仅是换个腔调说话，其他的与普通汉族学生学普通话没有什么两样。这样无论是汉语的教学时间还是教学效果和交际效果都会有较大的提高。

① （明）本悟：《韵略易通》，见《云南丛书经部之十二》，云南图书馆藏版，北京，中华书局，2009。

三、一个更加有效的普通话习得模式

根据对德宏傣族聚居区傣族汉话的分析，我们看到必须充分认识少数民族汉话中介汉语的地位和交际中介语的性质，据此，我们特提出一个更加有效的提高云南少数民族聚居区普通话习得水平的模式：以交际中介语和教学中介语的理论和研究方法为基础，以韵略易通的思想为指导，针对少数民族个体的不同语言环境和特点，确定符合少数民族客观实际的汉语教学思想和教学方法，充分激发少数民族个体学习汉语的积极性，避开汉语教学的误区——汉语使用与汉语教学脱节，充分发挥少数民族汉话的交际作用，交际中介语与教学中介语互动，各自扬长避短。在低年级，让少数民族孩子首先轻松愉快地掌握易学易用的当地少数民族汉话。然后在学了就能用的当地少数民族汉话的基础上，有针对性地、有的放矢地实施交际中介语与教学中介语的互动，寻求当地少数民族汉话与普通话的对应关系，加快他们掌握少数民族汉话和普通话的进程。他们这时候需要解决的已经不是会不会说汉话的问题，而是怎样说准普通话的问题了。

对于德宏傣族而言，他们这时主要解决的问题不是会不会说汉话的问题，而是如何把傣族汉话的声调模式调换成普通话的声调模式，这是一个正在解决并且很容易解决的问题——换个腔调说汉话，即把傣族汉话的腔调换成普通话的腔调。

云南汉语方言属汉语北方方言区，普通话的四个调类组成的声调系统与云南绝大多数汉语方言四个调类组成的声调系统存在着几乎一致的语音对应关系，自然也与德宏傣族汉话存在着相同的语音对应关系。这种对应关系，绝大多数少数民族个体在积累了一定的词汇量以后都能自觉或不自觉地感知和换用。这一过程绝大多数少数民族个体在接触一定数量的当地汉语方言和普通话后能够自觉完成。极少数不能换用的个体，只需稍加指点，也能完成。少数民族汉话的学习，不仅不会影响普通话的学习，而且还会促进普通话的学习。很多少数民族汉话说得很好的个体，他们的普通话也说得很好。这个模式，由于避开了汉语教学中的误区，充分发挥了少数民族个体学习汉语的积极性，无论是教学效果还是交际效果都必然会有较大的提高。如前所述，傣族汉话在这方面有更强的语言优势。

通过田野调查，反复证实了这样一个更加有效的普通话习得模式的核心观点，这就是：在从少数民族语言向普通话过渡的过程中，插入少数民族汉话，发挥其基础作用和桥梁作用，这样可以更快更好地学习普通话。

由少数民族语言直接向普通话过渡不是更好吗？这虽然是多数人的良好愿望，却不符合云南民族地区的客观实际。有个当地汉话——少数民族汉话在那里，不充分有效地加以利用，反而要尽量避开，这样的普通话教学结果却是事倍功半，欲速不达。这是边疆民族地区双语教学效益低、效果差的关键所在。充分利用少数民族汉话这个汉语中介语，往往可以达到事半功倍的效果。从德宏傣族汉话向普通话转换，主要就是换个腔调说汉话的实例，就是这个事半功倍的确切明证。而直过型（直接由民族语言向普通话过渡）的例子几乎是负面的。

通过田野调查，直过型的实例多次证明，没有当地汉话的基础，没有这个中介的桥梁，普通话的习得效果并不令人满意。掌握韵略易通的当地汉话，实际上也就是自觉或不自觉地体会认识把握运用当地汉话与普通话的对应规律，有了这座桥梁，掌握了这个规律，学习普通话的许多问题都会迎刃而解。

第三节　德宏傣族学生学习普通话应注意的问题

中华人民共和国成立后，国家根据当时我国语言文字的使用情况，制定了“大力提倡，重点推行，逐步普及”的推广普通话的方针。德宏傣族聚居区开始出现了普通话。七十多年来，德宏傣族聚居区推广普通话的工作取得了很大的成绩。社会主义现代化建设新时期，推广普通话的方针有了重大调整。“大力推行，积极普及，逐步提高”的新时期推广普通话的方针，对云南各少数民族的普通话提出了更高的要求。德宏傣族聚居区推广普通话的工作也进入了一个新阶段。德宏傣族会说普通话的人员越来越多。

因为各民族在经济、文化、生活等方面的接触方式、接触程度和接触时间上不完全相同，所以有的民族个体只会使用本民族语言，有的兼用汉语和民族语言，有的转用汉语方言。对于已经转用汉语只会说当地汉语的少数民族个体，他们学习普通话时应注意的问题与当地汉族应注意的问题大体相当。对于既会说本民族语言——傣语，又会说傣族汉话的傣族学生，他们应该在傣族汉话的基础上，寻求傣族汉话与普通话的对应关系，解决自己在普通话学习中的具体问题。

一、普通话声调的学习

德宏傣族学习普通话，首先应注意的是声调系统的学习，只要声调系统四声的对应调值改成普通话四声的调值，就打下了说好普通话的基础。德宏傣族说好普通话的关键是傣族汉话与普通话声调系统模式对应性地调换。使用德宏傣语的人如没有掌握傣族汉话，直接学习普通话声调，由于缺少对应关系，难度就比较大。可以说，掌握德宏傣族汉话的声调系统模式是学好标准普通话声调的基础和阶梯。

普通话的四个调类组成的声调系统与云南汉语方言四个调类组成的声调系统存在着语音对应关系，与德宏傣族汉话也存在着语音对应关系。很多少数民族个体都认为少数民族汉话与普通话的根本区别就在于换个腔调说汉话，换腔调说话就是改换声调系统模式说话。这一过程绝大多数少数民族个体在接触一定数量的当地汉语方言和普通话后能够自觉完成。

本书通过语音实验分析，已经显示，德宏傣族汉话的声调系统模式是德宏傣族汉话最有特色的部分，这个模式与普通话声调模式存在着规则的语音对应关系。这种对应关系，很多傣族个体都能自觉或不自觉地感知和使用，他们可以根据交际的需要，在傣族汉话与普通话之间灵活地转换不同的声调系统模式。

傣语有六个基本声调，分别为高平调、高升调、高降调、中降调、中平调和低平调，声调调域差异小。普通话有阴平、阳平、上声、去声四个基本调类，主要分为高平调、高升调、低曲调和高降调四种调型，声调调域差异较大。德宏傣族汉话的声调也是四个基本调类，由于源于傣语中汉语借词，所以读音接近德宏傣语。图 9–1 是以朗其阳、寸德方为发音合作人的德宏傣族汉话四声的波形图、音高图和窄带语图。

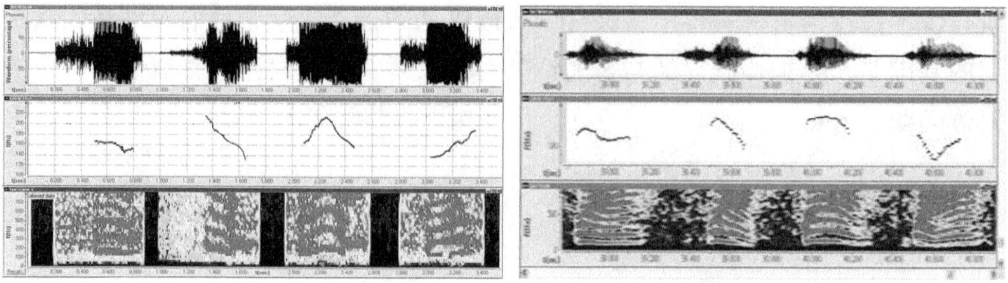

A. 西　　　琴　　　美　　　世　　　B. 家　　　峡　　　假　　　价

阴平 32　阳平 51　上声 353　去声 14　阴平 33　阳平 42　上声 454　去声 313

图 9-1　朗其阳、寸德方傣族汉话四声的波形图、音高图和窄带语图

从调类的调值来看，德宏傣族汉话声调系统的特点表现如下：

其一，阴平调，在德宏傣语的现代汉语借词里，汉语阴平调借入德宏傣语是中平调 32，德宏傣族汉话阴平调也读中平调 32，也有 33 等变体，但中平的特征不变。

其二，阳平调，受汉语借词的影响，傣族汉话阳平调读为高降调 51，也有 52、42 等变体。在德宏傣语的现代汉语借词中，汉语古入声字归入阳平，是高降调。如“血”读为 [ɕiɛ^{51}]，“齿”读为 [tsʰɿ^{51}]。傣族汉话的古入声字，也大都归入阳平，为 51 调。

其三，上声调，在德宏傣语的现代汉语借词中，上声借入是高平调 55。同时受傣语汉语借词和当地汉语方言上声调 53 的影响，傣族汉话的上声读为半高升降调 353，并可以有 454、453、354、54、53 多种变体。但声调高曲的特点明显。这个特点是傣族汉话最鲜明的一个特点。一听到这样的声调，当地人就知道说话者是傣族。

（4）去声调，在德宏傣语的现代汉语借词里，汉语去声调借入德宏傣语是低升调 14，德宏傣族汉话去声调也读低升调 14，但可以有 13、213、313、31 等变体，单念时低升的趋势不变，语流中往往就变成了 31 调。

图 9-2 至图 9-5 是德宏傣族汉话四声与汉语昆明话四声、腾冲汉话四声、普通话四声音高比较图。

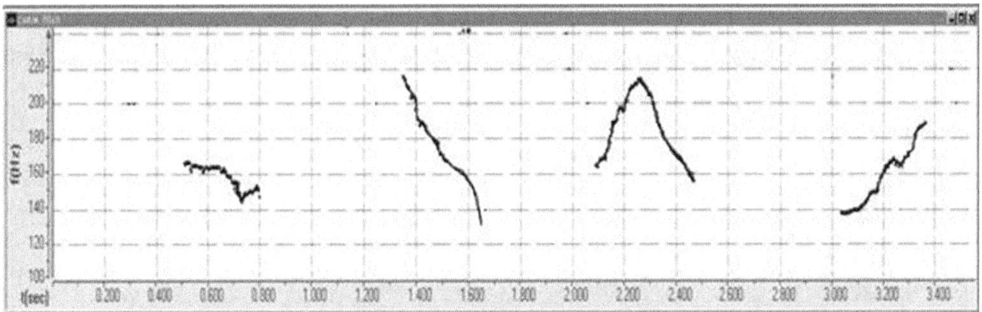

阴平（西 32）　　阳平（琴 51）　　上声（美 353）　　去声（世 14）

图 9–2　德宏傣族汉话四声音高图（男声）

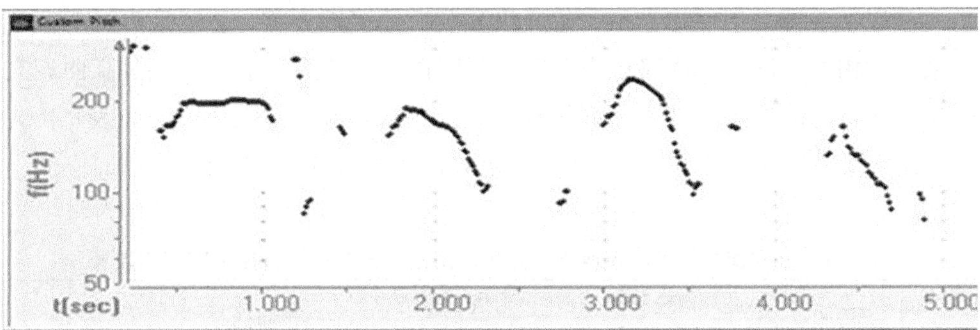

阴平（妈 44）　　阳平（麻 41）　　上声（马 51）　　去声（骂 31）

图 9–3　汉语昆明话四声音高图（男声）

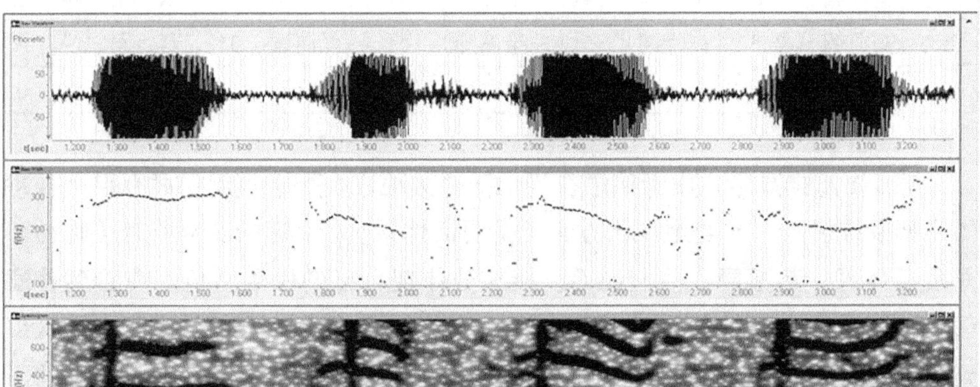

阴平（妈 55）　　阳平（麻 31）　　上声（马 42）　　去声（骂 323）

图 9–4　腾冲汉话阴平、阳平、上声、去声音高图

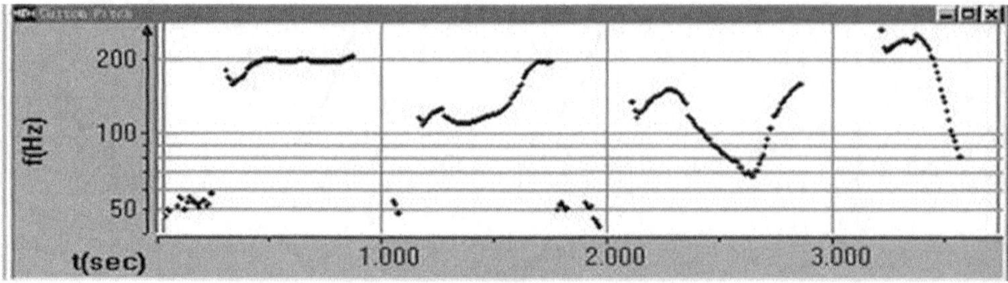

阴平（妈 55）　阳平（麻 35）　上声（马 313）　去声（骂 52）

图 9–5　普通话四声音高图（男声）

从以上各图可以看出，德宏傣族汉话与汉语当地方言、普通话声调的调值体系很不相同。德宏傣族汉话声调系统平降曲升，应有尽有，特别是高曲调充分体现了自己的特点，说起来娓娓动听，音乐感强于当地汉语方言。表 9–1 为德宏傣族汉话与当地汉语方言、附近汉语方言、普通话声调比较表。

表 9–1　德宏傣族汉话与汉语当地方言、附近汉语方言、普通话声调比较表

调类	傣族汉话		当地汉语方言（昆明话）		附近汉语方言（腾龙话）		普通话		例字
	调型	调值	调型	调值	调型	调值	调型	调值	
阴平	中平调	32	半高平	44	高平调	55	高平调	55	家、加、猪、天
阳平	高降调	51	半高降	41	中降调	31	中升调	35	云、平、雄、鱼
上声	高曲调	353	高降调	51	半高降	41	低曲调	313	耳、草、晚、我
去声	低升调	14	中降调	31	中曲调	323	高降调	52	怒、用、世、灶

表 9-1 数据显示，由于傣语在当地的强势地位，德宏傣族汉话有自己独特的声调系统模式，与当地汉语方言（昆明话体系）、附近的汉语方言（腾冲和龙陵话体系）都不同。他们说话，能充分体现自己的民族特色。在看到普通话、汉语当地方言和傣族汉话的声调系统是自成体系的同时，我们也应认识到，尽管它们的调值不同，但它们的调类是相同的，它们之间存在着规则的语音对应关系。不变换整个声调系统的模式，只变换某几个字或某一两个声调的读音，其结果是调值系统的混乱。这是一开始习得不同语言声调模式时最容易犯的毛病。

云南各少数民族汉话的调值，不管怎么读，它们之间的语音对应规律是明显的。认识到这个规律，普通话声调的掌握就没有问题。德宏傣族在学习普通话的声调时，首先应该区别方言与普通话在调类上的异同，相同的比较容易掌握，对于不同的调类应该按普通话的实际调值来读。其次要有意识地认识到作为汉语的两种地域变体，汉语方言和普通话在声调调类上存在规则的对应关系。当地话调类少于普通话调类的地区，要注意调类的分化；反之则注意调类的合并。当地话调类与普通话分合不一致的地区，要注意调类的改换。但绝大多数德宏傣族汉话、绝大多数少数民族汉话与普通话是存在着规则的语音对应规律的。

如果少数民族汉话的汉语句词汇量掌握较少，意识不到规律性的对应，对普通话声调的把握就有一定的困难。一是发不准普通话四声的调值，尤其以上声与阳平的混读最为严重。二是某些词语出现普通话声调、当地方言声调与母语中的汉语借词声调混读的情况。学习普通话声调，对说汉语方言的人和会说少数民族汉话的人来说，最重要的是调值系统的对应改换，对只会说少数民族语言的人来说，则是整个声调调值系统的重新学习。当然，对于没有声调的佤语、德昂语的少数民族个体来说，则是学习一种全新的语音表达方式。

二、普通话音节的学习

音节是语流中自然的发音单位和听感单位。音节内部有不同的层次和结构。各种语言的音节结构都有自己的特点。以音节的尾音来看，以元音结尾的音节叫开音节，以辅音结尾的音节叫闭音节。有的少数民族语言只有开音节，没有闭音节。在普通话的 400 多个音节中，开音节有 230 余个，稍占优势，闭音节有 170 余个，全都是以 -n、-ŋ 鼻辅音收尾的音节。人们在学习使用另一种语言时，很容易用自己语言的音节结构类型去套用所学的语言。少数民族语言的音节结构深刻地影响着少数民族汉话的音节结构，这是一种深层次的影响。纳西语、傈僳语、哈尼语没有闭音节，使用这些语言的少数民族个体在说汉话时，容易丢失鼻韵尾。[①] 由于傣族汉话的音节结构与普通话几乎一致，傣族个体在学习普通话音节时，有着明显的优势。

① 王渝光、王兴中：《语言学概论》，60 页，昆明，云南大学出版社，2005。

受当地汉语方言的影响，傣族汉话的声韵配合规律与普通话的声韵配合规律也不尽相同，这些问题的解决，与当地汉语方言相同。傣族汉话有的已有撮口呼音节，如寸德方；有的还没有撮口呼音节，如朗其阳。在说普通话时，应注意加进这些音节。傣族汉话声韵配合最具特色的音节是jiong、qiong、xiong，常被发成zong、cong、song。但在寸德方、朗其阳的汉话发音中，已经没有这个问题。

三、普通话词汇的学习

傣族在说普通话时基本使用普通话词汇，但偶尔也会出现当地话词汇。傣族个体在说普通话的时候，他已经明显地意识到自己说的是普通话，因而会尽量避免出现当地汉语方言的词语和避免少数民族汉话特有的词语，力图尽量接近标准普通话。总的来看，除了发音上的差别，傣族学生在说普通话时，使用的词语与标准普通话的词语是一致的。

四、普通话语法的学习

傣族学生在说普通话时，是按照普通话语法的规则说话，但偶尔也会出现傣语或当地汉语方言的语法现象。傣族个体在说普通话的时候，在语法方面，同样会尽量避免出现当地汉话、本民族语的语法结构。如，“一碗饵丝”绝对不会说成“饵丝碗一”，但在说比较复杂的句子时，难免出现一些不符合普通话语法的现象。这些现象主要表现为傣语语序、方言句式的使用、词语搭配不规范、方言虚词的使用等。

尽管有一些不一致的情况，但总的来看，傣族说普通话时的语法规则与标准普通话的语法规则已经相当接近。

总之，在傣族汉话的基础上学习普通话，基本没有什么大的困难。

第四节　傣族学生的普通话水平测试及比较

一、少数民族普通话水平测试的特点

我国的普通话水平测试（缩写为 PSC）是一项较新的语言测试。

1994 年 10 月 30 日，国家语言文字工作委员会、国家教育委员会、国家广播电影电视部做出了《关于开展普通话水平测试工作的决定》，发布了《普通话水平测试大纲》和《普通话水平测试等级标准（试行）》，对普通话水平测试提出了明确的三级六等标准（试行）和实施办法（试行）。作为语言测试的普通话水平测试，应该遵循有关的语言测试的理论和方法，但它与国外的 TOEFL（托福），国内的 WSK（外语水平考试）、HSK（汉语水平考试）等第二语言的测试又不大一样。普通话水平测试在测试的性质、内容、重点、难点、对象、方法等方面都有自己的特点。

《普通话水平测试大纲（修订）》明确了普通话水平测试的性质，指出“普通话水平测试是一种目标参照性考试，是对应试人员掌握普通话规范程度的检验，是对应试人员运用普通话进行交际的能力水平的测试和评价”①。普通话水平测试是一种目标参照性测试。目标参照性测试也称“标准参照性测试”“水平测试”。

PSC 是一种测试对象相当广泛的测试，它适用于不同的性别、年龄、民族、文化水平、职业、阶层、社会地位的有关人员，被测试对象的语言文化背景可以有很大的差别。这一特性使得 PSC 的测试对象的数量远远超过其他考试。

目前我国实行的 WSK、HSK、CET 考试，虽然有听力等测试，但是无论是从作答内容还是从作答方式来看，都是以笔试为主的测试，这种测试目前已经形成了一套较为完整的理论体系和测试方法。PSC 与其他语言测试的主要区别在于它是完全的口语测试，对测试成绩的评判主要取决于被试者发出的语音

① 国家语言文字工作委员会普通话培训测试中心编制：《普通话水平测试实施纲要》，北京，商务印书馆，2004。

信号及其表达的内容信息，因而对语音信号的质量及其所载信息的评价极为重要。换句话说，普通话水平测试不是测试被试者会不会说普通话，而是测试被试者说国家通用语言的标准程度。它是在一个比较明确的相对限定的范围内对被试者进行的普通话所达到的等级标准的考试。这个标准就是国家《普通话水平测试等级标准》，该标准对普通话三级六等的标准做了具体的描述。

国家语言文字工作委员会1997年12月5日颁布了《普通话水平测试等级标准（试行）》，该标准把“标准的普通话”“比较标准的普通话”“不太标准的普通话”通过等级和分数的形式进一步细化了。

教育部国家语委发教语用〔2003〕2号文件发布了修订后的《普通话水平测试大纲》。《普通话水平测试大纲》根据教育部、国家语言文字工作委员会发布的《普通话水平测试管理规定》《普通话水平测试等级标准》制定。《普通话水平测试大纲》分为测试的名称、性质、方式，测试内容和范围，试卷构成和评分，应试人普通话水平等级的确定等四个部分。①

云南少数民族普通话水平测试有其显著的特点。

普通话水平测试是对被试者掌握普通话规范程度的检验，是对被试者运用普通话进行交际的能力水平的测试和评价。对大多数中国人来说，普通话水平测试实际上是第一语言的测试，是对以汉语为第一语言的使用汉语方言的人们进行的一种对汉语标准语——普通话——掌握程度的语言测试。

云南少数民族的普通话测试对只会本民族语言的少数民族个体来说，不是第一语言的测试，而是第二语言的测试，是对以汉语为第二语言的使用本民族语言的少数民族个体进行的一种对汉语标准语——普通话——掌握程度的语言测试。对于会说当地汉话的少数民族个体来说，他们普通话习得的起点是本民族的中介汉语，差别仅在于交际中介语与教学中介语之间所占比例的不同。

云南少数民族语言对云南少数民族使用的汉语有着直接深刻的影响。

由于各少数民族语言的语音系统和普通话的语音系统都有自己的特点，不同民族在学习普通话时都或多或少地存在着一些困难和问题，并不像他们使用的中介汉语那样容易掌握。

云南少数民族个体的普通话水平，就习得过程和可能产生的偏误形式来说，受制于具体的语言环境。这里不仅有民族母语与普通话的差异，还有交际

① 国家语言文字工作委员会普通话培训测试中心编制：《普通话水平测试实施纲要》，北京，商务印书馆，2004。

中介语与教学中介语的差异。由于居住环境与社会交往的不同，有的少数民族个体只会使用本民族的语言，有的既能使用本民族的语言，又能使用当地汉语，即当地少数民族说的汉话，有的甚至还能使用当地其他少数民族的语言。当然，有的少数民族个体只会说当地汉语，已不会说本民族语言。由于这些情况的存在，不同的少数民族个体在学习普通话时所遇到的问题不同，他们的普通话水平测试应注意的问题也就不大一样。对于只会说当地汉语的少数民族个体，他们学习普通话时应注意的问题与当地汉族应注意的问题大体相当。既会说少数民族语言又会说少数民族汉话的人，他们学说普通话的问题，需具体情况具体分析，指导思想仍是韵略易通，扬长避短，充分发挥少数民族汉话中介汉语的桥梁作用。

二、德宏傣族学生的普通话水平测试

如前所述，芒冷新寨的傣族汉话具有德宏傣族汉话的典型性、代表性。同样，芒冷新寨傣族说的普通话也具有德宏傣族普通话的典型性、代表性。我们在盏西芒冷新寨对主要发音合作人的傣族汉话进行田野调查的同时，也对他们进行了普通话水平测试。下面是对朗其阳（2009 年，17 岁）和寸德方（2015 年，15 岁）的普通话水平测试结果分析。

（一）朗其阳的普通话水平测试[①]

该个案是德宏傣族普通话说得一般的典型。具体情况分析如下。

1. 说话

请介绍自己和家乡的情况

我的名字叫朗其阳，我是傣族。今年我有十七岁。是属羊的。我的家乡在盈江县盏西镇关上村。我现在在盏西中学初三读书。

学校离家大概有两千米，我是步行去的，学校离县城有八十多千米，我是坐车去的。

我家里五口人，父亲是傣族，上过小学，现在务农，母亲是傣族，上过小学，现在在家务农。

① 普通话水平测试卷面上的附加符号为：方框“□”框住的字词为发音错误，阴影罩住的字词为发音缺陷。下同。

在家与父母大都是说傣话，在学校上课时说汉话，下课时说傣话和汉话，在村子里面说傣话，赶街时说的是汉话和傣话，要是遇上汉族卖家就跟他说汉话，遇上傣族卖家就跟他说傣话，上小学前就会说傣话了，在二年级时候会说汉话，跟老师学的，在二年级时候会说汉话了，现在自己觉得自己的汉话一般些，在初一的时候学会普通话，跟老师学的，现在普通话马马虎虎，现在自己觉得自己的普通话非常地不好，在小学民族班时就开始学民族话，跟民族老师学的民族语，跟父母学的民族话，还没有读书时候就会说民族话了，现在觉得自己的民族话非常好。

学校在狮子山半山腰之间，学校周围是坝区，学校学生来自芒丙、芒愰、芒布、遮坎、芒练、旧城、芒冷、芒弄、团坡。上小关、下小关，这些村和关上村是汉族村，民族村是芒冷、芒丙、团坡、芒弄、芒练、芒布、遮坎，全班有四十多位同学，学生中汉族所占比例比较少，民族生比较多，民族生有三十五个，汉族有五个，我们相互之间，傣话有些汉族同学也会讲，但是多数还是汉话。

我上小学时还不会听汉话，还不能用汉话回答问题，我的学习成绩在班上中等生算是（语法不规范），我进行过一年的双语教学，是先学会民族语，后学会汉语，我不太喜欢双语教学，我认为双语教学有长有短，如果提前第一节和第二节先来教汉语，可能大脑会比较清醒一点，记得快一点，但如果三四节比较想睡，上课时候不专心听讲。

我觉得我的家乡非常的好，有一座雄伟的狮子山，还有个美丽的槟榔江和白马塘，槟榔江的边沿关上那里比较不好，因为工人会把垃圾倒进江里，会污染环境，但我还是很喜欢我的家乡，因为我的家乡是生我养我的地方，我是喝着家乡的水、吃着家乡的米长大的。

2. 读单字

蛇园学　湖　列　缺损　乖　受　家　蚕　别　错　引寻两全
格　寨怒　波　去耳　节　脑　明　扑　指　红　用　平　私
草　双略　丘　胜　掐　成　宾　慈　晚　帮　雄炸荣　费　我
跤　醒　瑞　凡　见　穿驴聂唱　昆　批　腰　狂　翁　二　中
流　挂　陈　帝　琴　西　世每　惯　忍　思　扬　他　段
坑怀　矿　金　退　娃　念　谈　换　闯鱼　灶　丰　宗　革
洞　杂　台　模　布　稻　头

3. 读词语

老板　后边　隐藏　摆动　往常　解放　库存　破坏　忠诚废话

撒谎　挂号　亚军仍旧　赔款　赶快　园林　哪里　未来　玩意儿

的确学年　牧区　桥梁　勉强水平　急切　火山　担任　小猫儿

选手　出世　检讨　假若　通行涉外　恶心　形态　所以　一溜儿

应用　乌云女性　下游　雇佣　孙子　亲自　方针　导致　走道儿

4. 朗读

桂林山水

人们都说："桂林山水甲天下。"我们乘着木船，荡漾在漓江上，来观赏桂林的山水。

我看见过波澜壮阔的大海，玩赏过水平如镜的西湖，却从没看见过漓江这样的水（啊）。漓江的水真静啊，静得让你感觉不到它在流动；漓江的水真清啊，清得可以看见江底的沙石；漓江的水真绿啊，绿得仿佛那是一块无瑕的翡翠。船桨激起的微波扩散出一道道水纹，才让你感觉到船在前进，岸在后移。

我攀登过峰峦雄伟的泰山，游览过红叶似火的香山，却从没看见过桂林这一带的山。桂林的山真奇啊，一座座各不相连，像老人，像巨象，像骆驼，奇峰罗列，形态万千；桂林的山真秀啊，像翠绿的屏障，像新生的竹笋，色彩明丽，倒映水中；桂林的山真险啊，危峰兀立，怪石嶙峋，好像一不小心就会栽倒下来。

这样的山围绕着这样的水，这样的水倒映着这样的山，再加上空中云雾迷蒙（回读），山间绿树红花，江上竹筏小舟，让你感觉像是走进了连绵不断的画卷，真是"舟行碧波上，人在画中游"。

5. 问题归纳

（1）声母方面。平舌音和翘舌音混读，介于平翘舌之间，为舌尖中音，区分不开。声母 n 和 l 区分不开。r 声母字"让 ràng、人 rén、绕 rào"误读成"yàng、yén、yào"。

（2）韵母方面。前后鼻音混读，后鼻音发音靠前，前鼻音发音靠后，为舌面中鼻音 [ɲ]；没有儿化韵；圆唇元音圆唇度不够；复韵母动程不够，特别是 uo 的动程很小，与 o 区分不开；"列 liè"丢失韵腹读成了"lì"；撮口 ü 均没有发出，都被 i 取代；卷舌音卷舌程度不够。

（3）声调方面。词末、句末和单字上声音节的调值应读为全上声214，实际读成了半上声21。没有轻声。

（二）寸德方的普通话水平测试

寸德方同学是德宏傣族普通话说得较好的典型。具体情况分析如下。

1. 说话

请介绍自己和家乡的情况

我的名字叫寸德方，我是傣族。今年我有15岁啦。是属龙的。我的家乡在盈江县盏西镇关上村芒冷四小组。我现在在盈六中上学。学校离我家不远，走路去的。学校离县城很远，要坐车去。我家里有4口人，父亲是傣族，上过高中，现在干活。母亲是傣族，上过小学，现在也是农村。在家与父母说傣话，在学校上课时说普通话，下课时说方言。在村里说傣话，赶街时说方言。上小学前说傣话，上学时学的汉话，跟老师学的。一年级的时候就会说汉话，现在自己觉得汉话说得好。小学的时候学的普通话，跟老师学的。一年级的时候就会说普通话了。现在觉得自己普通话说得好。刚会走路的时候学的民族话，跟父母学的，刚会走路的时候就会说民族话了，现在自己觉得民族话说得好。学校在盏西，学校周围是山区，学校学生来自各个地方，这些村子是民族村。全班有52个同学，学生中傣族学生最多，有30多个，景颇族有七八个，汉族有3个，傈僳族有7个。我们互相之间说方言。我上学时能听懂汉话，一年级的时候还不能用汉话回答问题。我的学习成绩在班上差不多。我用一年的时间，学过双语，首先学民族语，然后学汉语。我学傣文的时候是上小学以前，在学前班的时候。我喜欢双语教学。我认为双语教学好。我的家乡很好，风景好，气候好。我非常喜欢我的家乡，因为环境美，气候好。

2. 读单字

蛇　园　雪　湖　列　缺　损　乖　受　家　蚕　别　错　引　寻
两　全　格　寨　怒　波　云　耳　节　脑　明　扑　指　红　用
平　私　草　双　略　丘　胜　掐　成　宾　慈　晚　帮　雄　炸
荣　费　我　跤　醒　瑞　凡　见　穿　驴　聂　唱　昆　批　腰
狂　翁　二　中　流　挂　陈　帝　琴　西　世　每　惯　忍　思
扬　他　段　坑　怀　矿　金　退　娃　念　谈　换　闯　鱼　灶
丰　宗　革　洞　杂　台　模　布　稻　头

3. 读词语

老板	后边	隐藏	摆动	往常	解放	库存	破坏	忠诚	废话
撒谎	挂号	亚军	仍旧	赔款	赶快	园林	哪里	未来	玩意儿
的确	学年	牧区	桥梁	勉强	水平	急切	火山	担任	小猫儿
选手	出世	检讨	假若	通行	涉外	恶心	形态	所以	一点儿
应用	乌云	女性	下游	雇佣	孙子	亲自	方针	导致	走道儿

4. 朗读

桂林山水

人们都说："桂林山水甲天下。"我们乘着木船，荡漾在漓江上，来观赏桂林的山水。

我看见过波澜壮阔的大海，玩赏过水平如镜的西湖，却从没看见过漓江这样的水。漓江的水真静啊，静得让你感觉不到它在流动；漓江的水真清啊，清得可以看见江底的沙石；漓江的水真绿啊，绿得仿佛那是一块无瑕的翡翠。船桨激起的微波扩散出一道道水纹，才让你感觉到船在前进，岸在后移。

我攀登过峰峦雄伟的泰山，游览过红叶似火的香山，却从没看见过桂林这一带的山。桂林的山真奇啊，一座座拔地而起，各不相连，像老人，像巨象，像骆驼，奇峰罗列，形态万千；桂林的山真秀啊，像翠绿的屏障，像新生的竹笋，色彩明丽，倒映水中；桂林的山真险啊，危峰兀立，怪石嶙峋，好像一不小心就会栽倒下来。

这样的山围绕着这样的水，这样的水倒映着这样的山，再加上空中云雾迷蒙，山间绿树红花，江上竹筏小舟，让你感到像是走进了连绵不断的画卷，真是"舟行碧波上，人在画中游"。

5. 问题归纳

（1）声母方面。平舌音和翘舌音混读，介于平翘舌之间，为舌尖中音，区分不开。声母 n 和 l 区分不开。

（2）韵母方面。前后鼻音混读，后鼻音发音靠前，前鼻音发音靠后，为舌面中鼻音 [ɲ]；没有儿化韵；er 卷舌音卷舌程度不够。

（3）声调方面。词末、句末和单字上声音节的调值应读为全上声 214，实际读成了半上声 21。

（4）音节方面。没有轻声音节。

（三）朗其阳与寸德方普通话水平测试存在问题比较

朗其阳说普通话存在的问题较多，普九阶段教育结束后，回家务农，后到沿海打工。寸德方的普通话说得较好，初中毕业后，已考入盈江一中高中。他们说普通话存在的问题，具体比较见表 9–2。

表 9–2　朗其阳与寸德方普通话水平测试存在问题比较表

问题类型	问题说明	问题词语举例	朗其阳发音	寸得方发音
声母发音错误	n 与 l 混淆	怒、脑、哪	+	+
	r 声母读如 y 声母	荣、忍、人、绕	+	–
声母发音缺陷	平舌音偏后，翘舌音偏前	蛇、受、寨、炸	+	+
韵母发音错误	前后鼻音混淆	双、胜、唱、闯	+	+
	没有撮口呼	园、雪、缺、寻	+	–
	没有儿化韵	小猫儿、玩意儿	+	+
韵母发音缺陷	部分复韵母动程不够	瑞、怀、若、过	+	–
	卷舌程度不够	二、耳	+	+
声调发音缺陷	全上读半上	损、引、两、我	+	+
音节发音错误	没有轻声音节	人们、我们	+	+
音节发音缺陷	jiong/qiong/xiong 似 zong/cong/song	雄	+	–

说明：“+”号表示存在此项问题，“–”号表示没有此项问题。

三、西双版纳傣族学生的普通话水平测试

为了便于与西双版纳的傣族学生比较，这里选取了西双版纳傣族自治州勐海县勐往中学的学生岩恭罕（2008 年，15 岁）。勐往中学地处西双版纳傣族自治州北部相对偏僻的半山区，交通不够便利。交通情况类似德宏盏西，汉、傣、哈尼、布朗各民族杂居，多种语言文化的影响形成了岩恭罕同学普通话的特征。

（一）岩恭罕的普通话水平测试

该个案是西双版纳傣族学生说普通话说得较好的典型。具体分析如下。

1. 说话

请介绍自己和家乡的情况

我的名字叫岩恭罕，我是傣族，今年有十五岁了。是属鸡的，我的家乡在勐海县勐往乡城子村。我现在在勐往中学学校上学。

学校离家有五百米，走着来。学校离县城有六十千米，坐车去。家里有四口人，父亲是傣族，上过小学，现在在家务农。母亲是傣族，上过小学，现在在家务农。在家我与父母说傣话。在学校上课时说普通话。下课时说傣话和汉话，在村子里说傣话，赶街时说傣话和方言。上小学前说傣话，一岁、两岁的时候学的傣话。跟父母学的。6 岁上幼儿园的时候学会了汉话，现在自己觉得汉话讲得好。汉话是跟老师学的！城子村是傣族村。六岁时学的汉话，跟老师学的，在 8 岁时学会汉话了，现在觉得汉话讲得好。在六岁的时候学普通话，跟老师学的，10 岁的时候会说普通话，现在觉得自己的普通话说得好。在一至两岁的时候，学的民族话，跟父母学的，3 岁的时候会说民族话，现在觉得自己民族话说得好。学校在勐海县勐往乡勐往中学，学校周围是山区，学校学生来自曼列、曼岛、曼刚、曼允村。这些村子是民族村，都是傣族。哈尼族、布朗族的村子在那边，很远。全班有四十五个同学，学生中汉族同学多，汉族有 30 个，民族的有 20 个。我们相互之间说汉话，我上小学的时候能听懂汉话，能用汉话回答问题。我的学习成绩在班上一般，我接受过两年的双语教学，是先学会民族话。我喜欢双语教学，我认为双语教学好，因为双语教学能学好自己的民族语言。

我的家乡好！好在什么地方？好在植被多。哪里不好？卫生方面不好。我喜欢我的家乡。因为这里四季如春。

2. 读单字

蛇　园　雪　湖　列　缺　损　乖　受　家　蚕　别　错　引　寻
两　全　格　寨　怒　波　云　耳　节　脑　明　扑　指　红　用
平　私　草　双　略　丘　胜　掐　成　宾　慈　晚　帮　雄　炸
荣　费　我　跤　醒　瑞　凡　见　穿　驴　聂　唱　昆　批　腰

狂 翁 二 中 流 挂 陈 帝 琴 西 世 每 惯 忍 思
扬 他 段 坑 怀 矿 金 退 娃 念 谈 换 闯 鱼 灶
丰 宗 革 洞 杂 台 模 布 稻 头

3. 读词语

老板 后边 隐藏 摆动 往常 解放 库存 破坏 忠诚 废话
撒谎 挂号 亚军 仍旧 赔款 赶快 园林 哪里 未来 玩意儿
的确 学年 牧区 桥梁 勉强水平 急切 火山 担任 小猫儿
选手出世 检讨 假若 通行 涉外 恶心 形态 所以 一溜儿
应用 乌云女性 下游 雇佣 孙子 亲自 方针 导致 走道儿

4. 朗读

（桂林山水）

人们都说："桂林山水甲天下。"我们乘着木船，荡漾在漓江上，来观赏桂林的山水。

我看见过波澜壮阔的大海，玩赏过水平如镜的西湖，却从没看见过漓江这样的水。漓江的水真静啊，静得让你感觉不到它在流动；漓江的水真清啊，清得可以看见江底的沙石；漓江的水真绿啊，绿得仿佛那是一块无瑕的翡翠。船桨激起的微波扩散出一道道水纹，才让你感觉到船在前进，岸在后移。

我攀登过峰峦雄伟的泰山，游览过红叶似火的香山，却从没看见过桂林这一带的山。桂林的山真奇啊，一座座拔地而起，各不相连，像老人，像巨象，像骆驼，奇峰罗列，形态万千；桂林的山真秀啊，像翠绿的屏障，像新生的竹笋，色彩明丽，倒映水中；桂林的山真险啊，危峰兀立，怪石嶙峋，好像一不小心就会栽倒下来。

这样的山围绕着这样的水，这样的水倒映着这样的山，再加上空中云雾迷蒙，山间绿树红花，江上竹筏小舟，让你感到像是走进了连绵不断的画卷，真是"舟行碧波上，人在画中游"。

5. 问题归纳

（1）声母方面。平舌音和翘舌音混读，介于平翘舌之间，为舌尖中音，区分不开。

（2）韵母方面。前后鼻音混读，后鼻音发音靠前，前鼻音发音靠后，为舌面中鼻音 [ɲ]；没有儿化韵；er 卷舌音卷舌程度不够；"峰 fēng、蒙 méng"中的韵母 eng 读成 ong。

（3）声调方面。词末、句末和单字上声音节的调值应读为全上声 214，实际读成了半上声 21。

（4）音节方面。没有轻声音节。

（二）德宏寸德方与西双版纳岩恭罕普通话水平测试存在问题比较

寸德方与岩恭罕都是普通话说得较好的学生。他们说普通话存在的问题基本上相同，一些小差异主要由德宏傣语与西双版纳傣语的差别决定。表 9–3 是德宏寸德方与西双版纳岩恭罕普通话水平测试存在问题比较表。

表 9–3　德宏寸德方与西双版纳岩恭罕普通话水平测试存在问题比较表

问题类型	问题说明	问题词语举例	德宏寸德方发音	西双版纳岩恭罕发音
声母发音错误	n 与 l 混淆	怒、脑、哪	+	–
声母发音缺陷	平舌音偏后，翘舌音偏前	蛇、受、寨、炸	+	+
韵母发音错误	前后鼻音混淆	双、胜、唱、闯	+	+
	没有儿化韵	小猫儿、玩意儿	+	+
韵母发音缺陷	撮口呼韵母圆唇度不够	云、女	–	+
	er 卷舌程度不够	二、耳	+	+
声调发音缺陷	全上读半上	损、引、两、我	+	+
音节发音错误	没有轻声音节	人们、我们	+	+
音节发音缺陷	beng/peng/meng/feng 读似 bong/pong/mong/fong	勐、峰、蒙	–	+

说明：“+”号表示存在此项问题，“–”号表示没有此项问题。

德宏傣族与西双版纳傣族青年学生学习普通话存在的问题高度一致。不同的地方是德宏傣语本身不能区分 n 与 l，而西双版纳傣语能够区分，因而西双版纳傣族在学习普通话时，没有 n 与 l 混淆的问题。至于撮口呼韵母圆唇度不够，beng/peng/meng/feng 读如 bong/pong/mong/fong，则是受云南汉语方言的影响。这些情况虽然与云南汉族学生学习普通话应注意的问题差不多，但是失误概率较低。

四、傣族学生与其他民族学生普通话水平测试的成绩比较

如前面的分析，傣族学生在习得汉语、学习普通话时有许多语言上的优势，傣族学生普通话水平测试的成绩在云南许多民族中也是领先的。

进入21世纪以来，我们对普通话水平测试的试卷一致性、地区民族适应性和成绩可比性做了跟踪研究。其中地区适应性和民族适应性的数据显示了傣族在习得汉语，当然也包括学习普通话的优势。[①]

普通话水平测试的地区民族适应性问题是指现行的普通话水平测试是否具有广泛的地区适应性和民族适应性，能否测出不同地区、不同民族普通话水平的实际差别。普通话水平测试应该对不同的汉语方言区、不同的民族语言地区具有广泛的适应性，即应有广泛的地区适应性与不同民族的适应性。云南是全国少数民族语言最多的省份，同时也是汉语方言较为复杂的省份（汉族分别从不同的时期、不同的地点迁徙到云南不同的地区）。普通话水平测试的地区适应性与民族适应性的实验，在云南省普通话培训测试中心的筹划下，充分利用了云南的民族众多与汉语方言复杂的优势，选择了10个地区作为测试的实验点。这10个实验点分为使用云南汉语方言的5个点、使用云南少数民族语言的5个点。

昆明地区作为云南省政治、经济、文化的中心和汉语云南方言的代表点，理所当然地作为测试实验的第一个选点。昭通地区地处云贵川三省的交界地区，有关数据对三省都有指导意义，因而作为测试实验的第二个选点。临沧地区、红河哈尼族彝族自治州、保山地区是云南西部、南部的边疆地区，境内少数民族众多，汉语方言复杂，因而作为汉语方言区的第三、第四、第五个选点。云南境内属于汉藏语系藏缅语族的民族较多，实验分别选择了红河哈尼族彝族自治州的哈尼族、大理白族自治州的白族两个试点。属于苗瑶语族的民族选了文山壮族苗族自治州的苗族作为试点。属于壮侗语系的民族，选了德宏傣族景颇族自治州的傣族作为试点。南亚语系是云南的特色，实验选了最具代表性的临沧地区属于孟高棉语族的佤族。

每个选点的被试者分别为50人，共计500人（其中汉族学生250人、少数民族学生250人）。条件为经过普通话训练，需要参加普通话水平测试的师范院校的学生，一般是三年级的学生，年龄在19—20岁。其中红河哈尼族彝族自

① 王渝光、杨瑞鲲、李洪平：《语言信息处理与普通话水平测试》，143—145页，昆明，云南大学出版社，2010。

治州的汉族学生和哈尼族学生为二年级学生，较少受过专门的普通话培训，作为对照组。通过选点数据的统计分析，可以了解云南各民族普通话水平测试的总体情况，了解普通话水平测试的地区适应性和民族适应性问题。具体的实验结果见 9–4。

表 9–4 云南不同地区、不同民族 10 个试点普通话水平测试实验卷评分统计数据表[①]

试点号	地区和民族	单字		词语		朗读		说话		总分		总分排序
		平均分	标准差	平均分	标准差	平均分	标准差	平均分	标准差	平均分	标准差	
1	昆明汉族	8.70	0.74	18.37	1.45	27.10	1.33	32.71	1.65	86.87	4.24	1
2	昭通汉族	8.30	0.95	17.66	1.48	26.59	2.21	31.69	1.90	84.23	5.83	4
3	临沧汉族	8.52	0.69	18.10	1.03	26.78	1.47	32.69	1.63	86.08	4.02	2
4	红河汉族	7.45	1.42	16.35	2.45	25.06	2.88	31.52	2.67	80.38	8.91	6
5	保山汉族	8.31	0.90	17.72	1.68	26.73	1.85	32.75	2.13	85.25	6.25	3
6	红河哈尼族	5.28	1.30	12.90	2.51	21.28	2.88	27.81	1.79	67.27	7.23	10
7	德宏傣族	7.76	0.97	16.85	1.92	25.33	2.47	31.74	1.60	81.67	6.02	5
8	临沧佤族	7.18	1.11	16.09	1.93	24.61	2.30	30.96	1.90	78.85	6.38	8
9	大理白族	7.57	1.13	16.56	2.08	25.07	2.76	31.02	2.36	80.21	7.66	7
10	文山苗族	7.45	1.13	16.24	2.02	24.49	2.56	30.57	1.92	78.75	6.81	9
	平均值	7.67	1.42	16.70	2.42	25.32	2.84	31.35	2.41	81.00	8.44	

普通话水平测试的客观标准，在全国是统一的。在这个统一的标准下，不

① 王渝光、杨瑞鲲、李洪平：《语言信息处理与普通话水平测试》，144 页，昆明，云南大学出版社，2010。

同地区、不同民族个体的得分情况当然会有差异。这种差异，反映了不同地区、不同民族个体在向汉语标准语靠拢时的距离。不同地区、不同民族的测试成绩只要能清晰地反映出这种有规律的差异性，我们就可以肯定现行的普通话水平测试具有广泛的地区适应性与民族适应性。如果没有差异或者有差异但没有规律，那么普通话水平测试的地区适应性与民族适应性就较差。

表 9–4 的数据清晰地说明，无论是从单项测试内容还是从全卷总分来看，普通话水平测试都具有很高的地区适应性和民族适应性，客观地反映了不同地区、不同民族在向汉语标准语靠拢时的距离。

从总分来看，试点 1 的昆明地区，是云南省的政治、经济、文化中心，成绩也高居首位。试点 3 的临沧汉族与昆明相比，仅差 0.79 分，排名第二。试点 5 的保山汉族，比临沧汉族低 0.83 分，排名第三。试点 2 的昭通汉族，相对偏僻，受四川、贵州影响，比保山汉族又低 1.02 分，排名第四。令人惊奇的是，试点 7 的德宏傣族，在少数民族的普通话水平测试中得分 81.67 分，在少数民族中排名第一。在实验总体中排名第五。试点 4 是红河哈尼族彝族自治州的汉族，由于是二年级的师范生，较少受到专门的普通话培训，所以在汉族地区中得分最低，在实验总体中排名第六。试点 6 是红河哈尼族彝族自治州的哈尼族，由于同样的原因，在少数民族中也得分较低。10 个试点的成绩显示普通话水平测试具有很强的地区适应性和民族适应性。

不仅是总分，而且标准差也显示出了较强的一致性，总分高的试点标准差小，总分低的试点标准差大。这些数据客观地反映了不同地区、不同民族的被试个体在向汉语标准语靠拢时的实际差异，有效地证实了现行的普通话水平测试具有广泛的地区适应性和民族适应性。普通话水平测试提供的数据是科学的、可靠的，普通话水平测试对云南少数民族是适应的。

在这些科学、可靠的数据下，我们看到，傣族在汉语习得方面，确实有得天独厚的优势，这个优势主要就是傣族汉话中，特别是傣族汉话中声调模式与普通话声调模式的对应。佤族的汉语教学是直过型的，是佤语直接向普通话过渡，没有交际中介语。佤语没有声调，也就没有声调模式的对应。正因为这样，佤族普通话水平测试的分数也就低一些了。佤族个体，如果能先掌握附近的临沧汉话，逐步形成自己的佤族汉话，在此基础上再学习普通话，或许他们的普通话水平可以获得较大的提高。这是有先例的。白族有白族汉话，白族汉话的声调模式与普通话的声调模式也基本对应，但白语的音节结构使白族汉话丢失了大量的鼻韵尾，这或许是白族普通话水平测试分数偏低的原因。

表 9–4 的数据还告诉我们，在边疆各民族的交往中，交际中介语虽然是主要的，但在普通话水平测试中有无教学中介语是很重要的。红河哈尼族彝族自治州的汉族，较少受到专门的普通话培训，与其他汉族的平均成绩 85.60 分比，就低了 5.22 分。红河哈尼族彝族自治州的哈尼族尽管已经掌握了哈尼汉话，但是较少受到专门的普通话培训，他们的普通话水平测试成绩也比其他少数民族的平均成绩 79.87 低了 12.6 分。这些数据显示，交际中介语与教学中介语互动是非常必要的。

从这些数据我们看到，德宏傣族 81.67 的平均分，竟然与云南全省总体 81.00 的平均分高度吻合，虽然低于汉族的平均分，但是高于其他少数民族的平均分，这说明德宏傣族在多年与汉族交往的历史进程中，自然而然地选择了一条从傣语到傣族汉话再到普通话的汉语习得之路，这条路是客观的、有效的、科学的。

第十章　傣族汉话的再认识

对少数民族汉话，学术界有这样的看法："由于有很多人使用，这种土汉语在当地日常的交际中有一定的影响。但应该承认，这不是一种正常的现象，而是社会生活发生急剧的变化、各族居民交往日益频繁而产生的一种临时性的畸形语言现象。"[①] 这段话，出自我国一本有影响的语言学教科书，涉及对少数民族汉话的性质、特点、地位、发展前景和相关语言政策等一系列的重要问题，涉及对少数民族汉话如何认识的根本性问题。

本章以德宏傣族汉话为对象，力求从交际中介语的角度，分析说明傣族汉话是客观存在的语言现象，是交际中介语，也可以称为"中介汉语"，是傣族在与汉族或其他民族交际中不可或缺的有效交际工具。傣族汉话的使用，充分体现了语言在交际时因"韵略"而达到的"易通"的交际效果。傣族汉话是云南傣族民众双语使用的智慧结晶，是一种长期的语言现象，是语言和谐的产物。必须充分认识傣族汉话的理论意义和使用价值，制定合乎云南语言使用客观实际的语言政策。本章同时也分析傣族汉话与普通话的关系，探讨傣族汉话对傣族学习普通话的积极作用。

① 叶蜚声、徐通锵著，王洪君、李娟修订：《语言学纲要》(修订版)，238页，北京，北京大学出版社，2010。

第一节　傣族汉话在语言接触中的性质与地位

一、语言接触

语言接触（language contact）是指不同语言由于使用的接触而出现的结构特点和功能特点的变化。[①]不同民族的接触，必然会产生语言的接触。在为袁焱《语言接触与语言演变》一书所作的《序》中，戴庆厦先生明确指出："语言的演变来自两方面动力：一是语言自身内部的矛盾引起语言的演变；二是不同语言的接触促使语言的演变。后者是外部动力，但也要通过内部矛盾起作用。"[②]语言接触是一个大系统，既包括语言因素，也包括社会因素。语言接触务必采用系统论的方法进行全方位的研究，必须把语言接触放在社会这个大环境中去分析研究。语言接触的语言变化总是体现在语言结构和社会功能两个方面。语言接触产生语言借词，进而产生语言兼用（双语使用）、语言转用，这三者构成一条语言变化链。语言接触给语言带来的变化由表层到深层、由结构到功能，构成语言变化的一个完整"链条"。这条链一环扣着一环，由浅到深、由小到大地发展。每一环相互影响，相互制约。这条链从语言表层影响到语言深层，然后再发展到语言兼用。语言兼用有可能再导致语言转用，以一种语言获胜、另一种语言失败而告终，实现整个语言接触变化的全过程。语言接触的研究必须把整个语言链联系起来观察。[③]袁焱把这一语言接触的观点用于阿昌语的研究，认为："阿昌语语言接触的具体事实表明，这条链上的三种结果是连续的，存在因果关系……但不是所有的语言都要实现这三种变化，大多只停留在前两种上。"[④]

少数民族汉话就是从语言兼用到语言转用过程中的一个关键性环节。

---

① 袁焱：《语言接触与语言演变——阿昌语个案调查研究》，1 页，北京，民族出版社，2001。

② 袁焱：《语言接触与语言演变——阿昌语个案调查研究·序》，北京，民族出版社，2001。

③ 袁焱：《语言接触与语言演变——阿昌语个案调查研究》，196 页，北京，民族出版社，2001。

④ 袁焱：《语言接触与语言演变——阿昌语个案调查研究》，"提要"第 1 页，北京，民族出版社，2001。

（一）皮琴语与混合语

不同语言的接触，首先可能产生的是皮琴语（Pidgin）。皮琴语在我国又称为“洋泾浜语”，皮琴语是在语言接触时产生的受当地语言影响的外族语言。皮琴语的词汇是外族语的，但语法结构却是本族语的。皮琴语就是采用本族语的语法结构和外来语的词汇来进行交际的语言。由于皮琴语仅限于一定的交际目的和交际范围，词汇较少，仅能适应最基本的交际需要。皮琴语是初级的混合语，只要达到一定的交际目的，就不再继续发展。没有人把皮琴语当作母语来学习，皮琴语没有语言的传授性。以芒冷新寨为代表的傣族汉话就其交际目的、交际范围和使用层级水平而言，远远超过了皮琴语。

混合语又称克里奥尔语（Creole），原意是“混血儿”。混合语是在皮琴语的基础上发展形成的。皮琴语一旦作为母语来使用、习得和传授，就会极大地扩充自己的词汇量，使之能适应不断发展变化的交际目的和交际环境的需要。混合语的特点是把皮琴语作为母语来习得、使用和传授。以芒冷新寨为代表的傣族汉话也不同于混合语。芒冷新寨傣族汉话并没有作为傣族个体的母语来习得、使用和传授。使用傣族汉话的傣族个体，他们都习得并一直使用着自己的母语——德宏傣语，在本民族内部进行着各种有效的交际。傣族汉话只是傣族在与其他民族交际时才使用。这是傣族汉话与混合语的根本区别。在国外的某些小范围区域，混合语在一定条件下，有成为外来语的一种变体的可能，如牙买加英语。就这一点而言，傣族汉话与混合语却较为相似。

（二）双语现象与语言对比理论

傣族汉话是语言兼用的产物。云南各民族大分散、小聚居的分布格局，不同民族社会的相互接触必然会产生语言接触，语言接触必然会产生大量的双语现象。云南少数民族地区的双语现象，主要指少数民族在使用本民族语言的同时也使用汉语的现象。与双语现象有关的是双语教学。在云南，双语教学一般指在教学过程中的教学语言除使用汉语外同时也使用少数民族语言进行教学。国内外语言学界很早就注意到了不同民族在相互交流的过程中使用双语交际的现象，同时对与双语现象有关的语言关系、语言兼用、语言转用、皮琴语、混合语等问题进行了较为深入的研究。语言对比是这些研究中主要采用的理论和方法。这些双语研究的对象是很清晰的。所谓双语，一个是指某一民族成员使用的本民族语言，由于这一语言是该民族个体首先习得使用的语言，一般又称为母语或第一语言；另一个是该民族个体需要学习使用的另一民族的语言，这一语言一般又称为目的语或第二语言。芒冷新寨傣族汉话不是少数民族语言，也不是当地地道的腾冲汉语方言，当然也不是标准的普通话，它是介于母语与目的语之间的一种语言现象。这种介于两个主体之间的语言现象，用语言对比的理论来解释是困难的。

（三）语言教学与中介语理论

语言对比理论解释的困难，使我们把目光投向另一个体系——第二语言教学中的中介语理论。世界上客观存在着大量的中介现象，正是这些中介现象的存在，才给我们展现了一个五彩斑斓的世界。对中介现象的分析和研究，加深了人们对世界上各种事物的认识，语言也不例外。语言在其动态的发展中也存在着大量的“中介现象”。中介语理论（interlanguage theory），是在认知心理学的理论基础上发展起来的一种语言习得理论；中介语这一术语最早是由美国学者赛林格（L.Selinker）于 1972 年提出的。中介语理论强调第二语言教学过程中有中介语的存在。中介语是介于母语与目的语之间的一种十分重要而复杂的语言现象。中介语是一个既不同于第二语言又不同于第一语言的语言系统。这个系统是在第二语言的学习过程中，由学习者不同的心理过程生成的规则构成的，是第二语言学习者创造的一种特殊的准目的语系统。[①] 中介语是由第一语言规则（带有母语特征的规则）、第二语言规则（带有目的语特征的规则）和其他规则（指训练造成的迁移、学习策略与交际策略）组成的。中介语是第二语言学习者独特的语言系统，该语言系统在结构上处于本族语与目的语的中间状态。随着学习的发展，这个语言系统逐渐向目的语的正确形式靠拢。

中介语的产生是多方面心理因素影响的结果，这些因素包括：母语的负迁移（干扰），所学的有限的目的语知识的干扰，本族或外族文化因素的干扰，学习或交际方式、态度等的影响，教师或教材对目的语语言现象的不恰当或不充分的讲解和训练，等等。中介语的特点较多，一般认为有动态性、渗透性、规律性、反复性和顽固性等。

研究中介语，必须对学习者的全部语言表现进行分析，既研究其偏误表

① 骆小所主编：《汉语言专题研究》，288 页，昆明，云南人民出版社，2001。

现，也研究其正确表现，从而了解中介语系统的全貌。必须对不断发展变化的中介语系统进行动态的研究，以找出中介语向目的语靠拢的发展轨迹，推测学习者的学习过程。研究以话语分析为重点，以了解学习者是如何掌握言语交际技能并恰当地运用所学的语言形式的。

中介语理论被广泛运用于外语教学，是目前外语教学中用来分析和解释学习第二语言所产生的偏误的理论基础。中介语理论深化了语言对比分析研究，对第二语言的学习有着直接的指导意义，是应用语言学研究理论和研究方法的突破。

我国20世纪80年代引入中介语理论，主要应用于对外汉语教学、英语教学。中介语理论也被用于普通话水平测试研究。对于说汉语方言的汉族来说，他们的普通话中介语，是当地普通话，又称为“地方普通话”。从地方普通话到标准普通话，中间有很大的过渡地带，所以普通话水平测试分成三级六等。三级六等客观反映了地方普通话向标准普通话靠拢的不同阶段。

二、傣族汉话在语言接触中的性质：交际中介语

（一）教学中介语与交际中介语

如前所述，中介语理论作为语言学习理论研究的一个突破口，在我国主要应用于对外汉语教学界，特别是在对外汉语教学及语言测试等方面，已经取得了一些可喜的成绩。由于中介语理论与实践的研究均定位在语言教学上，并且绝大部分时间是在学校通过课堂教学完成的，所以这种类型的中介语可以称为“教学中介语”。

在充分肯定国内外中介语研究成就的同时，也应看到，目前运用中介语理论进行研究的领域还很有限。中介语既然是一种语言系统，它就有其存在的客观必然性。对于中介语的有效交际作用，对于中介语的客观使用价值，对于中介语的性质和类型，对于中介语的分阶段研究及其系统的描写方面，特别是在对少数民族聚居区双语现象中的中介现象的研究，却注意得很不够。几乎还没有人对其进行过系统的共时的描写，对其存在的价值和有效的交际作用，也未能给予充分的肯定。

从中介语的理论来看，云南少数民族在交际时使用的汉语应该是一种“中介语”，但这个“中介语”的概念内涵显然要比教学中介语宽泛得多。

芒冷新寨傣族汉话是指盏西芒冷新寨傣族在与当地汉族和其他民族互相接触的过程中为了进行有效交际而形成的一种特殊的带有鲜明傣族语言特色的汉语系统。这种语言是当地傣族使用的汉语，它是汉语，却是一种既受当地汉语方言的影响，又不同于当地汉语方言，既受当地傣语影响，又不同于当地傣语的汉语。芒冷新寨傣族汉话是以实际的交际需要为目的，以最基本的汉语内容表达为基础，带着鲜明的傣族语言特色，由简单到复杂逐步向汉语目的语过渡的一个动态的汉语语言系统。语音系统是一种语言存在的客观标志，我们在前面章节已经做了详尽的语音实验的描述，证实了这个中介语系统的客观存在。

由于傣族汉话是客观存在于盏西各民族社会交际之中并以有效交际为目的的中介语，因而这类中介语不同于教学中介语，它是一种活生生的直接为社会交际服务的中介语，这种类型的中介语我们称之为“交际中介语”。

“交际中介语”和“教学中介语”作为不同于母语又不同于目的语的两种形式，呈现出同中有异、异中有同的特点。芒冷新寨傣族汉话属于“交际中介语”，其习得的方式，使用的程度、范围、变化的趋势等方面明显区别于“教学中介语”。从前面几章的分析我们看到，傣族汉话在双语区具有普遍的社会性特征。在同一民族的同一双语区，会出现大致相同的中介语系统，成为某一民族普遍使用的社会交际语言，以芒冷新寨傣族汉话为代表的德宏傣族汉话正好体现了这种普遍的社会性特征。交际中介语由于具有更为广泛的社会性，在少数民族杂居区，只要达到了交际目的，它就不再向目的语靠拢，从而成为当地相对稳定的具有明显特色的日常交际语言之一，芒冷新寨傣族汉话就是这样。教学中介语因缺乏广泛的社会性，所以不可能发展成为日常交际语言，教学中介语努力向目的语靠拢，一般不会影响目的语系统。交际中介语由于相对稳定，还会对目的语的某些语言结构产生影响，使之产生相应的结构形式。在调查中，我们看到，使用汉语方言或普通话的汉族，为了与当地傣族进行有效交流，沟通情感，有时也会特意采用傣族汉话的形式与傣族进行交际，为傣族汉话推波助澜。

芒冷新寨傣族汉话作为交际中介语在向汉语靠拢的过程中，在不同的层次阶段会出现与目的语不同的语言特点。这些特点也正是傣族汉话语言特征的具体体现。教学中介语使用“偏误”这一概念描述其动态发展过程中出现的与目的语的差异，交际中介语采用“特色”来说明中介语与目的语的差别。“偏误”是需要纠正的，“特色”是对客观语言现象的描写，只要能够有效交际，有利语言使用的方便和谐就行，不存在“偏”与“误”的问题。

中介语理论为认识云南少数民族使用的汉语的性质奠定了基础。同时我们只有区分清楚交际中介语和教学中介语的不同类型和特点，才能充分揭示芒冷新寨傣族汉话的性质，认识到其客观存在的地位和价值，认识到其重要的社会交际作用，以利于在傣族地区进行有效的汉语交际和教学。[①]

（二）交际中介语的分类

交际中介语怎么分类，国内外语语言学界目前尚无确切的定论和一致的看法。我们认为云南少数民族说的汉话可以根据目的语的不同进行分类。一般分为两个大类：第一类是有某一特定当地汉语方言作为目的语的少数民族汉话，这类汉话虽然具有本民族母语的特征，但是与某一当地汉语方言很接近；第二类是没有明确的某一汉语方言作为目的语的少数民族汉话，这类汉话本民族母语特征明显（傣族汉话主要表现在声调上），并不像某一具体的汉语方言。我们通过语音的实验分析，充分证明了芒冷新寨傣族汉话是属于第二种类型的交际中介语，是没有明确的某一汉语方言作为目的语的少数民族汉话。这类汉话本民族母语特征明显，主要表现在声调上，并不像某一具体的当地汉语方言。

交际中介语的名称，我们认为应充分体现中介语的特点。从中介语的中介特点来看，它既涉及母语又涉及目的语，正是这些母语、目的语的不同，使中介语带上了鲜明的特点。云南由于少数民族众多，各民族交流往来频繁，民族杂居程度较高，根据母语与目的语的不同，在少数民族地区也就存在着不同类型的交际中介语，因而我们可以根据母语与目的语的不同，同时考虑使用地域来给中介语命名。芒冷新寨傣族汉话是交际中介语，是德宏盈江盏西芒冷新寨说傣语的傣族所说的汉话。盈江盏西芒冷新寨傣族汉话的命名，体现的母语是傣语，展现的目的语是汉语，使用地域是德宏盈江盏西。

通过以上分析，我们可以把芒冷新寨傣族汉话的性质清晰地定义为交际中介语。将以芒冷新寨为代表的德宏傣族汉话的性质定义为交际中介语，能客观地反映出其实际的交际作用，深化我们对这类汉语的认识。交际中介语这一概念的明确提出，有利于认清德宏傣族汉话的性质，有利于认清这类汉语存在的客观性和必然性，有利于确定少数民族使用的汉语在整个汉语使用

① 骆小所主编：《汉语言专题研究》，289—291页，昆明，云南人民出版社，2001。

体系中的地位，有利于制定科学合理的语言政策，引导促进少数民族汉语积极健康地发展。

三、傣族汉话在语言接触中的地位：中介汉语

语言接触产生语言影响（借词），进而产生语言兼用、语言转用，这三者构成了语言接触的演变链。那么德宏傣族汉话处在这条演变链的什么阶段和位置呢？显然，德宏傣族汉话处于语言兼用阶段，但是这类傣族汉话并不同于当地汉语方言。从前文的分析，我们可以清晰地看出，这类傣族汉话既不同于汉语腾冲话、也不同于汉语昆明话，当然更不是普通话。对德宏绝大多数傣族而言，他们的语言兼用，不是德宏傣语与汉语方言的兼用，也不是德宏傣语与普通话的兼用，而是德宏傣语与德宏傣族汉话的兼用。袁焱指出了阿昌族语言兼用有全民型与局部型、熟练型和半熟练型、二语型与多语型、并行型与先后型、自然习得型与学校获得型等不同的语言兼用类型。[①] 这里我们可以根据目的语汉语的不同，将傣族的语言兼用分为三种类型，即中介汉语型（傣族说傣语特色的汉话）、汉语方言型（傣族说当地或附近的汉语方言）和普通话型（傣族说普通话）。德宏傣族汉话的这一类型，使得傣族的语言兼用多出了一个重要的阶段和位置——中介汉语（傣族汉话）阶段。中介汉语的提出，一方面可以给傣族汉话一个清晰的定性——交际中介语，另一方面可以给傣族汉话一个明确的定位，清晰地展现出傣族汉话在语言接触中的中介地位。傣族汉话一头连接着傣语，另一头连接着普通话或汉语方言。具体可如表 10-1 所示。

表 10–1　傣族汉话在语言接触中的地位

语言	语言影响阶段	语言兼用阶段	语言转用阶段	说明
傣语	德宏傣语→	德宏傣语 ↓↑	——	只有前两个阶段的语言使用链，转用阶段不再使用傣语
汉语类型 1：中介汉语	（德宏傣语中的汉语借词）→	德宏傣族汉话→ ↓↑	德宏傣族汉话 ↓↑	有三个阶段的语言使用链

① 袁焱：《语言接触与语言演变——阿昌语个案调查研究》，101—105 页，北京，民族出版社，2001。

续表

语言	语言影响阶段	语言兼用阶段	语言转用阶段	说明
汉语类型 2：当地汉语方言	——	当地汉语方言→ ↓↑	当地汉语方言 ↓↑	只有后两个阶段的语言使用链
汉语类型 3：普通话	——	普通话→	普通话	只有后两个阶段的语言使用链

说明：图中→箭头表示发展趋势，↓↑箭头表示相互兼用。

从表 10–1 中我们可以看到，德宏傣族汉话在语言接触、双语交际中处于极为重要的中介位置。从纵向来看，德宏傣族汉话上可以连通德宏傣语，下可以连通当地汉语方言或普通话。从横向来看，德宏傣族汉话源于德宏傣语中的汉语借词体系，在语言兼用的双语交际中发挥着巨大的作用，即便到了语言转用阶段，仍然可以继续发挥着有效交际的作用。傣族汉话是语言接触发展三个阶段都完整的语言使用链。

从语言影响到语言兼用，一个是语言结构的问题，一个是语言使用的问题。无论影响有多大，并不会使被影响的语言变成目的语，只会双语兼用，最后被影响的语言停止使用，完成语言转用。语言兼用，必然要面对一个新的不同于自己第一语言的第二语言。这是一个从无到有、跳跃的环节。在各个环节中的关键一环，应该就是中介汉语。对德宏傣族而言，也就是德宏傣族汉话。德宏傣族地区的语言兼用，可以没有当地汉语方言，没有普通话，但不能没有傣族汉话。以傣族汉话为代表的中介汉语，是沟通傣语同汉语方言和普通话的关键一环，在语言接触中的地位极为重要。如果缺少了这一环，当地的双语交际就极为不便，中介汉语在整个语言使用链中是不可或缺的。

第二节　傣族汉话是向普通话过渡的桥梁

21 世纪，人类已经进入了信息化时代。各种影视传媒已经深入千家万户。盏西关上行政村的全部住户都已经实现了通电视、通电话。移动通信覆盖了整个盏西地区。这些影视广播传媒虽然有当地少数民族语言的节目，但绝大多数是以普通话为信息载体的。我们看到，在这类少数民族聚居的地区，尽管有的人还不会说普通话，但大多能听懂普通话，大家都兴致勃勃地观看影视节目，大体理解了其中的意思。近年来，随着手机、电脑和网络技术的发展，在边远的少数民族聚居区的乡镇，已经开始有了网吧。在芒冷新寨，利用手机上网已不是什么新鲜事了。随着“普九”的深入，外出打工的出现，年轻的傣族个体在掌握了傣族汉话以后，如何有效地学习掌握普通话已经成为一个越来越迫切的任务。

历史和实践证明，由客观的语言环境所决定，云南绝大多数会说本民族语言的少数民族个体都是先会说当地少数民族汉话，后会说普通话的。掌握少数民族汉话，充分发挥其交际中介语，也就是中介汉语的作用，不仅不会对普通话教学产生负面影响，反而能使掌握普通话的时间和过程提前。这种做法对推动边疆民族聚居区通用语言普通话教学发展，对全面提高边疆民族地区的教育教学质量，提高教育效益具有重要作用。从实际习得情况来看，对绝大多数少数民族个体而言，他们的民族汉话水平远远高于他们的普通话水平。少数民族汉话与普通话不是对立的。少数民族汉话是普通话学习的基础，是真正的“中介”汉语，是少数民族语言与普通话对接的桥梁，是普通话教学不可绕过的一个关键环节。因此，必须充分认识和肯定像傣族汉话这类的少数民族汉话的习得方式、存在价值和有效交际的作用。

在对上过学的傣族青年个体的调查中我们发现，不管学校教师是否使用普通话教学，他们都是先学会当地傣族汉话，后学会普通话的。他们的傣族汉话已经说得很好，而普通话则说得一般。傣族汉话在小学三、四年级就能掌握，普通话却要到五、六年级甚至到初中才能掌握，有的可能一直不会说。寸德方就是芒冷新寨傣族中普通话说得较好的初中毕业生。

傣族汉话究竟是学习普通话的过渡桥梁，还是可以或必须绕开的挡路石，这是一个不可不分清的重大问题。以下就这个问题进行较为深入的讨论。

一、傣族汉话在当地的易通性远强于普通话

傣族汉话具有很强的易通性。这里的易通性包括两个方面的内容，一是指容易习得、容易掌握的特征，二是指容易使用，易于广泛流通的特征。易学、易用，也就是明代云南嵩明的音韵学家兰茂提出的“韵略”“易通”。这里的

“易通”，既指因为“韵略”而易于学习，又指因为“韵略”而容易流通使用，“韵略”是“易通”的原因和条件。以芒冷新寨为代表的德宏傣族汉话，对傣族来说，“韵”略于傣语，也略于汉语腾冲话、汉语昆明话和普通话，因而具有很强的“易通”功能。

具体地从“韵略”来看，德宏傣语有 19 个声母、84 个韵母、6 个舒声调、3 个促声调。如前所述，德宏傣族汉话的声韵母已经接近普通话（21 个声母、39 个韵母、4 个舒声调），显然比傣语的“韵”简单得多，故为“韵略”。德宏傣族汉话没有汉语腾冲话、汉语昆明话和普通话的声调模式，只需把自身傣语中汉语借词的声调模式直接移入到傣族汉话中使用，没有任何调换声调模式的困难，真是既好说，又好用，同样是“韵略”。从“易通”来看，德宏的汉族、傣族、景颇族在相互进行交际时使用何种语言，面临几种选择。直接采用对方的语言，交际各方都不好学，也不便于交际。随着汉族人口的逐渐增多，采用汉语交际成为必然的趋势。傣族在与汉族、景颇族交际时，采用受本民族语影响并大大简化了的傣族汉语，汉族听得懂，景颇族也听得懂。傣族汉话既易学又易用，何乐而不为呢？汉族为了有效地同傣族进行交际，也采用傣族汉话，将汉语的语音体系大大简化。较为“韵略”的汉语形式，无论对少数民族还是对汉族来说都是易学易用的。“韵”的“略”，带来了“易通”的效果。简化了的少数民族汉话就成了汉族和少数民族双方首选的交际语言。“韵略”的少数民族汉话，在交际的过程中，有效地达到了“易通”的交际目的。“韵略”必然“易通”，这就是云南少数民族汉话中蕴含的智慧。在德宏傣族地区，客观的语言环境决定了傣族汉话的使用环境和有效的交际作用，傣语本身的语音体系和傣语中汉语借词的语音体系使得傣族个体对傣族汉话的掌握几乎没有什么困难就自然习得了。

普通话则不是这样。笔者调研时，在德宏傣族地区，普通话的使用范围还是很有限的，一般是在学校、机关，而且多半是集中在大的城镇中使用。而傣族汉话几乎遍及德宏的城乡各地，随着九年义务制教育的普及落实，可以说，凡有傣族的地方，就有傣族汉话。更重要的是，从语言本身来看，要从傣语的声调模式直接过渡到普通话的声调模式，二者之间对应规律不明显，即便是声韵母没问题了，声调也是个很大的难题。需要使用汉语的傣族个体，自然而然地就会回归到易学易用的傣族汉语。因而，傣族汉话，无论是从使用方面还是从习得方面来看，其易通性远远强于普通话。也正因为如此，早在明代，云南的音韵学家兰茂、本悟就根据云南的实际情况提出并实践了“韵略易通”的思想，目光开始关注到当时的世居民族汉语。云南汉族移民后裔使用的汉语，没有向当时的通用官话靠拢，而是进一步本土化，向世居民族汉语靠拢，形成了独树一帜的云南汉语方言。[①]

那种“从语言政策看，我们应当提倡多语并存而不应该提倡这样洋泾浜式的临时性的交际语”[②]的看法，恰恰忽略了韵略易通的思想，既不符合历史，也不符合语言使用的现实，只能是一种善意的看法。既然傣族汉话有很强的易通性，好学好用，在当地广受欢迎，为什么我们不加以充分利用，便于更好地习得国家通用语言文字呢？

二、傣族汉话要求的期望值远远低于普通话要求的期望值

学习普通话，有一个标准要求，而这个标准要求的期望值是比较高的。普通话的学习要求绝对不是会不会说、能否听懂的问题，而是说的标准不标准的问题。正因为这样，普通话水平测试制定了三级六等的标准。这个等级标准对绝大多数傣族个体来说，如果要求从傣语直接过渡到国家通用语言——普通话的话，确实有难度。

傣族汉话则不然，傣族汉话的期望值很低，只要求会说、会听，能够交际就行。至于标准不标准，谁也没具体要求，谁也无法具体评判，只要交际双方听得懂就行。再加上傣语和傣族汉话之间自然过渡的优势，在德宏傣族聚居区，能听会说傣族汉话的人比比皆是。

在当地，较强的易通性、较低的期望值是傣族青少年个体最先掌握傣族汉话的根本原因，较低的易通性、较高的期望值是傣族青少年个体较后掌握普通话的根本原因。这是客观存在的现实。

① 杨瑞鲲、王渝光：《论云南汉语方言源于明代土著民族汉语》，载《学术探索》，2015（3），82—87页。

② 叶蜚声、徐通锵著，王洪君、李娟修订：《语言学纲要》（修订版），238页，北京，北京大学出版社，2010。

三、傣族汉话是基础，普通话是提高

如前所述，傣族汉话的易通性使得傣族个体很容易掌握傣族汉话，并成功地运用于社会交际。傣族汉话源于傣语中的汉语借词的语音系统，这个语音系统显然比傣语的语音系统简单。傣语中所有的19个声母，傣族汉话可以完全照搬过来，当然还缺少zh、ch、sh三个。傣语中众多的84个韵母，傣族汉话根本就用不完，只用了其中完全或大致对应的20个，外加上i韵头的6个韵母、u韵头的8个韵母，总共就用了34个韵母。傣族汉话没有的韵母只是卷舌元音er，4个撮口呼韵母，简直比汉语方言还接近普通话。傣语的6个舒声调、3个促声调，为汉语北方方言（云南属于汉语北方方言区）提供了足够的空间位置。汉语借词只需对号入座就可以了。傣族汉话声调系统的模式，是傣语6个声调模式的简化版。如此简单又易通的傣族汉话，怎么不会被傣族青少年个体首先掌握。所以说，傣族汉话是基础，比某些汉语方言还更接近普通话。说傣族汉话是基础，更重要的是傣族汉话的各个声调已经与普通话有着规则的语音对应规律了。在掌握傣族汉话声调系统模式的基础上，直接将该模式调换成普通话的模式，就是在说普通话了。如此简单而重要的过渡，有效地化解了直接学习普通话的难度。剩下来需要提高的问题只是区分一下n、l，区分一下z、c、s与zh、ch、sh，增加撮口呼韵母ü、üe、üan、ün，增加er韵母，就可以了。在调查中我们看到，部分傣族青年个体，如寸德方、岳虎、景明团等人，他们的傣族汉话正在或已经解决了以上问题，所以说，他们的傣族汉话的声韵母系统已经与普通话极为接近。当然声调模式是特有的，不能接近，只能整体对应调换。也正因为如此，当他们换个声调模式，即换个腔调说话时，他们的傣族汉话和普通话都说得很好。

从以上分析可以清楚地看到，当地傣族汉话不仅不是傣族个体学习普通话的挡路石，而是对接傣语与普通话的桥梁，是真正的中介汉语。

第三节 傣族汉话是一种长期稳定的语言现象

世界上任何事物都有一个产生、发展、演变、消失的变化过程，傣族汉话也不例外。傣族汉话作为语言接触的产物，本身也在不断地发展演变之中。傣族汉话的发展演变，既有傣族地区语言环境等客观因素的影响，也有使用语言的傣族个人主观因素的影响，还有来自傣族汉话内部各种语言因素的影响。综合这些因素，可以看出傣族汉话是一种长期稳定的语言现象。

一、双语使用的客观环境决定了傣族汉话的稳定性

傣族汉话的存在是一个不可否认的语言事实。傣族汉话是在云南傣族聚居区，因社会交际的需要，受傣语和汉语的双重影响而产生的有效的交际工具，具有强大的社会适应性。社会交际的客观需要决定了傣族汉话使用的长期性稳定性。

在云南少数民族聚居区普遍存在着少数民族汉话，并在民族杂居区、聚居区广为流行。少数民族汉话的使用是一个发展变化的渐进过程。在少数民族聚居区，由于个别人的交际，首先出现的是个体的少数民族汉话，且多为初级形式。随着与汉族交往的频繁以及文化教育水平的不断提高，会听会说少数民族汉话的人越来越多，少数民族汉话也就由语言的个别现象发展为社会现象。在少数民族与汉族杂居地区，随着当地政治、经济、文化的发展，少数民族汉话非常活跃。少数民族汉话的使用人数和范围都在不断增加和扩大，水平越来越高。在一些少数民族文化发达的地区，由于少数民族汉话广泛使用于日常交际而成为当地各族人民日常交际的语言之一，傣族汉话就是这样的少数民族汉话。

盏西傣族聚居区的傣族民众，说的都是傣语。芒冷新寨 15 岁的傣族少年寸德龙的母亲是娶进芒冷新寨的汉族，她对寸德龙汉话也说，傣话也讲。傣话说不了的，就说傣族汉话。寸德龙认为，母亲对别人可以说汉话，但在家中应该说傣话，对自己说傣话较好。傣语能在当地傣族之间进行有效的交际，在傣族心目中的地位极为重要，是他们宝贵的精神家园。虽然汉语的借词开始有规模地进入傣语中，但是并不能改变傣语的整个语言结构，傣语仍然具有强大

的生命力，并能够在很长的时间内保持稳定。只要有傣语存在，就会有傣族汉话。双语使用的客观环境决定了傣族汉话的稳定性。

少数民族语言与汉语之间的接触是一个长期持续的历史过程，绝不是到了近现代才产生的。在这个历史过程中，汉族与少数民族进行着频繁的文化交流，产生了少数民族汉话。少数民族语言并不因为文化交流而消失，而是在稳定有效地使用着。少数民族大杂居、小聚居的环境，决定了少数民族语言使用的稳定性，也决定了少数民族汉话使用的稳定性。只要这个大杂居、小聚居的语言使用环境不变，包括傣族汉话在内的少数民族汉话也将长期稳定地使用下去。

二、傣族人口的数量决定了傣族汉话的稳定性

傣族人口的数量和分布在很大的程度上决定了傣族汉话的使用状况。

总的来看，在云南，少数民族人口只占三分之一。但在民族自治州、民族自治县、民族乡的局部地区，当地少数民族人口的比例远远超过当地的汉族人口。在德宏傣族景颇族自治州，少数民族约占全州人口的 48%，汉族约占全州人口的 52%。[①] 在德宏的盈江县，少数民族人口占全县人口的 56%，汉族人口占全县人口的 44%。在盈江县的盏西地区，少数民族人口占 81%，汉族人口占 19%。在盏西坝区，少数民族人口占 92%(其中傣族占 83%)，汉族仅占 8%。[②] 在芒冷新寨，除娶进的个别汉族、景颇族外，全是傣族。在这些少数民族人口占绝对多数的傣族地区，使用傣语和傣族汉话是必然的。从前文的统计分析可以看出，这些人口数量的比例，在短期内是不会有重大变化的。傣族人口的数量比例决定了傣族汉话的稳定性。

早在 1969 年，当时知识青年上山下乡，约有五十名昆明知青到了芒冷各合作社。当时戈定邦、戈宗岳操着地道的腾冲汉话，很多知青预测，腾冲汉话或者普通话几十年后将彻底取代当地傣话。五十多年过去了，这种取代并没有发生，反而是戈定邦、戈宗岳的儿孙们操起了流利的当地傣话和傣族汉话，连腾冲汉话都不会说了。

① 德宏傣族景颇族自治州人民政府办公室：《州情概况》，载德宏傣族景颇族自治州人民政府网，www.dh.gov.cn，2015。

② 盈江县人民政府办公室：《盈江概况》，载盈江县人民政府网，www.dhyj.gov.cn，2015。

三、傣族汉话本身的语言特征决定了傣族汉话的稳定性

如前所述，傣族汉话是以傣语为起点，向目的语——国家通用语言普通话不断过渡的交际中介语。傣族汉话的最大特点在于既有熟悉的傣语的特征，又有汉语目的语的特征，并突出地表现在傣族汉话的语音系统方面。傣族汉话的声韵母系统已经相当接近普通话的声韵母系统，独树一帜的声调系统模式充分地彰显了傣族汉话的语音特征。而这一模式又来源于傣语中汉语借词的声调模式。如此自然天成的声调模式，使得傣族汉话是在日常的交际过程中，自然而然地学会的。它简便易学、无师自通的特点使得广大傣族群众乐于接受、乐于使用，从而在傣族杂居区、聚居区很受欢迎，广为流行。傣族汉话本身的语言特征决定了傣族汉话易学易用的特点，易学易用的特点决定了傣族汉话的稳定性。

四、傣族汉话的桥梁作用决定了傣族汉话的稳定性

如前所述，傣族汉话是中介汉语，是连接傣语和普通话之间的桥梁。傣族汉话一头连着母语——傣语，另一头连着目的语——国家通用语普通话或汉语方言。傣族汉话实际上是一个渐进的不断变化的动态的语言系统，它以母语为出发点，向无限接近目的语的方向发展。它的目的语可以因为具体目的语的不同而分为国家通用语普通话或汉语方言。国家通用语普通话也好，汉语方言也罢，傣族汉话都是中介，是向它们过渡的桥梁。当然，它们有着各自不同的语音系统，声调系统模式是它们的突出特征。前面的分析已经说明，声调系统模式是自循环、自成体系的模式，不存在也不允许有相互杂糅的情况。而声调系统模式的自如调换，即换个腔调说汉话，将是傣族汉话、当地汉语方言、国家通用语普通话相互转换的主要标志。在感悟到一定的语音对应规律之后，这种声调模式的调换是很容易的。在调查中我们已经看到，很多傣族个体，如朗其阳、寸德方等人，他们既可以说傣族汉话，又可以说国家通用语普通话，而且说得还很不错。随着边疆民族聚居区政治、经济、文化的发展，特别是旅游业的兴起与发展，德宏地区的傣族个体同时使用傣族汉话和国家通用语普通话已经不是什么新鲜事了。傣族汉话的桥梁作用更加突出。傣族汉话的桥梁作用决

定了傣族汉话的稳定性。

第四节　傣族汉话是傣汉民族长期交往交流交融形成的智慧语言

党的十八大以来，中国特色社会主义进入了新时代。习近平总书记指出："中华优秀传统文化是中华文明的智慧结晶和精华所在，是中华民族的根和魂，是我们在世界文化激荡中站稳脚跟的根基。我们坚持把马克思主义基本原理同中国具体实际相结合、同中华优秀传统文化相结合，不断推进马克思主义中国化时代化，推动了中华优秀传统文化创造性转化、创新性发展。"①

进入21世纪以来，党和政府提出了构建社会主义和谐社会的理论，从此"和谐社会"这个概念进入中国人的生活。自2005年以来，中国共产党提出将"和谐社会"作为执政的战略任务，"和谐"的理念成为建设中国特色社会主义过程中的价值取向。"民主法治、公平正义、诚信友爱、充满活力、安定有序、人与自然和谐相处"是和谐社会的主要内容。"和谐"有利于解决争端、促进团结，有利于社会的稳定发展、人们的安居乐业。"和谐社会"也包括语言使用的和谐，我国实行民族平等、语言平等政策，从根本上保障了各民族都有使用和发展自己语言文字的自由，国家对保护和发展少数民族语言，创建和谐语言社会很重视。在我们这样一个拥有56个民族且语言种类很多的国家中，"语言和谐"极为重要，语言和谐就是要承认语言使用的客观必然性，妥善地处理好各种语言及其变体之间的关系。语言之间，包括语言的各种变体之间，不应该存在优劣等级上的差别，它们之间的关系和地位应该是平等的，它们的使用应该是和谐的。各种语言变体依照自己的规律健康地发展。语言之间正常的接触和吸收不仅是必需的，而且是必要的，这对于语言本身发展和民族发展都有极大的好处。

① 习近平:《把中国文明历史研究引向深入，增强历史自觉坚定文化自信》，载《求是》，2022（14）。

一、傣族汉话是傣汉民族共享的中华优秀传统文化符号

维护国家统一，增强民族团结是中华各民族共同的最高利益。文化认同是最深层的认同。数百年来云南各民族在相互交往交流交融的实践中产生的“韵略易通”思想，是对中华优秀传统文化的创造性贡献。在“韵略易通”思想的指导下，通过具体交际实践产生的各少数民族汉话，是各民族共享的最为具体的中华优秀文化符号。云南少数民族汉话，是云南各民族人民共同创造并使用的有效交际工具，是云南各民族交往交流交融的智慧结晶，是云南各民族共享的文化符号。以傣族汉话为代表的云南各少数民族汉话作为各民族共有文化的一个重要部分，是各民族文化认同的具体体现，是各民族共享的中华优秀文化符号，对构筑中华民族共有精神家园有着极为重要的意义，我们应该倍加珍惜。理论源于实践，少数民族汉话，接地气、聚民智、顺民意，有助于增进云南各民族的交际交往、情感交流，进一步铸牢中华民族共同体意识。

二、傣族汉话是语言使用和谐的产物

语言使用的和谐不仅要求同一语言的内部使用的和谐，而且要求一种语言与其他语言相互之间使用的和谐。从前面的分析可以看出，傣族汉话是傣族与汉族等其他民族在语言使用方面语言和谐的产物，是语言和谐的重要内容。

傣族汉话是语言接触的产物，更是语言和谐的产物，它在一定程度上反映了傣语和汉语之间的接触状况和发展过程。在这个过程中，傣语与汉语之间有使用何种语言的竞争，更有使用何种语言的互补与和谐。为了达到有效交易这个目的，少数民族汉话成为少数民族与汉族之间、不同少数民族之间相互交际的首选语言。少数民族汉话在云南有着广泛的使用环境。傣族汉话由于受本民族语的影响，必然带有傣语的语言特征。但应该肯定的是，首先它已经是汉语，不是什么“似汉非汉”[①]的语言；其次它带有明显的本民族语言特征。正如本书中所分析的，傣族汉话是傣族与汉族等其他民族相互沟通时互利实用的较好的交际工具。

傣族汉话是交际中介语，是中介汉语，是在自然的交际状态中习得的，它

① 叶蜚声、徐通锵著，王洪君、李娟修订：《语言学纲要》（修订版），237页，北京，北京大学出版社，2010。

在社会交往中处于一种相对的稳定状态，具有广泛的社会性。“中介”是它的最主要特征。正是这个“中介”特征，使它在少数民族地区成为不同民族日常的交际语言。因为它“韵略”而“易通”，不需要耗费较多的学习精力就能掌握，就能达到有效交际的目的。使用汉语方言或普通话的汉族，为了与傣族进行有效交流，也会特意采用傣族汉话的中介形式进行交际。总之，傣族汉话是中介汉语，也就是和谐的产物，将会在相当长的时期内充分发挥着其交际用语的职能。决定傣族汉话的发展因素仍是语言的使用环境。傣族汉话实际上是一个渐进的不断变化的动态的语言系统，这是一个由母语向目的语不断逼近的渐进动态过程，也是一个由民族个体向民族群体扩展的过程，其使用的人数和范围都在不断地增加和扩大。在傣族群体中，将有越来越多的人员会使用傣族汉话。长此以往将产生语言转用型的傣族汉话。

三、傣族汉话是智慧语言

傣族汉话在体现语言和谐的同时，也体现了它是一种“智慧”语言。这种智慧不仅表现在前面章节所述的“韵略”必然“易通”方面，而且具体地表现为有效地化解了汉语四声的归类难题。汉语的四声，是外族人（包括我国少数民族和外国人）学汉语的最大难点。傣语在其借自汉语的词语中，已经自然而然地归入傣语的有关声调之中。当傣族汉话在从傣语自身的汉语借词系统中构建自己的声调系统模式时，汉语字词阴平、阳平、上声、去声的分类也就自然而然地完成了。这里没有任何难度，傣语就成功地过渡到了中介汉语——傣族汉话。这种高超的语言智慧，成功地体现在了傣族汉话的声调系统的模式中。傣族汉话是傣族多年来与汉族交往交流交融形成的智慧语言，是中华民族团结统一的精神财富。那种认为少数民族汉语是“土汉语”，是“一种临时性的语言畸形现象”的观点违反了语言使用以有效交际为目的的这一根本原则，不利于少数民族的国家通用语普通话的有效习得，不利于构建和谐的语言文字生活。

四、傣族汉话研究的理论意义与应用价值

傣族汉话是客观存在的语言现象，是中介汉语，有自己独特的语言系统和

发展规律，有着鲜明的特征和不可替代的使用价值。

傣族汉话的理论研究，为语言学中非常重要的语言关系、语言接触以及语言的发展趋势等领域的研究，提供了新的研究对象、新的研究方法和新的理论视野。对制定语言政策指导语言教学，深入分析双语现象，认清语言转用的过程有着重要的意义。

中介汉语理论的提出可以引导我们去深入分析双语现象中大量的中介问题，从更广阔的使用背景分析汉语中介语的实际交际作用和具体的使用环境，丰富完善中介语理论。不同民族之间采用中介汉语等有效形式进行交际，有利于加强边疆少数民族与汉族的沟通、交流，促进边疆民族地区政治、经济、文化的繁荣发展，维护边疆民族地区的安定团结。

总的来看，云南少数民族语言正处于一个语言兼用和语言转用等现象共同存在的时期。语言影响是语言接触的开始，语言兼用是语言接触的过渡期，而语言转用是语言接触的结果。从历史发展演变来看，语言兼用是一个长期的过程。但在局部地区，这个过程可能发展得较快。在这个过程中，中介汉语如傣族汉话是一个很重要的阶段，我们应该充分认识以傣族汉话为代表的中介汉语的地位和作用，及时应对和适应语言使用的变化。

综上所述，随着汉语与少数民族语言关系的发展，少数民族汉话的语言地位正在慢慢提升。就云南而言，少数民族汉话是一个全新的课题，有着独特的角度和视野。目前对云南少数民族汉话的研究还仅仅停留在粗略的描述阶段。少数民族汉话的习得、使用、发展和变化情况，在未来应该成为语言研究的一个重点。今后的微观研究，可以深入到偏远的少数民族村寨做具体的跟踪描写研究，宏观研究则可以观测当地的语言接触和语言影响。研究的焦点应集中在中介汉语对语言兼用现象和语言转用现象的作用上。这样的研究能为少数民族双语的教育教学，少数民族双语政策的制定和少数民族语言文化的保护、传承提供科学的理论支持。

我们相信，对少数民族汉话的语言本体和语言接触进行研究，有利于展现少数民族汉话的面貌特征，必将为今后的少数民族聚居区的国家通用语言普通话教学提供有力的理论支撑和科学的决策依据，对提高云南少数民族聚居区国家通用语言普通话的教学质量和教学水平，加强各民族的相互了解，促进各民族的团结进步，有着积极的现实意义。

以傣族汉话为代表的云南少数民族汉话是语言使用和谐的产物，是从语言兼用到语言转用的一个便于接受、便于解释和便于操作的模式，是少数民族语言与汉语对接的桥梁。少数民族汉话是交际中介语，主要在自然的交际状态中习得，它在社会交往中处于一种相对的稳定状态，具有广泛的社会性。在易学易用的少数民族汉话的基础上进行有针对性的国家通用语言普通话教学，无论是教学效果还是交际效果都必然会有较大的提高。

傣族汉话是一种长期稳定的语言现象，是语言和谐的产物，是傣族多年来与汉族交际形成的智慧语言。对傣族汉话这类中介汉语的语音实验研究和语言习得研究，为双语现象、国家通用语言普通话教育教学的研究提供了新的研究方法和新的理论视野，对制定语言政策、指导语言教学、深入分析双语现象有着重要的意义，中介汉语概念的提出可以引导我们去深入分析双语现象中大量的中介问题，丰富和完善中介语理论。

总之，为了全面提高教育质量，增强办学效益，为当地的经济和社会发展服务，我们应遵循有利于民族的长远发展、有利于提高民族教育质量、有利于各民族的科学文化交流的原则，根据当地少数民族多数群众的意愿和当地语言环境，实事求是地改进和完善符合民族特点和地区特点实际的语言教育教学政策，让中介汉语——少数民族汉话在汉语教学中充分发挥其基础作用和桥梁作用。

参考文献

一、专著

［1］云南文史研究馆．云南丛书（第四册）．北京：中华书局，2009.

［2］陈长祚．云南方音学史．昆明：云南大学出版社，2007.

［3］戴庆厦．中国少数民族语言使用现状及其演变研究．北京：民族出版社，2010.

［4］戴庆厦．语言和民族．北京：中央民族大学出版社，1994.

［5］傅懋勣．论民族语言调查研究．北京：语文出版社，1998.

［6］续修四库全书（259 卷）．上海：上海古籍出版社，2002.

［7］李荣．汉语方言调查手册．北京：北京科学出版社，1957.

［8］纳日碧力戈．语言人类学．上海：华东理工大学出版社，2010.

［9］叶蜚声，徐通锵著，王洪君，李娟修订：语言学纲要（修订版）．北京：北京大学出版社，2010.

［10］云南省地方志编纂委员会．云南省志．少数民族语言文字志．昆明：云南人民出版社，1998.

［11］袁焱．语言接触与语言演变——阿昌语个案调查研究．北京：民族出版社，2001.

［12］意西微萨·阿错．倒话研究．北京：民族出版社，2004.

［13］云南方言调查报告．台北："中研院"历史语言研究所专刊之 56，1969.

［14］云南省地方志编纂委员会．云南省志汉语方言志．昆明：云南人民出版社，1989.

［15］中国社会科学院语言研究所．方言调查字表（修订本）．北京：商务印书馆，1981.

［16］清光绪《腾越厅志》（影印本）. 台北：成文出版社，1967.

二、期刊论文

［1］方晓华 . 对少数民族汉语教学的性质和特点 . 新疆师范大学学报（哲学社会科学版），1996（2）.

［2］方晓华 . 对少数民族汉语教学应从中小学抓起 . 新疆师范大学学报（哲学社会科学版），1997（10）.

［3］方晓华 . 对少数民族汉语教学与对外汉语教学的比较 . 语言教学与研究，1997（4）.

［4］高莉琴 . 回族话是汉民族共同语的民族变体 . 语言与翻译，1995（2）.

［5］华锦木 . 对少数民族汉语教学的学科定位 . 语言与翻译（汉文），2003（4）.

［6］黄歧赞 . 试论少数民族地区的汉语文教学 . 南京师范大学文学院学报，1999（16）.

［7］罗常培，群一 . 云南之语言 . 玉溪师范学院学报，1986（4）.

［8］罗常培，群一 . 云南之语言（二）. 玉溪师范学院学报，1986（5）.

［9］罗常培，群一 . 云南之语言（三）. 玉溪师范学院学报，1987（1）.

［10］刘俐李 . 新疆汉语方言的形成 . 方言，1993（4）.

［11］鲁健骥 . 中介语研究中的几个问题 . 语言文字应用，1993（1）.

［12］吕必松 . 论汉语中介语的研究 . 语言文字应用，1993（2）.

［13］黎新第 . 近百年来明代汉语共同语语音研究述略 . 重庆师范大学学报（哲学社会科学版），2005（5）.

［14］龙景科 . 壮侗语域方言“夹音”问题概说：以贵州黔东南侗语为例的中介语理论诠释 . 凯里学院学报，2011（4）.

［15］骆小所 . 中介语：跨文化交际的言语融合——读张兰仙《德宏世居少数民族汉语中介语研究》. 楚雄师范学院学报，2013（7）.

［16］李兆同 . 云南方言的形成 . 思想战线，1999（1）.

［17］林超民 . 汉族移民与云南统一 . 云南民族大学学报（哲学社会科学版），2005（5）.

［18］凌德祥 . 运用底层理论研究少数民族语言与汉语的关系 . 南京大学学报（哲学人文科学社会科学），2003（3）.

[19] 马学良，戴庆厦. 论语言民族学. 民族研究，1979（2）.

[20] 群一.《韵略易通》价值辨. 昆明师专学报（哲学社会科学版），1987（3）.

[21] 群一.《韵略易通》声、韵、调配合规律. 昆明师专学报（哲学社会科学版），1990（4）.

[22] 群一. 本悟的“重某韵”与毕拱辰的“见某韵”. 昆明师专学报（哲学社会科学版），1994（2）.

[23] 脱傲. 永登方言的少数民族语言痕迹与文化现象. 甘肃联合大学学报（社会科学版），2006（12）.

[24] 徐思益. 试论语言的民族变体（上）. 语言与翻译（汉文），2000（4）.

[25] 徐思益. 试论语言的民族变体（下）. 语言与翻译（汉文），2001（1）.

[26] 叶宝奎. 也谈本悟《韵略易通》的重韵. 古汉语研究，1999（2）.

[27] 张玉来.《韵略易通》的音系性质问题. 徐州师范大学学报（哲学社会科学版），1997（2）.

[28] 张玉来. 本悟本《韵略易通》与明代云南方音. 语言研究，1997（1）.

图书在版编目（CIP）数据

德宏傣族汉话研究 / 杨瑞鲲著 . -- 北京 : 民族出版社 , 2023.11

ISBN 978-7-105-17136-1

Ⅰ . ①德… Ⅱ . ①杨… Ⅲ . ①傣族—西南官话—研究—德宏傣族景颇族自治州 Ⅳ . ① H172.3

中国国家版本馆 CIP 数据核字 (2023) 第 225991 号

德宏傣族汉话研究

责任编辑：张海燕
封面设计：金　晔
出版发行：民族出版社
地　　址：北京市东城区和平里北街 14 号
邮　　编：100013
电　　话：010–64228001（汉文编辑二室）
　　　　　010–64224782（发行部）
网　　址：http://www.mzpub.com
印　　刷：北京中石油彩色印刷有限责任公司
经　　销：各地新华书店
版　　次：2023 年 12 月第 1 版　2023 年 12 月北京第 1 次印刷
开　　本：787 毫米 ×1092 毫米　1/16
字　　数：240 千字
印　　张：13.75
定　　价：75.00 元
书　　号：ISBN 978-7-105-17136-1/H · 1239（汉 430）